当代新视野学



# 农村金融及其制度创新研究

吴 伟 著

中国出版集团
世界图书出版公司
广州·上海·西安·北京

**图书在版编目(CIP)数据**

农村金融及其制度创新研究 / 吴伟著. —广州：世界图书出版广东有限公司，2012.9

ISBN 978-7-5100-5058-9

Ⅰ.①农… Ⅱ.①吴… Ⅲ.①农村金融—金融制度—研究—中国 Ⅳ.①F832.35

中国版本图书馆 CIP 数据核字(2012)第 194416 号

**农村金融及其制度创新研究**

责任编辑　杨力军　吴小丹
出版发行　世界图书出版广东有限公司
地　　址　广州市新港西路大江冲 25 号
http://www.gdst.com.cn
印　　刷　虎彩印艺股份有限公司
规　　格　880mm×1230mm　1/32
印　　张　11.75
字　　数　255 千
版　　次　2013年5月第2版　2014年1月第3次印刷
ISBN　978-7-5100-5058-9/F·0074
定　　价　41.00元

# 摘　要

农村金融是现代农村经济的核心，现代农业的发展、社会主义新农村的建设和农民收入的增加，都离不开农村金融的支持。当前我国农村金融还存在着许多问题，需要进一步加强与完善农村金融服务体系的构建，提高农村金融的服务水平，拓宽农村融资渠道。本书在二元结构经济框架下，基于"金融功能观"的研究视角，采用"外部环境—功能—结构"的分析范式，重新审视了我国农村金融服务体系的变迁过程，深入研究了农村金融服务体系改革创新方案。为了改善农村金融的服务状况，应该大力推进村镇银行、贷款公司和农村资金互助社等新型农村金融机构的可持续发展。

农村金融服务体系创新的研究是一个动态的发展过程，随着农村金融的实践不断深入。本书在研究角度、内容方面和方法等方面进行了创新，对农村金融服务体系进行了深入的研究，力图在社会主义新农村建设和城乡统筹发展的大背景下，深化对农村金融及其运行规律的认识，以推进符合农村金融需求特点、完善功能、可持续的农村金融服务体系的建立和完善。

我国农村经济发展具有极强的地域性和层次性，农村金融需求主体对金融商品和服务的需求也表现出较强的多样性，不同地区的农村金融组织应该具有不同的功能。本书对于不同地区农村金融组织所具有的不同功能未作区分,有待于进一步分析。

本书对农村新型金融机构的绩效水平未作研究,有待于进一步考察。由于村镇银行、贷款公司和农村资金互助社等新型农村金融机构尚处于初步发展阶段,并且相关的数据资料难以获得,故本书仅对农村信用社、村镇银行和小额贷款公司等非正规金融机构进行了肤浅的考察和实证分析。

农村金融的研究具有很强的实践性,仅仅依靠理论分析是不够的,还需要实证分析和案例分析的结合。因此,实地走访一些典型区域并进行问卷调查,准确掌握第一手资料十分重要。但是,由于受到客观条件的限制,本书的问卷调查与实地考察仅选择了部分具有代表性的县,这有待于今后继续研究。

虽然我们做了一部分工作,但是由于受到种种限制,依然存在不少缺陷和问题,需要在今后的研究中进一步探索和完善,我们也恳请相关专家学者批评指正,从而进一步深化对我国农村金融体系的理论研究和实践探索,全面推进我国农村经济的发展和社会主义新农村建设。

# 目　录

# 第一章 农村金融及其制度概况

## 第一节 农村经济及农村金融现状

改革开放至今,中国发生了翻天覆地的变化,农村经济也实现了快速发展,这其中也离不开国家对农村金融的支持,但是这两者在发展中还存在一定程度的问题,如何进一步的发展还需要我们对其进行更加深入的分析。

### 一、转型时期我国农村经济与金融

#### (一)转型时期农村经济概况

1. 农产品供给总量基本平衡,需求转向多样化、优质化

1995 年以来,农业连续几年丰收,农产品的供求形势发生了重大变化,主要农产品的供给较为充裕,由过去的短缺转变为现在结构性和地区性的相对过剩。在 1995—1997 年的 3 年时间内,中国粮食生产能力提高了 5000 万吨,生产能力上了一个台阶(过去粮食生产能力上一个台阶,即提高 5000 万吨,大致需要 5 年)。近几年,粮食连年丰收,使得国内粮食供给出现相对剩余,库存大幅度增加,价格下降;棉花也由于市场需求一直疲软而大量积压,库存爆满;蔬菜、水果和一些养殖业产品,供给总量趋于饱和,已经出现积压滞销现象,价格大幅度下跌。在连续几年丰收之后,过去农产品长期短缺的格局已经有了根本转变,包括粮食在内的农产品供给已进入较为充裕的阶段。

然而从总体上还不能说中国农产品已由卖方市场转入了买方市场。当前出现的农产品供大于求的状况，只能说是相对和暂时的。首先，中国城乡居民特别是广大农民的生活水平虽有所提高但仍较低，仅有少数农产品达到世界平均消费水平，当前出现的农产品供大于求只能说是相对的。其次，中国农业尚未从根本上摆脱靠天吃饭的局面，气候对农业产量年际波动影响非常明显，农业生产的脆弱性表现得十分突出。在当前的宏观经济背景下，虽暂时表现为对农产品的有效需求不足，但当宏观经济环境发生变化时，需求的上升将会加剧供给的脆弱性，打破原有的供求平衡。因此，当前的农产品供求平衡又具有一定的暂时性。

随着温饱问题的基本解决，中国农产品供求关系中的主要矛盾，正在从供给总量短缺、需求无法选择条件下的数量问题，逐渐转化为供求之间因品种和品质不适应而形成的结构问题。长期以来，受农产品供给总量短缺的影响，我国在农业政策的制定上，对增加供给总量的重视程度，远远超过了对供给结构改善的重视程度。其主要表现是：在生产方面，片面追求高产而忽视改进质量；在农村工作考核方面，主要以粮食单产、高产品种的面积和总产量的高低作为主要衡量指标。在温饱尚未很好解决、农产品的需求制约尚不突出的情况下，这样一种农业增长方式比较容易达到农业增产、农民增收的政策效果。但在温饱问题基本解决、农产品需求制约问题开始突出以后，继续单纯重视农产品供给总量的增长，忽视农产品供给结构与需求结构的协调，将无法形成有效供给，必然会造成农业增产而农民不增收，或增产与增收严重不同步的局面。在农产品供求格局发生重大变化的情况下，农业品种和品质结构调整滞后,造成了农产品供给结构与需求结构的失调。这是造成当前农产品供过于求、出现“卖难”的重要原因。

2. 农民增收问题为农村经济发展中的主要矛盾

近些年来,在农产品供给全面好转的形势下,农民收入的增长处于缓慢状态。1997 年,农民收入增长了 4.6% ,增速比上年下降了 4.4 个百分点。1998 年,农民收入增长了 4.3% ,增速又比上年下降了 0.3 个百分点。农民收入增长连续两年下降, 这在改革开放以来还是第一次。农民增收越来越成为农村经济发展中的主要矛盾。这是因为,农民收入增长的条件与过去相比正在发生重大变化,增加农民收入面临着许多前所未有的复杂因素。增加农产品有效供给不易,确保农民收入的稳定增长更难。

价格变动是影响农民收入增长的重要因素之一。在过去的 20 多年, 农民收入增长较快的有两个时期, 即 1978—1984 年和 1992—1996 年。这两个时期,农民收入的增长都与农产品价格的大幅度提高有关。1978—1984 年,价格提高对农民收入的贡献率为 23.1% 。而后一时期,政府曾三次大幅度提高了粮食的收购价格。过去农民收入的缓慢增长也都与价格因素有关。1985—1988 年,民收入的实际年增长率只有 1.2% ,主要原因是这一时期发生了严重的通货膨胀,农产品交易条件恶化。1989—1991 年,增长率只有 0.7% ,也与农产品交易条件的恶化有直接关系。1995—1999 年间,收入增长趋缓,农产品价格的普遍回落是重要原因。目前,我国许多大宗农产品的价格已接近甚至高于国际农产品的市场价格,我国正在步入高价农业阶段。中国加入世界贸易组织后,逐步开放国内农产品市场是我们已经做出的承诺。通过大幅度提高国内农产品价格来让农民增收，而且，随着农产品市场的逐步开放，国外廉价农产品还会大举进来。如何在这种情形下提高农民收入将是一个很大的难题。

另外一个重要的因素是农村经济结构问题。结构调整是农民增收的重要来源，正是由于农村经济结构的不断调整，农民收入增长才有了可靠的保障。从整个20世纪80年代和90年代前期的情况看，农业和农村经济结构的调整是在温饱问题尚未解决、中国经济从总体上尚未告别短缺经济、需求制约尚不是很突出的背景下进行的。在这种背景下，结构调整有较大的回旋余地。然而，进入90年代后期以来，中国的市场环境发生重大变化，农业和农村经济结构的变革日益受到需求的制约。中国农产品的供求格局开始发生了重大变化：从供给短缺到需求制约。农村非农产业的发展，已开始明显地面临着市场疲软和需求的约束。在这种背景下，农业和农村经济结构调整的回旋余地比以前要小得多。农业和农村经济结构相对于价格而言，已经成为制约农民收入增长的最重要的因素。

农民收入偏低、城乡居民收入差距过大，这是中国经济发展中长期存在的一个突出矛盾。在20世纪90年代以前，这一矛盾对中国国民经济增长的制约作用并没有十分明显地表现出来。造成这种情况的原因有二：一是直到80年代末，中国经济从总体上仍未告别短缺经济，因而需求不足对经济增长的制约作用并不明显；二是到80年代中期，伴随着收入水平的提高，城镇居民的食品消费显著改善，成功地实现了消费结构的第一次升级。80年代中期以后，以家用电器为代表的新一代耐用消费品在城镇迅速普及，需求接近于饱和。城镇居民的消费结构突破了以必需品为主的生存型消费模式,成功地实现了第二次升级。城镇居民消费结构顺利地连续两次升级,有力地支撑了国民经济的增长。

进入20世纪90年代以后,农民收入偏低对国民经济的制约作用则突出起来。一是进入90年代以后,中国经济逐渐告别了短缺经济,特别是90年代中后期,买方市场的形成,使中国经济增长所面临的市场约束日益增强。在这种背景下,农村市场需求不足的矛盾表现强烈。二是城镇居民的消费在经历了80年代的两次升级变化之后,从90年代初开始,又进入了新的升级准备时期。这次消费升级的指向是以住宅、汽车等为代表的更高档的耐用消费品。这次消费升级的准备阶段比第二次升级要经过更长的时间。在准备阶段,城镇居民消费支出明显减缓、储蓄倾向提高,城镇居民消费需求对消费品市场的支撑作用减弱,而由于城乡之间巨大的消费断层,农村居民的消费并未及时来填补这一消费空白。因为农民需求不足,而城镇居民第二次消费结构升级过程中形成的庞大的生产能力不能充分发挥,因此造成了设备的大量闲置和产品的大量积压。这时,农民所得偏低对国民经济增长的制约作用就充分地显现出来。三是东南亚金融危机以后,中国出口增长受挫,经济增长对国内市场的依赖性增强。在这种背景下,国民经济增长对国内市场,尤其是农村市场的依赖性比任何时期都更强了。农民收入水平偏低已成为制约中国经济持续增长的重大因素。

3. 农业发展对现代农业生产要素的依赖程度越来越强

中国农业资源短缺的矛盾越来越突出,尤其是耕地、水资源极度短缺。中国人均耕地只及世界人均水平的32%;人均水资源拥有量不足世界人均占有量的1/4。资源短缺是今后农业增长的重要制约因素。在这样一种资源空间下，我国农业增长日益依赖各种现代生产要素的使用。马晓河的研究表明，农业发展对资本和技术的依赖程度越来越强。① 将农业总产值与劳动力、土地、物质投入之间的关系分1952—1978年和1978—1997年两个阶段，用道格拉斯函数进行分析，结果表明，物资投入对农业总产值的弹性由改革前的0.78增加到改革后的0.85。这说明资本和技术投入对农业发展的作用在显著上升。进入20世纪90年代后这种趋势更加明显。1990年在农业产出中物质投入消耗只占34.5%，1995年占到41.0%，1997年又进一步达到43.2%。7年间物耗比重增加了8.7个百分点，平均每年增加1个百分点。

农业增长不仅受各种要素投入及投入效率的影响，而且还受到需求的制约。对农业增长的分析必须考虑需求的作用。近年来，中国农产品供给出现相对过剩，意味着需求对农业增长的制约作用日益明显。农产品的需求，不仅包括居民对农产品的直接消费需求，而且包括农业和其他产业活动对农产品的中间需求。从我国农产品需求构成的变化来看，王秀清利用历年投入产出表的研究表明，包括消费、资本形成和净出口在内的农产品的最终需求比重呈现下降趋势，而中间需求比重则呈现出不稳定的微弱上升趋势。② 出口需求的比重在20世纪80年代不断上升，进入90年代则不断下降，与此相反，进口份额却由80年代的逐步降低转为

---

① 马晓河.当前我国农业发展中的若干重大问题[R].1999.

② 王秀清.中国农业增长（1981—1995）：需求方面的分析[J].中国农村经济，1999(5).

90年代中期的不断上升;资本形成的比重整体呈上升趋势;直接消费的比重由1981年的45.2%下降为1995年的37.9%,中间需求的比重则由1981年的52.5%上升到1995年的54.4%。从中间需求的构成来看,1995年,食品工业、农业和纺织业在农产品中间需求总额中的比重分别达到38.96%、31.67%和10.99%。进入90年代,纺织业的比重有所下降,而食品工业、木材加工及家具制品业、缝纫及皮革制品业的比重则呈上升趋势。中间需求比重的上升,意味着农业与其他产业的联系越来越紧密,农产品加工业对农业发展的影响越来越明显。

4. 乡镇企业进入分化重组和战略性结构调整的新时期

经过改革开放30多年来的发展,乡镇企业已成为中国农村经济的主体力量和国民经济的重要支柱。乡镇企业发展状况的好坏,对国民经济全局影响甚大。当前乡镇企业的发展,出现了不少令人担忧的严重问题。这些问题主要表现在:农业产出增长幅度明显回落、企业效益持续下降、出口创汇增长幅度减缓和吸纳农业劳动力能力减弱等。这些问题是在市场化改革日益深化、经济发展进入结构调整时期、大部分行业生产能力出现相对过剩、市场供求关系发生明显变化、国际市场竞争日趋激烈等这样一种环境中产生的。乡镇企业发展在总体上已开始进入分化重组时期,结构不合理已成为制约乡镇企业发展的重要因素。

从乡镇工业的结构来看,传统产业所占比重畸高,新兴产业和产品所占比重畸低;产品质量差、档次低,产品结构调整滞后于市场需求结构的矛盾相当突出。乡镇企业产品结构不合理,还突出体现在出口产品结构上,即纺织品、服装、玩具占大头,附加值高的机电、精细化工等产品少,而且出口产品的质量、档次不高。上述问题直接妨碍了乡镇企业拓展市场空间、提高产品质量和市场竞争力。

从整个乡镇企业结构来看,突出的问题是第三产业总量不足、发展相对滞后。第三产业的内容和结构难以完全适应农村经济进一步发展的需要。第三产业主要集中于一些传统、低水平的交通运输和商业饮食服务业,一些农业生产和农村发展亟需的第三产业(如科技服务、技术信息咨询、金融保险等方面)发展严重不足,有的甚至几近空白。由于政策和制度等方面的原因,农村第三产业在某些传统行业(如农村日用品零售业)上严重过剩,而另一些行业严重不足。比如,迄今为止,农村合作金融业不仅业务范围窄,信用手段落后,而且极不规范,远难满足农民的需要。乡镇企业发展及其结构变革的外部环境趋于恶化。主要表现在:(1)国有企业经营困难,直接影响到乡镇企业发展;(2)乡镇企业税费负担加重,自我发展能力减弱;(3)环保的加强,导致乡镇企业进入门槛提高;(4)随着市场格局由卖方市场向买方市场的转变,乡镇企业发展及其结构转变的需求制约日益凸现。

5. 农村市场化改革的深化要求与宏观体制改革配套、城乡改革联动

在过去的几十年中,中国农村改革取得了一系列重大突破,但是,我们又不得不承认,农村现行体制离比较完善的社会主义市场经济体制还有不小的距离。在迈向这一目标的过程中,我们仍面临着许多很棘手的问题:在农村改革已经走过了几十个年头的今天,许多农民依然缺乏长期、完整、有法律保障的土地使用权;对农村乱收费和农民不合理负担居高不下的问题依然没有治本之策;

农民一家一户的小规模分散生产，势单力薄，谈判地位低，信息不灵，在交替出现的"买难"和"卖难"中，往往要承受巨大的市场风险，遭受巨大的利益损失；在农村经济货币化程度迅速提高的同时，农村金融抑制现象依然存在，农村合作金融的创新严重滞后；在世界农产品贸易日益自由化的大背景下，中国农业正面临着接受国际市场竞争的考验；农业基础地位还相当脆弱，农业依然是国民经济中最薄弱的部门，如何建立符合国际规则又适合中国国情的农业支持和保护政策体系，依然没有破题；农村工业化过程中城镇化滞后的问题日益突出；城乡分割体制依然没有彻底冲破，城乡居民在发展机会面前依然缺乏平等的地位；等等。这些问题，有些属农村微观制度问题，有些则与宏观的体制有关。事实表明，在向社会主义市场经济转轨的过程中，农村可以率先突破，却难以率先成功。因为解决上述问题越来越触及工农之间、城乡之间一些深层的利益矛盾。没有宏观改革和城市改革的配套，农村改革难有实质性的进展。①

综上，虽然转型时期的中国农村经济取得了一定的成就，但是不难看出，在其经济发展过程中，几乎没有国家金融的身影。可见，国家金融制度在对农村经济的发展上没有发挥其相应的功能，农村经济只是在探索中蹒跚前进。同样的，农村经济的发展仅仅依托其一已之力，也脱离了与金融机构的联系，农村金融在这一时期完全没有融入农村经济圈中，农村经济与农村金融各行其道，出现了并行但不相交的尴尬局面。

---

①　韩俊. 中国农村经济改革与发展的新阶段与新思路[J]. 中国农村经济，1999(5).

## (二)转型时期中国农村金融与农村经济发展的关系

### 1. 农村金融发展与农村经济发展的相互影响

采用JRSH(农村信贷/农村经济总产值)作为农村金融深化指标,反映农村正规金融发展的程度。由于JRSH包含了农村经济总产值这一变量,所以利用*JRSH*与农民收入(*FR*)之间的弹性分析来揭示农村金融发展与农村经济发展的相互影响(见下表1-1)。从表中可以看出,*JRSH*对*FR*产生的是负面影响,即农村正规金融深化,反而抑制了农民收入增长,但*FR*的提高将对*JRSH*产生正面影响。

**表1-1　农村金融发展与农村经济发展的相互影响**

| Vector Auto regression Estimates<br>Sample (adjusted):1979 2002<br>Included observation:24 after adjusting Endpoints<br>Standard errors &t - statistics in parentheses | | |
|---|---|---|
| | *FR* | *JRSH* |
| *FR*(-1) | 1.008079<br>(0.02728)<br>(36.9491) | 0.091555<br>(0.05294)<br>(1.72592) |
| *JRSH*(-1) | -0.291746<br>(0.06819)<br>(-4.27824) | 0.656188<br>(0.13231)<br>(4,95930) |

| | | |
|---|---|---|
| *C* | 0.229206<br>(0.03124)<br>(7.33671) | 0.033079<br>(0.06062)<br>0.54571 |
| *R - squared* | 0.996916 | 0.927512 |
| *Adj. R - squared* | 0.996623 | 0.920609 |
| *Sum sq. resids* | 0.002189 | 0.008240 |
| *S.E. equation* | 0.010209 | 0.019809 |
| *F - statistic* | 3394.605 | 134.3518 |
| *Log likelihood* | 77.57466 | 61.66646 |
| *Akaike AIC* | -6.214555 | -4.888872 |
| *Schwarz SC* | -6.607298 | -4.741615 |
| *Mean dependent* | 2.612317 | 0.764220 |
| *S.D. dependent* | 0.175677 | 0.070304 |
| Determinant Residual Covariance | | 2.64E-08 |
| Log Likelihood | | 141.2712 |
| Akaike Information Criteria | | -11.27260 |
| Schwarz Criteria | | -10.97809 |

2. 农村金融发展与国民经济整体发展的相互影响

表1-2反映的是转型时期中国农村正规金融发展与国民经济发展的相互影响。从表中可以发现:GDP与JRSH之间是正的弹性关系,即*JRSH*的提高将有助于*GDP*的增长。综合表1-1,1-2可以确定,转型时期中国农村正规金融的发展,一方面制约了农村

经济的发展,另一方面却又促进了整个国民经济的发展。表1-2同时还显示:农村金融虽然为国民经济发展做出了重要贡献,但是*GDP*增长对农村金融发展的贡献却微乎其微。这说明中国农村正规金融发展存在功能异化(非农化)问题,因此,不仅没有对农村经济发展给予有效支持,反而加剧了农村资金流失,成为向非农经济单向输出农村金融资源的管道。

**表1-2　　农村金融发展与国民经济发展的相互影响**

| Vector Auto regression Estimates<br>Sample (adjusted):1979 2002<br>Included observation:24 after adjusting Endpoints<br>Standard errors in( ) &t - statistics in [ ] | | |
|---|---|---|
| | *GDP* | *JRSH* |
| *GDP*(-1) | 0.952899<br>(0.01896)<br>[50.2696] | 0.003036<br>(0.01475)<br>[0.20587] |
| *JRSH*(-1) | 0.314047<br>(0.11980)<br>[2.62132] | 0.850551<br>(0.09322)<br>[9.12456] |
| C | 0.025761<br>(0.05604)<br>[0.45969] | 0.109956<br>(0.04360)<br>[2.52177] |

| R - squared | 0. 997174 | 0. 917354 |
| --- | --- | --- |
| Adj. R - squared | 0. 996905 | 0. 909483 |
| Sum sq. resids | 0. 015520 | 0. 009395 |
| S . E. equation | 0. 027185 | 0. 021152 |
| F - statistic | 3705. 280 | 116. 5476 |
| Log likelihood | 54. 06993 | 60. 09267 |
| Akaike AIG | - 4. 255828 | - 4. 757722 |
| Schwarz SC | - 4. 108571 | - 4. 610465 |
| Mean dependent | 4. 342194 | 0. 764220 |
| S . D . dependent | 0. 488660 | 0. 070304 |
| Determinant Residual Covariance | | 3. 18E - 07 |
| Log Likelihood( d . f . adjusted) | | 111. 4277 |
| Akaike Information Criteria | | - 8. 785644 |
| Schwarz Criteria | | - 8. 491130 |

3. 资金供给与农村经济发展

(1)农村居民储蓄对农村经济发展各项指标均有促进作用，农村正规金融机构存款只有利于农民收入增长。这一结果从表面上看，似乎符合帕特里克经典的“供给领先”模式，但事实并非如此。从中国农村金融与农村经济制度变迁的分析框架中，①可以发现：该结果所说明的正是中国农村经济发展中，农村居民的有效资金

① 熊黛平. 农村金融与农村经济协调发展研究[M]. 北京：社会科学文献出版社，2009.

来源仍然处于自我积累阶段，农村正规金融只充当了“保险箱”或“储蓄罐”的角色。而且，从农村金融发展与整体金融和国民经济发展的相互影响上还可以发现，农村金融不仅未发挥促进农村经济发展的功能，反而将农村的储蓄输出到了非农经济部门。

(2)农村贷款与农民收入以外的其他农村经济发展指标没有明显关系。这说明农村存款或是没有运用，或是非农化运用，或是没有被有效运用于农村经济发展。农村金融发展与整体金融和国民经济发展的相互影响的实证显示，大量农村存款被非农化运用。

4. 资金运用与农村经济发展

(1)农村正规金融的农村贷款不仅没有促进农村经济的发展，反而阻碍了农民收入和农村经济总产值的增长。这说明农村贷款或是仅在名义上存在，实际投向了非农化；或是由于农村正规金融机构缺乏应有的金融能力，只是形式上存在而已。其运动的结果必然是农村贷款投向错误、运用效率低，不仅不能促进农村经济规模化、科技化、产业化，推动农村经济发展，反而可能扭曲农村资源配置，甚至导致贷款“血本无归”、“自身难保”。

(2)农村贷款占农村经济总产值的比重(*JRSH*)提高，即农村金融深化对农民收入(*FR*)增长产生的是负面的影响。这直接说明了农村金融发展不仅不能促进农村经济发展，反而抑制了农村经济发展。

### (三)转型时期中国农村经济未能促进农村正规金融发展

1. 农村经济发展未能直接促进农村金融发展

(1)农民收入和农村经济总产值增长均有利于农村储蓄水平的提高。从表面上看，这似乎说明转型时期中国农村经济发展促进了农村金融发展，符合帕特里克（Hugh T. Patrick，1996）经典的“需求追随”模式。但从功能金融角度看，农村储蓄水平的提高并不必然代表农村金融的发展。不能转化为农村有效投资的农村储蓄增长，只能是功能异化的农村金融发展，充其量只是农村金融机构自身的发展，而非农村经济发展所需要的农村金融发展。

（2）农民收入增长不仅促进了农村信贷增长，而且对农村正规金融深化也产生正面影响。同样，从表面上看，这一结果似乎说明农村经济发展促进了农村金融发展，但前述实证结果揭示了一个不可忽视的事实，即转型时期中国农村信贷增长是农民收入增长的制约因素，农村正规金融深化对农民收入增长也是负面影响。在这一结论的基础上，该结果的完整表达应该是：转型时期中国农民收入增长能够促进制约农民收入增长的农村正规金融发展。这充分揭示了转型时期中国金融与农村经济关系的悖论，也是转型时期中国金融与农村经济关系失调的最好验证。显然，帕特里克（Hugh T. Patrick，1996）经典的“需求追随”和“供给领先”模式均无法回答和解释这一悖论。将这一结果与本研究的上述实证结果相结合，可以发现导致这一悖论的机制在于：依靠自我积累的农民收入增长—农村居民储蓄增长—农村存款增长—农村贷款增长—（在农村贷款阻碍农民收入和农村 GDP 增长机制的作用下）农村经济发展受到农村贷款制约——农民收入增长受到制约。这再次说明了农民收入增长源于农村正规金融之外的因素。

（3）农村经济总产值增长不能促进农村信贷增长。一方面，这一结果直接说明了转型时期的中国农村经济发展包括农业和乡镇企业发展，并没有对农村正规金融发展起到需求诱导的作用。这和新古典经济学“需求创造供给”的论点是相悖的，其原因只能是农村经济发展没有形成足以诱导农村正规金融发展的有效需求。依据新制度经济学的解释，说明转型时期中国农村金融与农村经济关系存在制度障碍。另一方面，也说明了转型时期中国农村经济增长的动力只能从农村金融以外的其他因素中寻找，这进一步支持了转型时期中国农村金融不能促进农村经济发展的结论。

2. 农村经济发展未能间接促进农村金融发展

(1)前一期农村消费增长，通过消费需求对经济增长的拉动作用，能促进下一期农村储蓄增长。对此的解释，与前述农村经济对农村储蓄的直接作用相同，说明农村消费并没有真正促进农村经济发展。

(2)农村消费与农村信贷不存在重要联系。与前述农村经济对农村金融的直接作用一样，这一点同样说明：在转型时期，中国农村消费没有形成足以诱导农村正规金融发展的有效需求，依据新制度经济学的解释，说明两者之间存在制度障碍。从另一方面也说明农村消费增长仍然处于自给自足阶段，农村金融没有能促进消费的增长和市场的扩大进而拉动农村经济发展。

(3)农村投资与农村储蓄不存在重要联系。按新古典经济学理论，农村投资与农村储蓄应存在下列过程：农村投资增加—农村经济总产值增长—农村经济主体收入增加—农村储蓄增长。在前述农村经济总产值和农民收入可以促进农村储蓄增长的基础上，可以发现，农村投资与农村储蓄不存在重要联系，关键是农村投资没有能有效地促进农村经济增长，说明农村投资效率不高。结合前述结论可以进一步发现，这既可能与农村金融引导投资的功能不足有关，也可能与财政的农村投资效率不高有关。

(4)农村投资增长不利于农村贷款增长。在理论上，农村投资源于财政、农村贷款、农村经济主体的自我积累，投资应该拉动贷款。这一结果由于农村正规金融机构的金融能力不足，导致财政性投资和农村经济主体的自给性投资对金融性投资具有“挤出效应”。

## (四)转型时期中国农村金融与农村经济关系的外部制约

首先，农村金融发展(*JRSH*)对农民收入(*FR*)增长产生的是负面影响，即农村正规金融发展反而抑制了农民收入增长。但农民收入(*FR*)的提高对农村正规金融发展(*JRSH* 的提高)产生正面影响。这和前述农村贷款与农民收入之间的悖论在本质和机制上完全一样。

其次，农村正规金融发展一方面制约了农村经济发展，另一方面却又促进了整个国民经济的发展，即农村正规金融的发展(*JRSH* 的提高)将有助于 *GDP* 的增长，但 *GDP* 的增长对农村金融发展的贡献却微乎其微。

最后，农村正规金融发展对整体金融发展施以负面影响，而整体金融发展对农村金融发展的促进作用同样是微弱的。将这些结果联系前述农村金融与农村经济关系失调的分析，可以清楚地显示：转型时期的中国农村金融与农村经济关系受整体经济发展和整体金融发展的制约，农村金融在整体金融中处于从属地位和被整体金融隔离的状态，“二元金融结构”制约了农村正规金融向农村经济发展所需要的方向发展。在转型时期，中国农村金融与农村经济关系失调，主要是由于国民经济发展通过“二元金融结构”中的农村正规金融，实施了对农村经济的极化效应。所谓“极化效应”，是指农村经济资源向非农产业领域的转移。

总而言之，转型时期的中国农村金融与农村经济关系，不仅未能实现相互促进的协调发展，反而陷入了相互制约的失调状态。中国农村金融与农村经济关系的失调，是一定制度环境约束下，农村金融“供给不足”和“需求不足”共同作用的结果。要实现中国农村金融与农村经济的协调发展，不是简单地推行“需求追随”和“供给领先”模式就能解决的。必须从农村金融、农村经济系统及其外部制度环境角度，深入剖析导致中国农村金融与农村经济关系失调的直接原因、深层原因和根本原因，进而依据协调发展机理，构建实现协调发展的机制与模式。

从农村金融与农村经济协调发展的外部制度营造、农村经济发展的农村金融需求提升、农村金融服务于农村经济的能力建设三个方面，同步推进中国农村金融与农村经济的协调发展。① 这是转型时期中国农村经济与农村金融状况带给我们的思考，因此，解决现代农村经济发展困境的关键就在于了解现代农村经济的现状。而现代农业和当前的农村中小企业的发展是现代农村经济的重要组成部分，国家金融能否真正支持这两大部分的发展是整个农村经济能否实现下一轮跨越的重大课题。

## 二、我国农村经济现代化的金融要求

---

① 熊黛平．农村金融与农村经济协调发展研究［M］．北京：社会科学文献出版社，2009．

## （一）　现代农业的内涵与制度要求

### 1.现代农业的内涵与特征

现代农业是相对传统农业而言，是随着生产力水平的提高对农业最新发展的一种表述，是一个相对的、动态的历史概念。现代农业最早出现于20世纪五六十年代的发达国家。对于现代农业的概念，不同国家有不同的表述，我国学术界也有多种解释。无论怎么定义，现代农业的基本内涵都是从以下几个方面进行阐释的。

第一，现代农业是以科技为推动力的持续农业。现代农业不仅是一个随着社会生产力的发展而提出的动态的历史概念，是一种处于先进水平的新型农业，而且现代农业是建立在现代科学基础上，伴随着科学技术的发展而发展，并随着科学技术的创新不断实现新的飞跃和可持续发展。

第二，现代农业是现代化的产业组织体系。现代农业突破传统农业生产领域，不再局限于传统种植业、养殖业等以初级产品生产为主的产业领域，而是向生产资料工业、食品加工业等第二产业和交通运输、技术和信息服务等第三产业发展，由第一产业扩大到第二产业、第三产业，形成一个现代化的产业组织体系。

第三，现代农业是功能不断扩展的商品化农业。现代农业在发展的过程中功能迅速多元化，除了传统农业功能外，逐渐呈现出生态保护、观光、旅游、文化传承等新的功能。随着现代农业的发展，农业的功能还会继续拓展和创新；现代农业的产业化和功能多元化都离不开现代市场，市场的作用使得农产品的商品化程度不断提高，农产品的市场空间不断扩大。

可见，现代农业是用现代工业力量和现代科学技术武装、以现代管理理论和方法经营、生产效率达到先进水平的农业。因而,现代农业具有多元化的目标、现代化的生产手段、科学化的管理、社会化的服务、知识化的农民和优质的产品特征。

一方面,现代农业本质上是以科技为推动力的可持续农业,而推动科技不断发展和科技的运用需要金融机构的资金支持。另一方面,加大金融支持力度,既是现代农业不可缺少的重要条件,也是促进传统农业向现代农业转变、弱质农业从落后走向比较发达,并最终实现农业现代化的客观要求。

2. 现代农业发展的基本要求

20 世纪初期,一些国家在工业革命和科技进步的推动下,开始推进现代农业建设。由于各个国家资源禀赋的差异和社会经济基础的不同,现代农业的发展模式各异,各具特色,但发展现代农业需要具备的基本条件和要求却基本一致。

(1)现代科学技术的支撑。现代农业是建立在现代科学基础上的,依靠科技进步推动,以应用生物技术、信息技术为支撑,用现代科学技术对农业进行装备,用科学管理方式经营管理,生产手段科技化,科技含量高的农业形态。因此,发展现代农业必须着眼于依靠科技进步。

(2)发达的物质技术装备。发展现代农业要有配套的农业基础设施并要求农业机械化。加强农业基础设施建设是现代农业重要的物质条件;农业机械化水平是实现农业现代化和形成农业竞争力的核心能力,是现代农业重要的物质基础。

(3)高效的组织形式。高效的组织形式是发展现代农业的内在要求,高效运作的产业组织是现代农业赖以发展的重要基础。

以家庭经营为主的农业经营形式限制了现代农业的发展，而组织形式各异的家庭农场、专业合作社、农民协会等农业合作组织形式，不仅弥补了家庭经营的局限性，也有效地突破了小规模经营容易产生边际效应的瓶颈，提高了产业的市场化、专业化、规模化水平。

(4)土地的规模化经营。土地的规模化经营是发展现代农业的必要条件，土地规模化是实现机械化的迫切要求，土地规模化经营有利于解决土地耕作的高度分散与市场经济日益发达的矛盾。因此，发展现代农业必须解决土地规模化经营问题。

(5)完善的社会化服务体系。建立高效便捷的社会化服务体系是发展现代农业的必然要求。现代农业的功能多元化，产业链条延伸，也对农业服务体系的建设提出要求。健全的社会化服务体系，能有效地防范农业的边缘化和副业化。

(6)高素质的新型农民。高素质的劳动者——有文化、懂技术、会经营的新型农民为现代农业的发展提供智力支持，发展现代农业，需要有高素质的新型农民。

### (二)农村现代化的金融需求

现代经济的核心是金融，经济发展离不开金融的支持。在现代农业发展过程中，资金及资金的投入成为其发展的最关键的因素之一，要发展现代农业必须有现代化的金融业，农村金融必须为现代农业服务。

1. 农业产业特性与资本推动需求

农业发展与金融的支持是分不开的。早在19世纪，马克思在《资本论》及相关文献中，曾对农业产业特性与资本推动关系问题进行了深入研究。马克思认为,农业产业的二重性归根到底是由农业生产的二重性决定的。农业生产是人们利用土地及其他生产资料,把自然界的资源转化为人力自身所需要的基本生活资料和再生产所需要的原料的劳动过程。农业生产既是经济的再生产,具有社会属性;同时又是自然的再生产,具有自然属性。以农业生产为基础的农业产业,受自然界与社会的影响和制约,也具有二重性质,既是国民经济的基础产业,又是一个弱质产业。农业在经济社会发展中的地位和作用,具体表现为以下几点。

第一,农业是人类生产和一切生产的历史起点与先决条件。农业是古代社会最早的具有决定意义的生产部门。马克思说:“土地是一切生产和一切存在的源泉,并且它又是同农业结合着的,而农业是一切多少固定的社会的最初的生产方式。”①“一切劳动者首先而且最初是以占有和生产食物为目的的”②,“而食物的生产是直接生产者的生产和一切生产的首要条件”③。正是由于农业的产生和发展,才为人类的生存和发展提供了比较可靠、稳定的生活资料来源,从而推动人类历史的演进。

第二,农业劳动生产率的提高是国民经济其他部门得以独立的基础。在农业劳动生产率十分低下时,人类必须把自己的全部劳动都投入到农业生产部门,才能为人类的生存创造出必要数量的生活资料。随着劳动生产率的提高,当能够提供出一定数量的剩余产品时,工业和其他部门才能从农业中分离出去,分别形成独

① 《马克思恩格斯选集》(第2卷)[M].北京:人民出版社,1972:109.

② 《马克思恩格斯选集》(第25卷)[M].北京:人民出版社,1972:713.

③ 《马克思恩格斯选集》(第25卷)[M].北京:人民出版社,1972:715.

立的部门。正如马克思所指出的："农业劳动是其他一切劳动独立存在的自然基础或前提"，"超过劳动者个人需要的农业劳动生产率，是一切社会的基础"。①

第三，农业是国民经济其他部门进一步发展的基础。国民经济其他部门的发展规模和速度，都取决于农业提供的剩余产品的规模和数量。农业生产力越是发展，农业劳动生产率越是不断提高，就越能提供更多的剩余产品，并能为国民经济其他部门的发展输送更多的劳动力，从而促进其他各种社会经济活动的日益发展和壮大，推动人类文明的繁荣。马克思指出："社会为生产小麦、牲畜等等所需要的时间越少，它所赢得的从事其他生产，物质的或精神的生产的时间就越多。"②

农业是国民经济的基础，但同时又是弱质产业。马克思指出，农业作为"经济的再生产过程，不管他的特殊的社会性质如何，在这个部门（农业）内，总是同一个自然的再生产过程交织在一起"③。"……在所有生产部门中都有再生产；但是，这种同生产联系的再生产只有农业中才是同自然的再生产是一致的。"④农业再生产过程的这种特殊性，使得农业再生产过程对自然条件形成强烈的依赖，对气候、土壤、生物、水资源及其他自然环境条件具有很

① 《马克思恩格斯选集》(第25卷)[M].北京：人民出版社，1972：885.

② 《马克思恩格斯选集》(第46卷)上[M].北京：人民出版社，1972：120.

③ 《马克思恩格斯选集》(第24卷)[M].北京：人民出版社，1972：398—399.

④ 《马克思恩格斯选集》(第26卷二)[M].北京：人民出版社，1972：61.

大程度的依赖性，生产力越低，这种依赖性就越强。由于农业生产的周期长、风险大，以及内在的生态、自然属性，导致农业生产的技术进步和技术运用要比工业部门困难得多，农业劳动生产率提高的局限性相对较大，农业生产的回报率相对较低，从而极大地限制了农业生产的集约化、产业化和现代化。

如何有效地改造农业产业的弱质性，马克思在《资本论》中关于资本对经济发展的“第一推动”和“持续推动”的论述，对我们很有启发。马克思认为，在商品经济条件下，无论是从社会的角度考察还是个别地考察，货币资本都表现为发动整个生产过程的“第一推动力”和“持续推动力”。

由于企业在较长时间内不断从社会取走劳动力和生产资料，而在这个时间内却不会向社会提供任何可以再转化为货币的产品，因此就产生了对不断追加的预付货币量的需求。特别是当货币供应量小于货币需求量时，经济中出现商品的滞存，一些商品卖不出去，其价值不能实现，企业生产也相应地出现障碍。在这种情况下，增加货币供应量，可以在价格不变的情况下，带动产量的增加，这种情况将一直持续到货币供应量达到货币需求量为止。当然，货币作为发动生产过程的第一推动力，必须有一个大前提，即扩大再生产的实际要素已经存在，货币作为实际生产要素的一个载体，与其他生产要素有效结合发动生产过程。“要使货币（即以货币形式贮藏的剩余价值）能够转化为生产资本的要素，这些要素必须是在市场上可以买到的商品”，而且“再生产扩大的可能性在没有货币的情况下就已经存在”。① 可见，马克思的货币推动力原理是与产业资本的运动相联系的。产业资本的运动首先要采取三种形态，即货币资本形态、生产资本形态和商品资本形态；其次要经过三个阶段，即货币资本转化为生产资本阶段、生产资本转化为商品资本阶段和商品资本转化为货币资本阶段。

从产业资本的运动起初要以货币被预付为前提来看，货币就表现为“发动整个过程的第一推动力”；从预付的货币要实现回流并被重新预付而言，它又是使生产资本连续运动的“持续的推动力”。货币资本、生产资本和商品资本这三种资本形态在社会再生产的过程中，在空间上并存。时间上继起，通过资本的运动，实现价值的增值。在现代市场经济社会，资本作为发动社会再生产的“第一推动力”和“持续推动力”的作用更加显著，货币资本“作为发达生产要素”成为“社会形式发展的条件和发展一切生产力即物质生产力和精神生产力的主动轮”。②

根据马克思的资本推动理论，结合农业产业的弱质情况，可以看出，要彻底改造传统农业的弱质性，必须对农业生产和再生产过程积极投入并持续追加不可或缺的资本要素，以改变农业生产和再生产过程中的资源结构和资源配置，形成对传统要素的有效替代，促进农业生产力的发展和农业劳动生产率的提高。

2. 现代农业发展的金融支持

金融是经济发展的血脉，发展现代农业离不开现代金融的大力支持。一方面，现代农业的本质决定了现代农业发展离不开金

① 《马克思恩格斯选集》（第24卷）[M]. 北京：人民出版社，1972：552.

② 《马克思恩格斯选集》（第46卷）[M]. 北京：人民出版社，1972：173.

融支持。现代农业本质上就是以科技为推动力的可持续农业。现代农业的重要特征就是以科学技术为支撑改造农业,并随着科技的发展推动现代农业发展,提高农业素质、效益和竞争力,促进农业稳定发展、农民持续增收。因此,科技对现代农业至关重要,而推动科技不断发展和科技的运用都需要资金的投入,资金投入离不开金融机构的大力支持。另一方面,加大金融对农业的支持力度,既是现代农业不可缺少的重要条件,也是促进传统农业向现代农业转变、弱质农业从落后走向比较发达,并最终实现现代化的客观要求。

从世界经济发展的实践看,凡是发达国家、新兴的工业化国家和经济区域,农业产业化和现代化进程都离不开金融的支持。加大金融对弱势农业的资金支持,可以说是一种国际惯例。没有金融的支持,现代农业的发展就成为无源之水、无本之木。①

### (三)农村居民收入、支出需求金融支持

1. 农村居民收入映射金融需求

中国农村居民整体收入水平是处于不断低速增长中的,农民收入结构在不同的地区差异较大。在沿海经济发达地区,农民的主要收入来源是乡镇企业工资收入和经营小企业的收入。在发展相对落后的中西部地区,农民的收入来源中,农业收入和养殖业收入占的比重较高。此外,农户通常还有来自城市的务工收入。而由于农户外出务工存在较强的随机性和区域性,在不同地区的务

① 祝健,张传良.农村金融改革发展若干问题[M].北京:社会科学文献出版社,2011.

工收入所占比重也有所区别。不论收入结构如何，除了在沿海中小企业密集的农村地区，其他地区农户的总收入都不高，农户平均收入只是城市居民平均收入的20%。此外，农户收入波动也较大。本次调查的地区主要是西部农村和河北省农村，这些地方的农村相对比较落后，农户收入来源主要以农业收入为主，收入水平也大大低于城市居民。

在调查中，按照人均收入水平进行划分，我们发现，农村内部也存在着较大的收入水平和收入结构差异。收入水平较高的人群，其来源于农业的收入相对较低，主要收入来源于经商、外出打工、跑运输、建筑施工、农副产品加工，相对应地，其收入来源中现金收入也占了较大的比重。另外，对于收入较高的人，即使从事农牧业，其经营规模通常也较大，其高收入来源于“农业投资回报的比重大”。从大多数调查对象来看，低收入人群收入的主要来源是农业收入，现金交易占总收入的比重并不大，收入的流动性较低。

与城市居民在经济身份上不同，中国农户既是一个消费单位，又是一个生产的基本单位，这样，考察农村居民收入、支出和储蓄不能从简单的“家庭”意义上分析，其金融需求特别是贷款需求都与生产和消费的双重身份有关。

作为生产主体和消费主体的农户，他们在资金的需求方面可能是无穷大的。农户如果有较强的转变成小企业主的动机以及“致富”动机，其对资金的主观需求就会很强烈，而抑制主观需求的因素是预算硬约束，即内部融资与风险控制前提下的外部融资的总规模。

收入结构的特点和预算硬约束使得农户对资金的有效需求大

大减少，但是，由于在农村地区存在着小规模资本投资获得高回报的机会，农户在资金的有效需求方面也存在着较大的弹性，单个有效的需求仍可以超过其即期收入水平的很多倍。

2. 农户支出需求要求金融支持

农户支出可以充分体现农户既是消费单位又是生产单位的特征。农户支出可以划分为两个部分，一是消费部分，另一个是生产支出部分。在消费支出中，一部分是消费农户自己的农业产出，这些消费支出是不需要现金做支出媒介的。在中西部相对比较落后的农村地区，这部分消费支出所占比重相对较高。另外一部分消费支出是现金消费支出，发达地区的农村，这部分支出比重较高。农民收入中的很大一部分是非现金收入。对一些低收入农户来讲，非现金收入更是收入的主要部分，当需要用现金消费时，如"在外购食物"、"外出打工路费"、"教育支出"、"用电支出"等，农户就会产生借贷需求。同时，农户在非现金收入和现金支出方面可能经常性地存在不对称的情况，即使农户有储蓄，而储蓄主要以非现金或非金融资产方式存在时，农户也同样会有借贷需求。

表1-3显示了四个调查省区不同收入水平的农户出现"负储蓄"或"因基本生活出现负储蓄"的概率，显然，出现"负储蓄"特别是"因基本生活出现负储蓄"的概率，随着收入水平的降低有明显的提高。这一方面说明了随着收入水平的提高，储蓄水平和储蓄率有所上升，另一方面也说明，低收入居民比高收入居民有更高的在消费贷款方面需求的可能性。这样，虽然单个低收入农户消费贷款的需要在绝对额上并不高，但消费借贷需求的覆盖面则较高。

当一个社会的低收入农户占总农户的比重较大时，这部分消费需求信贷的总规模就会较大。在1－3表中，人均收入在5000元以上的农户因基本消费支出需要动用储蓄的概率大约为10%。如果我们把这个概率认为是单个农户动用储蓄的概率，则在这个收入水平上的农户的消费信贷需求并不一定很高，因为这些支出可以通过以往的储蓄予以解决。但对人均收入水平低于3000元的农户，出现因为基本生活所需而产生负储率的概率超过22%，收入低于1000元的则高达48%。因此，由于这部分农户会经常性地动用储蓄而且其储蓄余额水平较低，他们对消费贷款有较强的需求，而且会很频繁地产生消费借贷需求。

**表1-3　　不同收入水平农户负储率出现的概率**

| | 户数 | 当年出现负储率户数 | 负储率概率(%) | 收入—低弹性支出<0 | 因基本生活出现负储率的概率 |
|---|---|---|---|---|---|
| 人均收入10000元以上 | 187 | 20 | 0.11 | 3 | 0.02 |
| 人均收入8000—10000元 | 46 | 4 | 0.09 | 1 | 0.02 |
| 人均收入5000—8000元 | 210 | 40 | 0.19 | 18 | 0.09 |
| 人均收入3000—5000元 | 250 | 58 | 0.23 | 23 | 0.09 |

| | 户数 | 当年出现负储率户数 | 负储率概率(%) | 收入一低弹性支出<0 | 因基本生活出现负储率的概率 |
|---|---|---|---|---|---|
| 人均收入1000—3000元 | 487 | 161 | 0.33 | 108 | 0.22 |
| 人均收入1000元以下 | 246 | 162 | 0.66 | 117 | 0.48 |
| 总计 | 1426 | 445 | 0.31 | 270 | 0.19 |

表1-4说明了农户借贷需求的用途,也反映了收入对借贷需求的影响。高收入农户(收入10000元以上)更多是因为生产性投资而需要借贷,因基本生活需要借贷的比重很低。而低收入人群的借贷需要明显多样化,其中为解决基本生活中的资金短缺而借贷的比重明显增加,生产投资的借贷需求则相对减少。

**表1-4　　　　不同收入农户借贷需求比重%**

| | 基本生活 | 修建房屋 | 外出打工路费 | 子女教育 | 生产投资 | 家用电器和农用车 | 治病 | 人情债 | 还钱 | 打官司 | 其他 | 借款需求均值(万元) |
|---|---|---|---|---|---|---|---|---|---|---|---|---|
| 10000—8000元 | 1.8 | 11.0 | 5.5 | 5.5 | 68.8 | 4.6 | 0 | 0.9 | 0.9 | 0 | 0 | 13.10 |

| | 基本生活 | 修建房屋 | 外出打工路费 | 子女教育 | 生产投资 | 家用电器和农用车 | 治病 | 人情债 | 还钱 | 打官司 | 其他 | 借款需求均值（万元） |
|---|---|---|---|---|---|---|---|---|---|---|---|---|
| 8000—5000 元 | 17.6 | 0 | 44.1 | 8.6 | 23.5 | 2.9 | 0 | 0 | 0 | 0 | 0 | 3.83 |
| 5000—3000 元 | 1.4 | 16.6 | 4.1 | 0.6 | 42.1 | 16.6 | 2.8 | 9.6 | 1.4 | 0 | 3.4 | 2.86 |
| 3000—1000 元 | 10.9 | 15.2 | 17.3 | 9.3 | 27.5 | 14.6 | 1.3 | 4.0 | 1.3 | 0 | 1.4 | 2.46 |
| 1000 元以下 | 6.7 | 8.9 | 1.5 | 17.7 | 33.9 | 24.5 | 1.2 | 5.2 | 1.2 | 0 | 1.8 | 2.04 |

农村低收入农户借贷需求的特点给商业性金融服务提出了很大的挑战，正规金融的传统服务（信用卡服务、抵押贷款、消费信贷等）的风险控制机制无法实施，传统业务没有针对农户贷款风险控制的手段，同时，由于信贷规模相对较小、服务和监督成本高，在低利率水平下，即使是小额信贷服务也存在着金融机构是否可以保持可持续性的问题。

在农户的农业生产结构（如种植作物品种、养殖规模和种类等）没有发生变化时，农户上一个生产周期的产出销售余额通常大于生产性支出的规模，这样，如果产出余额大于当期消费和消费性债务清偿，并有结余，则一部分生产性支出可以不用借贷就可以完成。但在农村，不论是高收入农户还是低收入农户，依靠自己的储蓄就可以维持简单再生产的情况并不普遍。对大多数农户来说，维持现有生产规模主要依靠外援性的资金投入，也就是金融机构的贷款。[①] 因此，对农民来说，金融机构的支持是他们能够得以发展的重要保障。

(四)我国农村中小企业有强烈的信贷需求

我国农村中小企业这几年的发展有目共睹，发展迅速，并且数量也是越来越多，可以说在整个农村经济中已经占据了重要的地位，对农村产值和农民收入以及农民就业都起到了非常大的作用。但是由于发展太迅速，资金方面没有得到很好的解决，而现在的农村金融系统对中小企业的支持力度还不够，远远不能满足这些发展中的农村中小企业的资金需要。对于一些规模稍大的企业，因为其作为当地的龙头企业，可以带动当地农村经济的发展，资金相对还是很充裕的，同时国家也会重点对待给予补贴，金融机构也认为这样的企业信誉好，所以愿意贷款。但是小规模的企业却得不到相应的待遇，资金的缺口就有很大的差距，而且农村的产业很多都有季节性，并且受天气的影响也很大，这样就导致这些中小企业的盈利性不能确定，这对于银行要求稳定的还款能力来说也是大忌。此外，还有一些个体户其实也需要一些资金周转，数额一般不大，但是目前银行还没有特别好的金融产品可以提供给他们。目前邮政储蓄银行推出的小额贷款缓解了这部分的需求，但是一家银行的力量毕竟是有限的，如果资金实力雄厚的四大国有商业银

① 刘玲玲，杨思群. 中国农村金融发展研究[M]. 北京：清华大学出版社，2007.

行和一些大规模的股份制银行都加入进来，就可以得到一定程度的缓解了。①

## 第二节　现有农村金融的制度构成

### 一、我国农村经济发展中的金融制度现状

当前我国农村金融面临诸多问题，发展前途迷茫，如何拨开重重迷雾，找到正确的前进方向是首当其中的重要问题。

首先是金融外部环境障碍。政府对于农村金融机构及市场严重管制的现象还相对突出。政策性金融机构是由政府投资建立的，是根据政府的决策和意向专门从事政策性金融业务的机构。其主要特征是组织方式上的政府控制性。从组织形态方面看，我国的政策性金融机构基本上处于政府的控制下。商业银行本来是以市场为导向、以追求最大化资本收益率为目标的，但农村商业金融机构的融资行为也会受到政府相关审核机构及政策意图的影响，使其偏离以利润为最终目标的轨迹，形成资金配置效率低下的局面。在农村信用社中，由于各级政府的介入过多，民主管理制度形同虚设，农村信用社承担的行政性和政策性义务过多。这几种类型的金融机构都直接或间接地受到政府的管制，打上了政府主导的烙印。

其次是农村金融体系自身的障碍，信贷供给能力不足。截至2007年末，在金融机构约30万亿的总贷款中，农村金融机构的贷

---

① 银监会正研制农村金融组织3年发展规模[EB/OL]. 新浪财经，http://finance. sina. com. cn/g/20090203/03245807575.

款额约占不到20%。其中,涉农贷款2.36万亿,仅占总贷款的9%。从金融信贷的供给渠道看供给不足的原因有:农村政策性金融机构的主要职能是支持农村长期生产性投资,但从农民短期的资金流动性偏好来说所发挥的作用很小,这主要是政策性金融机构服务对象不是单个农户的缘故;商业银行是以追求利润为目标,同时兼顾考虑债务人信用额度及资金回收风险,因而愿意面向大的企业而非小规模的农户服务。面对农村中规模较小,并且如此分散的农户,国家商业性银行对其资信程度及其资金回笼无不有所顾虑,而这也就不难理解近年来我国商业银行大批从农村地区撤出的现象。

农村合作金融的商业化倾向逐渐加强,其投向农业的生产性融资呈下降趋势.而更乐意向高收益率的企业融资。具体体现在以下几个方面。

## (一)农村金融体系不健全

目前,中国基本上形成了政策性金融和商业性金融并存的农村金融体系,农村金融服务水平有了很大提高,但农村金融体系的整体功能仍然不适应农业和农村经济发展的需要。政策性金融和商业性金融较为薄弱,农村金融机构不健全,农业保险发展滞后,阻碍着农业和农村经济社会的全面发展;金融服务方式落后,农村地区资金大量外流,农村贷款严重不足。

金融资源在城乡之间的不合理配置背离了统筹城乡协调发展的要求,影响着当前加快推进社会主义新农村建设的进程,具体表现在以下几个方面。

### 1.农村金融体系服务功能的削弱

随着金融体制改革的深入，在中国农村金融体系中，正规金融由于受到成本收益的约束以及农业资金运作的高风险、低回报和周期长等特点，而农业贷款呈现出高成本和低补偿的特点，这与商业银行所追求的安全性、流动性相反，导致商业银行在农村地区撤销和合并机构，收回贷款权限，大大弱化了在农村的金融服务。农村正规金融将战略重点从农村转向城市，加剧了农村资金的供求矛盾，使得金融资源在城乡之间的不合理配置同统筹城乡协调发展的要求相背离。由于缺乏抵押物以及土地使用权受到相关法规的限制，农业和农村信用担保体系也出现明显缺位。

2. 金融机构职能定位不清，金融资源"非农化"

(1)农村经济发展中金融服务体系单一，农村金融机构职能定位和分工不明确。中国农业银行实施商业化的运作战略，从农村撤走了大量分支部门，无法满足农村发展的融资需求；农村政策性金融功能不全，中国农业发展银行资金主要来源于财政无偿拨款和有偿贷款，资金来源的渠道单一，业务范围比较狭窄，机构设置不到位，且功能单一，难以担起政策性金融支持"三农"的重任；而农村信用社功能和性质不清晰，基于信息不对称、缺少抵押品以及风险因素的考虑，也在缩减向农村地区的贷款，对农户和农村中小企业生产的支持有限，支农服务水平不尽人意，致使农村金融服务出现缺位。

(2)农村信贷资金的流动正呈现多渠道的趋势，金融资源的"非农化"问题十分突出。其中，农村信用社和农村邮政储蓄机构是农村资金外流的重要渠道，1978—2002 年，中国农村通过农村信用社和邮政储蓄机构的资金净流出量高达 12944 亿。由于农村金融市场的固有特征以及投资环境不完善，使得金融机构的经营成本和风险增加，致使农村金融机构通过上存资金、信贷、购买国债的等形式，将从农村吸收的资金投向盈利性高、风险相对低的城市和非农产业部门，造成大量农村资金外流，使农村经济对信贷资金需求的增加和农业投入严重不足同农村资金外流之间的矛盾更为突出。

3. 体制外金融发展不足

非正规金融内涵是指农村中非法定的金融机构所提供的间接融资，以及农户之间或农户与农村企业之间的直接融资。随着正规金融机构在农村地区的大量撤并，非正规金融在农村迅猛发展，为农村经济社会的发展提供了有力的金融支持。可以说，非正规金融的存在和发展是农民对农村金融需求的反映，也从另外一方面体现了中国农村金融供求的严重失衡。非正规金融的发展有利于促进农村金融体系多样化竞争格局的形成以及垄断局面的消除。但是非正规金融一直缺乏合法的地位，长期游离于法律保护之外，容易导致债务纠纷。同时，由于缺少金融管理机构的积极引导和监管约束，组织制度缺乏规范性，内部经营管理混乱，在实际操作中容易滋生高利贷行为，从而增加债务负担以及交易成本和金融风险，削弱非正规金融在农村经济中所发挥的积极作用，使得农村金融环境恶化，阻碍农村经济社会的全面发展。

4. 中国农业保险发展严重滞后

由于农业的弱质性，不能有效规避农业风险，而农业保险作为一种公共产品发挥着巨大的经济和社会效益，可以实现风险的转移和分散，有助于改善当前农村发展和农民的现状，减轻农民负担。由于农业生产周期长、抵抗灾害的能力低，随着农村经济主体生产经营的规模化和扩大化，农村地区对农业保险的需求潜力巨大。然而，当前中国农村保险业几乎处于停滞状态，严重滞后于农村经济发展，不能有效发挥经济补偿作用。2002 年，中国农业保险收入仅占农业增加值比重的 0.043%，平均每个农民缴纳的农业保险费为 2.6 元，获得的农业保险赔款仅 1.8 元，远远不能满足农村经济发展和农业结构调整的需要。

### （二）农村金融制度不成熟

#### 1. 农村金融制度变迁方式问题

根据新制度经济学的观点，制度变迁的方式有多种，其中诱致性制度变迁和强制性制度变迁相对应。诱致性制度变迁按照林毅夫的解释，是指现行制度安排的变更或替代，或者是新制度安排的创造，它由个人或一群人在响应获利机会时自发倡导、组织和实行；强制性制度变迁是指由政府命令、法律引入和实现的制度变迁。

随着农村市场经济体制的深化，自然要求金融体制随之变革，中国农村金融改革是一种由政府主导的自上而下的强制性制度变迁。在农村金融体系建设的过程中，更多的是考虑国家的整体战略，而忽视了农村经济主体的存在以及农村经济发展的内在要求，这种完全由政府主导的强制性制度变迁方式已不能适应农村经济发展的需要，导致农村金融体系同农村资源禀赋状况和经济发展水平不协调，与中国农村经济体制自下而上的诱致性制度变迁方式相背离，最终致使农村地区的融资需求得不到满足，而大量农村资金却转移到城市和非农部门，农村经济发展严重受阻。

2. 农村金融市场竞争不足,金融资源配置不合理

(1)在市场经济体制条件下,行业垄断、过分的行政干预和管制都不利于经济的发展。由于政府对抵押品、利率的严格限制和垄断,导致中国农村金融市场竞争环境的缺失。长期以来,中国农村正规金融机构对抵押物的选择单一而又缺乏必要的担保体系,正规金融机构不愿意接受农产品和农业生产资料作为抵押物。在农村地区,住房和宅基地由于受到法律制度的约束,不能作为抵押品,导致农村经济主体无法通过正规金融渠道来满足自己的融资需求;同时随着国有商业银行在农村分支机构的撤并,农村信用社在农村金融市场的垄断地位也日渐显现,市场内部缺乏竞争机制,结果只会造成资金供给不足,资源配置效率低下。

(2)金融资源的供给必须与经济发展对金融的需求相适应。农村金融市场供求关系反映着金融资源的稀缺程度,并通过利率表现出来。农村金融资源的供给不足和不合理配置,都会影响农村经济的健康发展。由于金融管理部门对借贷利率的严格限制,导致了银行贷款利率与市场均衡利率失衡,使农村金融市场中的价格信号扭曲、金融资源配置效率下降。

3. 城乡经济发展差距加大

当前,城乡经济发展严重失衡,两者的差距不断加大。由于历史和经济原因,优质的公共设施和资源基本上集中在城市,从而使城市部门在人才、基础设施、政策等方面都表现出更大的优势。在市场机制作用下,为追求较高的资源配置效率,大量农村资金涌入城市工业和非农部门,使得农村地区的融资需求得不到满足,不断恶化农村经济发展环境,并逐渐形成恶性路径依赖。

## 二、我国农村金融面临的外部环境挑战

近几年来，随着农业产业化、现代化的发展，农村金融却没有得到相应的发展，未能充分发挥其推动农业和国民经济健康发展应有的作用，出现了相对滞后的现象。

### （一）农村金融市场混乱

1. 农村金融抑制现象严重

当前，我国农村金融存在严重的金融抑制现象，缺乏多样化竞争主体和有效的竞争机制，主要是农村金融有效供给不足，不能满足农村经济发展和农业结构调整对金融服务的需求。在城市里，中国农业发展银行并延伸分支机构，农村信用社、农业银行、农业发展银行形成“三足鼎立”的局面，以及还存在多种形式的非正规金融组织和活动，但它们之间并没有形成有效的竞争机制，这主要表现在以下几个方面。一是中国农业发展银行主要从事农副产品收购贷款、商品粮基地建设贷款、农村基建贷款等，主要是针对特殊的企业群体提供信贷资金支持，根本不予个体农户发生信贷业务关系。二是中国农业银行在许多乡镇及以下地区很少有分支机构，即使有一些设置在乡镇的分支机构，也在经营战略转变和减员增效的潮流中大量撤并。而且农业银行作为国有商业银行，市场定位和经营战略发生了重大变化，业务范围与其他国有商业银行相比已经没有什么区别，竞争的视角和策略也从农村转向城市，从农业转向城市工商业和非农产业。三是农村邮政储蓄机构只提供储蓄业务而不提供贷款。四是各种形式的民间借贷属非正规金融组织，不受法律法规和政府政策上的鼓励与保护，且具有较高的金

融交易成本。

很显然，对于中国大多数地区特别是边远落后地区的农民而言，农村信用社事实上已成为农民金融活动的主要中介，在一些老少边穷地区甚至是唯一的合法金融机构，根本谈不上农村金融机构之间进行有效的竞争和提高金融服务质量与效率，从而在一定程度上造成了农村中小企业和广大农户担保难、贷款难的难题。

2. 农村资金严重流失，大量流向城市和非农产业

农村资金大量流向城市和非农产业，具体表现在几个方面。一是农村资金通过金融渠道流出，1979—2000 年，通过农村信用社、邮政储蓄机构的资金净流出量为 10334 亿元，其中农村信用社净流出 8722 亿元，邮政储蓄机构净流出 1612 亿元，这些金融机构成为了地地道道的“抽水机”。二是农产品统购统销政策是新中国成立几十年来农业剩余净流出的主渠道。据统计，在 1952—1990 年期间，农民为工业化建设贡献资金的绝对额为 11594.14 亿元，平均每年大约 300 亿元，其中有 13.2% 来自于农业税，75.1% 来自于工农业产品价格“剪刀差”，11.7% 来自于银行储蓄。三是一些地区财政支农资金“空投”和被挤占挪用现象严重，使得财政支农资金流向城市建设、非农产业等其他领域。从 2003 年底开始，审计署对全国 50 个县 2001—2002 年财政支农资金的投入、管理、使用情况进行了审计调查，发现部分地区财政支农资金不到位以及被挤占挪用情况非常突出。此外，在大力推进农村工业化、城镇化建设过程中，需要征用大量农民土地，而农村耕地占用补偿额度低且补偿往往不到位、层层截留，以及一些地区农村不合理的收费和负担也造成了农村资金大量流出。

3. 农村民间金融活跃，但缺乏必要的规范和保护

正规金融是一种适应于城市、制度化和组织化的体系，而非正规金融本身就是一种非制度化和非组织化的体系，适应于农村传统、固有的经济模式。一方面，民间借贷作为一种较早的农村信用形式，一般发生在亲戚、熟人、朋友、邻里之间，相互比较了解，手续简便快捷，无需抵押担保手续，最多一张借条甚至仅仅是口头约定而已；另一方面，由于一些国有商业银行、部分地区农村信用社等正规金融组织，它们处于自身利益考虑、经营管理混乱、农户缺乏有效的抵押品等因素，对农业贷款设置门槛。这样就为民间借贷的产生和发展提供了广阔的空间。据人民银行太原中心支行对民间借贷抽样调查，目前山西省有 27 个县、133 个乡、1844 个行政村，都不同程度存在"民间借贷"行为，其中 93463 户农民参与了民间借贷活动，约占全省农户总数的 1.57%；民间借贷总额约为 13937 万元，占全省农村信用社贷款余额的 0.32%；借款最高月息达到 8%。

虽然民间借贷活跃了农村金融市场、扩大了农村生产经营的资金来源，也促进了农村个体私营经济的发展，但同时也容易引发以下一些问题。第一，民间借贷风险大，容易引发债务纠纷。由于民间借贷是一种自发的、盲目的、分散的信用活动，缺乏必要的管理和适用的法律法规支持，多属私人交易行为，更无跟踪监控机制，是一种较为落后、原始的信用方式。民间借贷具有追求高盈利而冒险或投机的一面，有的民间借贷甚至用于赌博、吸毒等严重违法活动，而且一旦发生欠债不还，有的通过暴力威胁，有的甚至会通过带有黑社会性质的追债公司收回借款，严重扰乱金融秩序和

危害社会稳定。第二,民间借贷利率较高,许多企业或个体户从民间所借资金利率水平一般都比较高,比银行同期利率高三至四倍,从而加重了个人和企业负担。第三,影响国家利率政策的实施。正规金融机构利率由国家确定,而民间借贷利率是借贷双方根据资金的市场供求关系自发制定,利率水平通常远比银行同期利率高,影响了国家利率政策的全面贯彻实施。

4. 农业风险经济补偿机制不健全

我国是世界上自然灾害最严重的国家之一. 作为农业大国,每年约有0.3亿公顷农作物受灾,占全国农作物播种面积的1/4,成灾面积的比重在40%以上。例如,“九五”期间全国农作物受灾面积年均7.66亿亩;成灾面积4.13亿亩’占播种面积的18.8%;因灾损失粮食760亿公斤、棉花51万吨、油料289万吨。

目前,我国农业灾害损失主要依靠两种方式进行灾害救助。第一种方式是由民政部门实施的政府农业灾害救济,但这种补偿性质的灾害救济受到国家财力不足的限制,而且不利于充分调动农民参加投保的积极性,在很大程度上限制了农业保险业的健康发展;第二种方式是由中国人民保险公司和新疆兵团财产保险公司开办的农业保险,由于缺乏相应政府补贴等政策支持,加之农业保险的高赔付率,这两家保险公司经营的农业保险一直处于亏损状态。尽管最近已经筹建了一些涉农保险公司,如我国第一家专业性的股份制农业保险公司——上海安信农业保险股份有限公司;在黑龙江地区设立的我国第一家相互制保险公司——阳光农业相互保险公司;安徽省首家专业农业保险公司——国元农业保险股份有限公司;以及吉林安华农业保险公司。这些保险公司借鉴法国安盟的经验，为农民开发“一揽子”的保险保障产品等，但仍然远远不能满足农村经济发展和农业结构调整的巨大需求。可见，农业保险有巨大的潜在市场需求，发展农业保险对促进我国农业的持续健康发展具有十分重要的意义。

5. 农村金融宏观调控体系不健全，货币政策在农村传导不畅

由于非正式金融市场活动的存在，造成大量资本体外循环，影响了央行货币政策在农村的传导效果；同时，非正式金融市场活动在一定程度上扩大了货币供应量，而这一部分货币供应量又在中央银行的监控之外，且波动缺乏规律性，造成经济运行中实际货币供应量的波动也趋于加剧，这就增加了中央银行对实际货币供应量控制的难度。

农村金融机构监管政策和货币政策不吻合，一定程度上制约了农村信用社支农贷款的发放。为了实现货币政策的预期效果，中国人民银行发放支农再贷款时，要求农村信用社必须加大对农业的投入；但严格的资产负债比例管理制度及相应的考核措施，却没有考虑到发放支农再贷款会导致贷款增加因素，同时，银监会把农村信用社不良贷款的下降作为监管主要指标加以考核，加之严厉的贷款责任追究制度和缺乏有效的激励机制，使基层信贷人员在对效益低、风险高的农业贷款发放上慎之又慎，出现所谓的“惜贷”现象，大大制约了农村信用社使用再贷款的积极性。此外，农村信用体系建设滞后，工商、税务、银行等部门对农村企业、广大农户的信用信息分散闭塞，还没有形成统一全面的覆盖广大农村的征信体系，农村金融机构很难了解掌握企业和个人的资信状况，这既为农村金融机构防范信贷风险带来很大的困难，也为央行实现

预期货币政策传导效果增加了一定的难度。

综上，农村金融本应是为农业和农村经济发展服务的金融部门，但从我国目前的现实情况来看，农村金融业在支持农村经济发展中存在着如下矛盾。

第一，农贷资金需求大幅增长与农村金融资金不足、贷款能力下降之间的矛盾。随着农业的快速发展及结构调整步伐的加快，农业发展对资金的需求量有不断增长的趋势，且需求结构也在不断变化。但对于日趋增长的农贷资金需求，农业金融部门却供给不足，支农贷款能力下降。这主要是由于目前我国的商业银行已基本淡出了农业生产和开发领域，农村资金融通的任务基本上由农村信用合作组织来承担。但是这些农村信用合作组织普遍存在着资金量小、信用低、聚集资金能力差等问题，因而难以满足日趋增长的农贷资金需求。而农村资金的非农化又进一步加剧了农村资金的信贷矛盾。

第二，农村经济对金融服务要求多样化与农村金融服务手段单一的矛盾。随着农村经济的迅速发展和经济市场化程度的提高，使农村经济对金融服务要求趋向多样化。如果农村金融服务部门依然沿用过去传统的金融服务手段，已不能完全满足农村经济发展对金融部门提出的新要求。这迫切要求农村金融部门不断改进和提高金融服务水平，在传统业务的基础上，提供电子汇兑、资金结算、委托收付款等中间业务，更好地为农村经济发展服务。

第三，农村金融组织体系本身也存在着严重的问题。我国目前的农村金融组织体系还带有很强的旧体制的痕迹，许多方面与现代市场经济发展的要求还相距甚远。①

### (二)农村金融机构存在风险

农村新型金融机构在风险产生的机理方面,既有金融机构风险生成的一般性因素,又呈现出一些自身的特性。在研究其风险生成机理时,从两方面着手能更加全面地揭示出风险生成的因素。

1. 信息约束风险

信息不对称充满了所有实际交易。在农村金融市场上,由于借款人相对分散,农村基础设施普遍较差,金融机构常常面临着高昂的信息搜集成本,这就造成了在无法准确了解借款人信息的情况下,金融机构倾向于筛选借款人。金融机构通常会对高风险的项目收取更高的利率来抵制高风险项目的进入,而借款者只有在满足 $C+R\geqslant K\times(1+i)$ 的情况下才会归还贷款。其中 $C$ 为贷款抵押品价值,$R$ 为贷款收益,$K$ 为借贷额,$i$ 为利率。上面的不等式就是斯蒂格利茨和魏斯(Stiglitz & Weiss)所称的有限责任条件。显然,在农村抵押品不足的情况下,金融机构提高贷款利率会对信贷违约产生激励作用,提高利率的结果将会使得借贷市场充满高风险。也就是说,在信息不对称和抵押缺失的情况下,农村金融市场的借贷者呈现出“风险喜好”的特征,这加剧了金融机构的风险。当交易(这里指农村金融市场的放贷)发生后,如何有效地监管借贷者对于资金的使用也是农村金融机构棘手的难题。

从理论上讲,一个完全抵押的信贷合约能够使信贷违约的概

---

① 贾婕,虞慧晖. 对我国农村金融问题的现实思考[J]. 商业研究,2004(5).

率降低到0，许多学者将这种激励效应称之为"过滤机制"。然而"过滤机制"是在借贷者为风险中立者的假设下提出的，而能够提供满足要求利率的富人通常受以往投资高风险项目的影响而表现出风险偏好，而金融机构将贷款发放给这些人，无疑会将资产置于高风险中。信息不对称是农村金融市场上普遍存在的问题，也是农村金融机构风险生成的主要诱因，无论是事前的逆向选择还是事后的道德风险，都给农村新型金融机构带来了严峻的挑战。之前的银行业金融机构在农村市场上饱受信息约束之苦，纷纷惜贷或撤离农村市场，使处在"拓荒"期的新型金融机构信息约束风险更加突出。

2. 信贷配额风险

农村新型金融机构资本缺乏以及地域限制的规定抑制了其规模经营，小额贷款公司只贷不存，且负债不能超过自身资本净额的50%，资金来源过窄。由于资金融通渠道不畅，可贷资金不足已成为当前小额贷款公司发展最大的瓶颈因素（邢早中，2009）。资金互助社受地域限制也不可能有充裕的资金。村镇银行虽然可以吸纳存款，但因其发起主体过于单一、政策条件苛刻以及政策的不完备，新办的积极性不高（王曙光，2010），规模也无法跟上。假设我们从单个金融机构为实现其利润最大化的行为做出分析，然后再从其行为中去识别风险。假设一金融机构面临两种具有不同风险特征的放贷项目，贷款的期望收益分别为

$$E1(P1,i)=P1\times(1+i)\times K-(1-P1)\times C \tag{1}$$

$$E2(P2,i)=P2\times(1+i)\times K-(1-P2)\times C \tag{2}$$

其中，$E$ 为期望收益，$K$ 为放贷额，$i$ 为利率，$C$ 为违约损失，$P$

为成功的概率；$P1 < P2$ 即项目 1 的成功率较高，显然有 $E1 < E2$ ，这就意味着金融机构更愿意向具有较低风险的类似于项目 2 的项目类型提供贷款。但是正如上面的分析，农村金融市场充斥着信息不对称，金融机构无法有效地识别风险，那么简单的做法就是要么提供高利率者获得贷款，要么通过以往的经验做出判断。上文已经指出，过高的利率将使得市场充满高风险项目，所以金融机构更加倾向于经验判断，认为给一个风险较低的项目的放贷概率为 $P$，当其面临 $n$ 个借款人，其期望收益为

$$E(P,i) = n \times (1-P) \times E1 + n \times P \times E2 - n \times C \tag{3}$$

通过(1)、(2)式可知，$i$ 的变化决定了 $E1$、$E2$ 的变化，由(3)式知，$E1$、$E2$ 的变化又决定了 $E$ 的变化。追求利润最大化的金融机构必定要保持一定的放贷规模而降低利率，因而利率不可能是市场均衡利率。

由(3)式可以直观地看出，金融机构利润最大化下的利率会低于市场均衡利率，这就造成了信贷配额的存在，而信贷配额的存在是造成寻租(rent searching)的最重要根源。寻租行为的存在使得金融机构内部风险加大，新型金融机构大多是内部人控制模式，更容易导致放贷人员不是根据项目的风险和收益决定放贷与否，而是追求个人收益的最大化。委托代理问题与寻租将使得这些金融机构内部风险加剧。

3. 金融“拓荒”风险

新型金融机构成立的初衷是为了改善农村中低收入者的融资条件，目标人群中可能有相当一部分人之前并无借贷行为，这将会把首次为这些群体提供贷款服务的金融机构置于巨大的潜在风险

中。第一个进入此类市场的金融机构要完成“拓荒”(对潜在客户进行金融制度和规则的培训,建立起客户的信用信息)需要花费巨大的费用,高昂的“拓荒”成本本来就是一种风险,同时,由于金融正外部性的存在,竞争者的进入将会享受外部收益,在节省了大量的拓荒成本后,后进入者甚至会拥有绝对的竞争优势。高昂的“拓荒”成本和竞争劣势将会使这些新型金融机构承受巨大的风险,在这种情况下,放贷者要么审慎放贷,把贫困农户排斥在金融市场之外,要么根本就不进入这种市场。

4. 投资冲动风险

目前,我国资金流动性明显过剩,而投资渠道匮乏。一方面,一些小额贷款公司在农村小额信贷市场上取得了不错业绩,激励着其扩张的冲动。2011 年伊始,小额贷款公司数量和信贷额激增,与此同时还伴随着强烈的吸储冲动,各种非法集资蔓延。农村资金互助社的定位不清,监管更是困难重重,其可能存在的非法和不正当资金募集更加猖獗。2010 年,村镇银行的设立数量高歌猛进,难免出现盲目性。另一方面,由于治理通胀,货币政策已进入紧缩周期,一旦出现资金撤逃,将给这些新型金融机构带来严重冲击。

(三)经济全球化给农村金融带来的挑战

经济全球化是当今世界经济发展的潮流。随着中国加入 WTO,金融业也将逐渐对外开放,长期处于高度政策壁垒下的银行业不可避免地要受到冲击,农村金融同样会迎接一场严峻的挑战,现有的农村金融体系将面临重整。

金融市场的国际化将打破服务地域和业务界限。加入 WTO 后,我国允许外资银行经营所有客户的外汇业务,五年后允许外资银行向所有中国客户提供服务，所有经营地域限制也将被取消。这样，在竞争对象上，外资银行将与农行等农村金融机构在一些优良客户方面展开激烈竞争；在竞争手段上，外资银行主要采取混业经营并运用全球化、自动化、电子化、网络化等方式与农村金融机构展开竞争，将利用其良好的培训机制、优厚的报酬和科学公平的人才管理方式，吸引农村金融机构的业务骨干和管理人才为其服务，形成对农村金融机构的人才冲击。这种市场竞争的国际化必将对我国现有的农村金融格局形成强烈的冲击。农村金融市场不仅有国内商业银行参与竞争，外资金融机构也会相继介入。

在农业生产中存在着突出矛盾。一方面，农业对资金的需求量很大，据有关资料测算，从1998—2000年，农村经济发展中资金的需求量达1.7万亿元，年递增达10%。而另一方面，国内社会资金的大部分流向了效益比较高的非农部门，导致农村资金需求缺口大，这为中外金融机构介入农村金融市场提供了广阔的业务拓展空间。

从农村经济发展的趋势看，农村基础设施建设是一项重大的工程。西部大开发战略的实施，大量的施工现场将在农村。中小城市及农村城镇的建设需要农村金融支持，农村市场建设及农产品集散同样是农村金融的服务重点。未来中国农业发展走的是农业产业化经营的路子，这一农业生产新形式的出现，为金融机构确立了新的服务主体。农村经济市场日渐活跃，既为金融机构提供了新的效益增长点，也为农村企业选择金融服务提供了有利条件。分业经营的管理模式可能会逐步的改变，混业经营发展潮流对农村金融业务的重整必将起推动作用。

20世纪90年代中期,实行混业经营方式在全球已经成为一种趋势。随着我国加入WTO参与世界市场的竞争,我们必须顺应混业经营潮流,改革我国目前农村金融市场中存在的严格的分业经营方式。因而在农村金融机构中吸纳混业经营方式就成为发展趋势,由此带来的业务品种创新和服务功能拓展已是在预料之中。农村金融业务重整将推动国有商业银行从事投资银行业务,这是形势发展的必然,农业银行从事农村保险并继之经营农村证券经纪业务也未尝不可,固有的农村金融业务将进行新一轮调整。

## 第三节　农村经济发展中的金融制度需求

### 一、农村金融发展的理论分析

#### (一)基于农户资金需求的角度分析

依据“需求追随法”理论,随着农村经济的增长,农户会产生对金融服务的需求,作为对这种需求的反应,金融体系不断发展。也就是说,农户对金融服务的需求,导致了金融机构、金融资产与负债和相关服务的产生。由此推断,农村金融体系构建的逻辑起点是农户金融,按其金融需求的层次可划分为生活性费用需求、农业生产支出需求和非农生产支出需求。其中,纯农户或农兼户的资金需求主要是小额生活性费用需求和小额生产支出需求,农业市场户或非农兼业户的资金需求则为大额生产支出需求。当然,所有农户都有可能会出现像建房、子女上学、婚嫁和看病等大额生活性费用需求。

就满足金融需求而言，按照借贷交易双方关系（或交易层次）的远近，农户的融资顺序依次为：民间私人借贷—农村资金互助社—小额贷款公司—社区合作金融（如农村信用社）—中小金融机构贷款（如村镇银行、股份合作银行）—大商业银行贷款（如农业银行）—民间金融机构（如私人钱庄、银背及标会），上述融资次序的安排，体现出借贷交易是由充分利用宗亲、朋友与熟人关系的资金互助向社会资本稀缺的市场化融资过渡的特点。

由于纯农户和农兼户所需的资金额度小、期限短，所以在民间私人借贷和农村信用社的低交易层次上就比较容易被满足；而农业市场户和非农兼业户的大额生产支出需求，即使到了民间金融机构的最高交易层次上也只是得到部分的满足。这主要是由于一般农村缺乏中小金融机构，特别是村镇银行，同时农村信用社和农业银行更多的是把资金贷给中小企业或经济组织，因此都无法为其融资。而民间金融机构的金融业务活动受法律的限制较多，且借贷利率很高，也不能成为其理想的融资渠道。所以，要针对农户融资的超额需求或新需求，在较高的交易层次上重新安排金融供给功能，以提升农户金融需求的整体满足程度。

至于农户所可能有的大额生活性费用需求，它的满足要分门别类的考虑。纯农户或农兼户的硬赤字所对应的需求，其资金性质是救济性的，应由财政性或捐助性资金来解决；农业市场户或非农兼业户“或有偿还能力”的消费性融资需求，其资金性质仍然带有“援助性”或“扶持性”，无息或低息以及偿还期限的宽松性是其特点之一，这类需求应通过互助性的民间融资和政策性信贷支持来解决；农户基于医疗、教育等准公共产品消费而形成的融资需求，它具有较强的公共性和社会性，这类需求的满足应采取“社会统筹+发展专业金融”的方式，而这就要求农村金融机构通过配套使用相关领域的资金，来有效扩展自己服务功能上的外延。

### （二）基于交易成本的角度分析

虽然“功能法”理论可以有效地安排“金融体系需要提供哪些经济功能”，但却不能用来为这些功能的行使去指派金融产权形式。对这一金融产权形式的选择，主要是由金融交易成本决定的。当然，也不乏现行技术条件及地域文化等因素的考虑，哪类农村金融组织去提供哪些经济功能，是要看谁更有市场竞争优势、谁的金融交易成本最低。

这里的金融交易成本是由签约成本、信息成本、管理成本和代理成本四个部分构成。签约成本主要受到业务授权下放的程度及机构网点的疏密分布等影响。大商业银行机构像农业银行及股份合作银行在农村网点少、业务授权度低，因此签约成本高，在发放小额贷款上没有优势，只能靠贷给龙头企业大额度的经营资金，以降低单位签约成本来克服自身的劣势。而农村信用社、小额贷款公司及资金互助社则因为根植于农村社区，经营自主权大，在发放小额贷款上签约成本低，具有相对的比较优势，因此，其更应为纯农户或农兼户提供小额的生活性或生产性贷款。

随着农村金融交易关系由宗亲、朋友与熟人的乡土圈落向陌生人的市场化社会过渡，由于交易双方的信息不对称变得很严重，这就使得事前难以筛选农户的类型，事后也不能对农户贷款的使用实施有效监督。所有这些问题的克服都会产生较高的信息成本，但只要是大额性、集中性和共同性的贷款需求业务，大商业银行还是能够通过在信息收集、管理和监督上发挥其规模化优势，更好地满足农村金融的中高端需求，或对新金融需求索取更高的信息成本补偿，来满足该部分需求。而对于分散性、小额性和个性化的金融需求业务，民间借贷和合作金融更多地体现在筛选、监督和执行上的信息优势，与农户有着天然的更加密切的融资关系，能更灵活、方便、低成本的为农户提供融资安排，解决农户大部分的中低端金融需求。

就管理成本而言，随着融资交易层次的递进，为克服信息不对称、不足值抵押以及法律约束不力的问题，就越需要复杂规范的风险控制和评估技术，其管理成本也会相应急剧上升。而组织规模越大，更易出现所有权与经营权的分离，为解决内部利益冲突的代理成本也相应较高。小额贷款公司、村镇银行以及社区合作银行，由于其不但具有以社会资本为工具的非正规金融制度优势，而且还能成功运用银行机构所固有的先进管理理念、方法和技术，再加上委托代理形式表现得既简单又灵活，所以其管理成本和代理成本都较低，但资金的配置效率却相当高，因此可以用来更好地满足农业市场户或非农兼业户的生产支出需求及“或有偿还能力”的消费性融资需求，甚至还能为中小企业提供部分融资供给。而农村信用社若往信用联社或股份制合作银行过渡，就会因内部人控制及金融权力的寻租行为使得其代理成本很高，且僵化的三级行政式管理体制的诟病和市场化业务管理手段的滞后也会增加其管理成本。所以农村信用社应转型为社区合作银行或村镇银行，以求在降低代理成本和管理成本的基础上，有效地增加对市场型农户的金融供给服务。

## 二、农村经济发展的金融制度需求

### （一）拓展政策性金融的支农融资业务

目前，部分农业发展银行的政策性业务仍局限于粮棉油流通的狭窄范围内，逆市场配置资金的政策性功能很弱，所以重构政策性金融显得很必要。

首先可以考虑设立省政策性金融事业局，把现有的农业发展银行作为其下属的一个事业部。该事业部要大力发展农村流通市场的贷款业务，继续发放粮棉油贷款，对于原有经营不善的粮棉油企业，要申请其破产以收回部分呆滞的贷款，盘活信贷资产；更多地为农村流通中介组织提供贷款，并大规模进军农资市场，为农业生产资料公司、农村新兴农资连锁超市及农业技术推广站等提供政策性补贴资金，以推动农业流通市场的建设。

其次还可以考虑成立两个新的事业部，其中的一个事业部专门负责为农村基础设施建设和农业资源开发提供政策性贷款或贷款补贴。该事业部的资金来源可通过债券发行、人民银行再贷款、农业存款和三级财政统筹的方式予以解决，重点支持水电、交通和通讯等在内的农村基础设施建设，优先为面向资源开发的中小企业及发育初期的龙头企业发放政策性贷款或提供贷款补贴，并致力于对农村扶贫生产项目的支持。另一事业部则要依靠中国人民银行和财政部的资金拨付，来更好地建设农村金融基础设施，为金融业更多地提供准公共物品服务，增强农村金融系统的正外部性。该事业部要积极地诱导商业银行和非银行机构参与到农业保险机构、贷款担保公司、综合营运网络体系以及征信体系等建设中来，并可规定其核销一定比例的农业保险机构和贷款担保公司的业务损失，对业务量大、业务损失少的农业保险机构和贷款担保公司，还要适当给予奖励。而对纳入到综合营运网络体系和农村征信体系的会员，要按其所提供公共信息的使用量和所办理业务的成交量，由该事业部补偿全部相关费用。具体从以下几个方面入手。

1. 转变政府职能

政府对金融机构的组织活动及市场管制必须控制在一个度内，即应以市场为主导，适度合理的进行干预，而不对其进行过分管制或完全放开听之任之。政府的干预是对市场的有益补充，而不是替代市场作用的发挥。政府要明确其职能范围，尽量减少行政干预，避免损害市场机制在资源配置中的基础地位，通过不断完善农村金融市场环境，建立农村资金良性循环机制。

从国际经验来看，发挥政府的能动作用，支持农村金融的发展，各国农村金融的建设离都不开政府的财政投入和政策支持。我国政府在以下几个方面还要积极发挥能动作用：第一，继续为政策性金融机构提供财政支持，坚持专款专用的原则，为农业发展提供广泛的资金支持；第二，为许多偏远地区农村金融机构的建立和发展提供资金支持，适当剥离一部分金融机构不良贷款，以减轻农村金融机构的财务负担；第三，制定各种优惠政策如税收优惠、利息补贴等，来鼓励金融机构为农村提供贷款；第四，政府主导建立农业保险制度，避免农业发展大幅波动，维护广大农民利益。

2. 坚持合作金融的产权改革和支农业务创新

合作性金融的范围主要应是农村信用社和农村合作银行以及

小额贷款互助组织,但重点是农村信用社。农村信用社目前的管理成本和代理成本较高,所以在基于交易成本选择产权形式时,不宜考虑农村信用联社、股份商业合作制及多级管理体制的模式,而应以社区性合作银行为产权改革方向,突出自身微型化经营灵活的特点。

农村信用基层社的股本总规模过大、入股社员的股权额度极小且分散,这会导致“内部人控制”问题的发生,因此,就需要引入团体社员入股机制,应该优先鼓励非盈利性的互助组织如农村资金互助社、农户项目小组及妇女协会等入股农村信用基层社,适当允许法人团体如流通中介组织、产业协会和中小企业等入股农村信用联社或农行事业部,并按入股金的份额争夺控制权,从而使合作制真正落到实处,以便增强支农服务的效果。

当然,政策性金融、金融监管机构及行业自律组织,它们在为农村信用社协调解决有关的代理补贴、结算汇兑、信息服务、资金调剂、教育培训等问题的同时,也要积极参与到农村信用社的产权治理中来,发挥战略投资者的作用。对于支农不达标和股权控制过于集中的农村信用社,实行资本托管后的综合治理,或根据实际需要,把其拆分成小额贷款公司和社区商业银行,以便减少代理成本。同时,在银行机构采纳先进管理技术和发展银贷经纪人业务的基础上,充分利用期权激励和岗位职责约束来降低管理成本。总之,合作制的金融产权改革要能增强自身的可持续发展能力,以便更好地服务于“三农”。

农村信用社要能开发创新出适合农户借贷的业务模式,在完善原有借贷项目的基础上,充分重视农户的消费性信贷需求,积极开发各种借贷业务（如农村助学贷款、建房贷款等）来满足农村多样的借贷需求，并逐步放宽对农户贷款抵押和担保的要求，适当允许农户将宅基地和集体用地进行抵押，鼓励多种形式的动产质押典当，以此提高农户贷款的可获得性。农村信用社在实践中要不断创新小额信贷业务，提升小额贷款的额度上限，给予联保贷款以更高额度上的优惠，并放宽小额贷款的信用期限，依据农业季节特点、生产项目的不同周期和贷款用途，以及借款人综合还款能力等合理确定还款日期，允许用于农业生产的小额贷款跨年度使用。农村信用社的内部结算网络还要与国有独资商业银行结算网络衔接起来，实现"社银通"，并在此基础上向农户提供集信贷、存款、汇兑、结算、理财等一卡式的综合金融服务。

3. 规范民间金融并挖掘互助社的支农潜力

为了使民间金融浮出水面，变得"阳光化"，可通过制定和完善《民间融资法》等法规体系，来给民间借贷提供一个合法的活动平台，将一些不属于违法范畴的灰色金融合法化，采取登记备案的形式、自律管理的方式使民间金融机构规范起来。具体落实到借贷业务操作中，要不断规范民间借贷的信用形式，强调民间借贷必须合法、有契约、进行公证；大力倡导安全操作行为，提高抵押借款和担保借款的比例及合同化借款行为；积极督导农户养成良好的信用习惯，促使其恪守对履约还贷的承诺。

从政策方面因势利导，以合作制的模式引导农户、农村经济组织及农村中小企业在民间私人借贷基础上发展农村资金互助组织，采取农村资金互助社、互助储金会和农村中小企业基金的模式，促进农村经济主体的私人行为组织化；在组织内部实行会员制,进行封闭式管理,即只接受本会会员的存款,也只向本会会员贷款。本着服务于会员的宗旨,不以盈利为目的,但要实现独立核算、自负盈亏,存款利率要与银行持平,贷款利率可比银行略高。在条件成熟的时候,可进一步引导民间金融进入正式金融,从体制上鼓励包括私人钱庄在内的民间资本设立民营银行,以壮大民间金融服务"三农"的实力。

现阶段农村资金互助社是民间金融发展的较理想的组织形式。由于其扎根于农村的熟人社区,具有较强的信息优势、担保优势、交易成本优势,所以可以很方便灵活地满足农户分散性、小额性、个性化的金融需求。农村资金互助社还可以有效遏制高利贷,能把民间资本引向合法化的健康发展轨道上。农村资金互助社最好应由具有类似或关联生产与购销的农户共同发起成立,实缴的资本金可考虑由10万元放低到5~8万元,单户股本金可占资本金总额的20%~30%,以适当集中股权;社内治理尽量体现出董事、经理、会计和监事的相制衡原则,并要由这些内控人员出资设立"产权风险基金",只有在内控人员卸职或互助社解散的情况下,才能清退该部分资金,以避免内控人员的道德风险;监管部门要拨出资金用于互助社的人员培训和财务的年度审查,督促互助社公开相关财务信息,若有违规的行为就要给予处罚,以改善互助社的治理机制,增强其生存活力。

由于西部欠发达农区,农户的资金缺失成本比较大,农户加入农村资金互助社就是希望获取贷款。可考虑让一般农户入股500元左右,这样按1∶5或者最高不超过1∶10的股金与贷款额的杠杆比例就能从互助社贷到2500~5000元的资金,大致可以满足农户的小额生活性或生产性贷款需要。由于农户关心的主要是能否贷到款，所以互助社的贷款分配要体现公平原则，避免给单个客户发放过大额度的贷款，并可考虑对贷到款的农户取消当年的分红。而为了更多地吸收入社农户的存款，则要把存款利率调得比农村信用社高，若仍不能弥补融资缺口，就得考虑让农村信用社、邮政银行和人民银行为其拆借资金，并要把农发行和农行的项目开发或扶贫资金调配给互助社，进行专款专用，以提高资金使用效率。

（二）推广商业金融的市场化扶农模式

农业银行要实现专业化管理，集中精力、集中资源，专心致志服务"三农"和县域经济。除了继续代理政策性金融业务，搞好包括水电、交通和通讯等在内的农村基础设施建设外，还要在农村地区大力拓展经营网点，逐步优化网点布局，并通过适度分权的信贷业务授权模式，下沉信贷业务决策重心，以增强自身在信息收集、管理和监督上的规模化优势，从而能以较低的交易成本提供大额性、集中性和共同性的信贷业务，来更好地满足农村信贷需要。

发展上，村镇银行要与合作经济组织合作，加入、入股扶贫互助社，发展代理、代办合作网点，与龙头企业、协会、种(养殖)植大户建立企业推荐、担保、农户借款，搞产业致富。具体到西部欠发达农区，可考虑村镇银行与农村信用社和扶贫互助社合作，扶贫资金、金融资金和农户股金各1/3，共同组建资金互助社或小额信贷助推组织，在村镇银行的技术支持和监督下进行自主经营，利润按出资额分配，属于扶贫资金的利润所得作为风险准备基金留存。而出于控制贷款风险的目的，西部村镇银行可试推行陇南市金桥村镇银行"农户申请、农户联保、干部推荐、基金保证"的创新模式，其操作流程可以参考如下:农户需要贷款,必须在该村参加3~5户自由联合组成的联保小组,同时由村干部和德高望重的村民5~7人组成贷款推荐委员会,对农户加入联保小组和贷款进行资格初审、推荐,并由村里的联保基金作保证;银行接到贷款申请、联保协议、干部推荐书以后,上门调查农户贷款用途,符合条件者予以发放贷款,联保基金只有在贷款被清收后才能退还。

小额贷款公司的市场定位应放在满足纯农户或农兼户的资金需求上,主要为农户的生产盈利项目融资,贷款重点可放在农户所从事的种植业(如蔬菜大棚)、养殖业、林果业、农副产品加工业(如玉米和洋芋深加工)及农村流通业(如物流、运输业等)等领域,要能支持农户外出务工、返乡创业、职业技术培训等创业贷款需求,并积极开发农副产品"买方信贷",集中担保贷款、农副产品加工专项贷款、农村示范村与信用村贷款、社团贷款和公司养殖户信用共同体贷款等信贷新品种,以满足农户的多样化生产性贷款需求。同时,还要能兼顾到对农户建房、教育、医疗等各种合理消费需求的满足,有针对性地为农户提供薪农贷款、助学贷款、住房贷款、消费贷款、联结保险贷款等。至于农户较大额度的生产性或生活性贷款需求,只要农户信用状况良好、有归还能力,小额贷款公司就可考虑提供5户联保贷款,贷款给1户农户使用,可对其发放5万资金。任何种类贷款的期限可不再局限于5个月和9个月,应允许跨年度使用小额贷款,尤其对于温室种养、林果种植、特种养殖等生产经营周期较长的贷款,贷款期限可延长至3年。①

① 张军.构建新型农村金融供给体系的研究[D].兰州:甘肃农业大学,硕士学位论文,2009.

具体商业化金融的市场化扶农措施可以从以下几个方面入手。

1. 发展多种形式的农村金融机构，建立市场化金融体系

在可实施金融监管有效防范金融风险的前提下，鼓励社会各种经济体兴办为新农村建设服务的多种金融实体。要不断加强国有商业银行改革，形成众多具有地域特点的区域性、地方性商业银行，并建立村级商业银行。重视农村非正规金融机构的信贷作用，使之成为正规金融机构的辅助工具。虽然非正规金融机构存在诸多问题，但目前非正规金融机构对农村发展提供了最大部分的信贷支持，在某种程度上已成为当地农村金融市场的重要组成部分。所以对于非正规金融机构来说，政府不能一味打压或放任，而要通过对其进行管理引导，从而来解决正式金融机构供给不足的问题。农村非正规金融机构能够有效弥补农村融资缺口，解决农村地区资金供求矛盾。①

2. 市场机制与产权改革相结合的农村金融体制构建

按照农村金融的市场理论，在农村金融市场中引入适当的竞争，能帮助各类金融机构根据各自的比较成本优势来确立相应服务功能的定位，形成金融市场细分，并在交叉领域展开有效竞争，扩展各类金融机构的组织边界，以发挥市场机制配置资金的效率。这在现实中就要求能打破农村信用社的市场垄断地位，通过放宽金融机构的准入限制，引导民间金融组织合理化发展，大力发展农村资金互助社、小额贷款公司及村镇银行三类新型农村金融机构，

① 宁海清. 我国目前农村金融体系发展中的障碍及对策[J]. 现代农业，2011(5):231.

实行利率的自由化,确立各类金融机构的合理定价权,以鼓励竞争的方式来推动农村金融的市场化。

当然,农村金融要想市场化还需各类金融机构之间建立一层密不可分的合作关系。其中,农村信用联社和农行可利用其庞大的组织体系和营运网络,来为农村信用分社及中小商业银行办理转账结算和调度资金。农业发展银行的网点少,其政策性业务可通过网点多的、与客户联系紧密的商业银行(如社区合作银行或村镇银行等)来代理,而各类银行机构还可在农业发展银行的牵头下,联合建立信用担保体系和征信体系,以此改善各自所面对的信用条件。

然而,农村金融毕竟存在“市场失灵”,并因自身的市场化程度低而使失灵问题更为严重,这是市场机制自身所无法克服的。因此,民间金融和政策性金融的参与很必要。民间金融的确已发挥着与商业性金融的互补作用,但要想深入发展,农村资金互助社和民营贷款公司还要能充分利用农村松散的网络关系及紧密的组织形式,通过农户+合作组织+公司的模式,以项目来带动信贷资金的运作。而政策性则应遵循逆市场选择的资源配置原则,专注于非盈利性的公共部门领域的资金配置,并满足非市场性的有效需求。

在破产约束的条件下,竞争与合作机制就可对各类金融产权形式的变革产生市场压力,从外部推动内部治理机制的改进。具体而言,农村信用社可对股份制或合作制进行选择,以增加自身产权形式的灵活性,并可让社员的股资在市场上自由交易,以“用脚投票”的方式,制约内部人的控制;社区合作银行或村镇银行根据金融业务发展的需要,可通过参股、兼并及重组的方式,争夺金融资源的控制权，也可以业务外包形式共享利益；农村资金互助社、小额贷款公司及民间金融组织等非银行机构应能以发行债券或银行资金拆借的方式，寻求外源性资金，并依靠相互之间的联合，积极争取转制成农村商业银行；在有条件的地区，积极发展金融产权交易市场，使各类金融机构都能够进行产权流转，同时让农行和农发行也参与到战略投资中，对业务经营不善且内部治理有问题的金融机构进行低价收购，然后重新改造包装后以高价转让，以产权激励的方式促进产权发展。

3. 发展新型银行机构以提升支农服务空间

对于村镇银行，要尽快制定市场准入后的存款准备、支付清算、金融统计、征信管理等方面的制度，修订现行《商业银行法》，明确村镇银行的合法地位，并尽快制定存款保险制度，引入村镇银行市场退出机制，为村镇银行的发展提供优越的政策环境。村镇银行应构建成一级法人企业，在产权结构上，可考虑降低最低资本金的要求。在县市设立的村镇银行，其注册资本应不低于人民币 300 万元；在乡镇设立的村镇银行，其注册资本应不低于人民币 100 万元。除此之外，还要规定单一境内银行业金融机构持股比例不得低于 20%，单一自然人持股比例、单一其他非银行企业法人及其关联方合计持股比例不得超过 10%，任何单位或个人持有村镇银行股份总额 5% 以上的，应当事先经监管机构批准，以便利用多元化而又有所集中的产权结构来消除内部人控制问题。在治理结构上，科学设置业务流程和管理流程，确保机构高效、安全、稳健运行，强化决策过程的控制与管理，缩短决策链条，在提高决策经营效率的同时，加强对高级管理层履职行为的约束，防止权力的失控。切实降低村镇银行的管理成本和代理成本，增强村镇银行的发展活力，以提高支农资金配置效率的途径，更好地服务于“三农”。①

## （三）完善中国农村金融体系的制度方向

农村金融机构的严重缺位，导致农村金融的供给不足，农村金融对“三农”支持乏力，不利于落实科学发展观和实现城乡经济的协调发展，同时，这也成为推进社会主义新农村建设、构建社会主义和谐社会的主要制约因素。从这个意义上说，重构农村金融体系，培育由多种类型金融机构共同参与、适度竞争的农村金融市场，切实改善农村金融供给，已成为实现城乡经济协调发展、构建社会主义和谐社会和推进新农村建设的当务之急。

1. 实施需求主导型发展战略，调整供给结构

（1）要积极引导和鼓励农村经济主体参与到金融活动之中，推进自下而上、以金融需求为导向、市场渐进化的农村金融改革，为农村经济主体提供多样化的金融服务。农村地区金融的发展必须贯彻需求决定供给的原则，逐步推进农村金融供给结构的调整，根据农村不同的融资需求，进行分类指导。对生活性和农业生产性的融资需求，应安排不同的金融机构来满足。这种内生性的金融机构，最能适应农村不同地区的经济状况和经济结构，从而更能充分发挥农村金融对经济发展的促进作用。

（2）要通过各种形式建立起多种所有制的金融组织，不断优化农村金融供给结构，为社会主义新农村建设提供多元化的金融服

① 宋根节. 农村金融体系现状及其完善对策[J]. 中国农学通报，2008，24(10).

务。随着农村经济市场化和工商业的发展、农户贷款规模的不断增大、生产性和消费性贷款的增多，农村经济主体对金融服务的需求呈现多元化。政府应通过财政和税收政策为农村金融机构提供更多优惠，鼓励各种金融机构在农村开展具有针对性和灵活性的金融业务，加快金融工具和产品的创新，开发类型多样的商业性和政策性的金融服务，以不断满足农村经济主体的多元化融资需求。同时，要根据当前农村地区对金融需求的多元化和层次性，在充分认识农村各类金融机构不同特点的基础上，使其职能分工更加合理明确。各金融机构应当充分发挥自身的优势，更好地为农村地区提供金融服务，以促进农村经济的健康、持续发展。

2. 构建完善的农村担保体系和风险补偿机制

（1）多层次农村担保体系的建立，要有统一规范的农村信用制度和完善的评级体系，实现征信系统动态化管理；同时要积极发展信用中介服务，改善农村经济主体融资担保环境，按照政策性和商业性相结合的要求，逐步建立为农户和农村中小企业服务的担保机构；积极创新各种贷款担保模式，在支持农村担保机构扩大规模的同时，要给予他们更多税收优惠，促进农村担保机构的持续发展。

（2）完善农村金融风险补偿机制。首先可以由不同部门、机构和农户按不同比例出资组建农村信贷风险基金，充分发挥其对农业风险的补偿作用；其次是政府部门应结合中国当前农业发展不平衡和农业风险差异性大的实际情况，制定农业贷款风险补偿制度，给予保险农户以及经营农业保险的机构相应的补助，以及通过农业产业政策大力支持农业保险发展。

3. 推进利率改革,建立高效农村金融体系

(1)政府对利率的严格控制,不但削弱了资金的有效配置,而且扭曲了资金使用的市场价格,因此要积极推进利率的市场化改革,放松对利率的管制,进一步扩大存贷利率浮动幅度,使利率更好地反映资金的市场供求以及风险和收益状况。

(2)为了扭转农村金融市场缺乏适度竞争的局面,提高农村金融市场资源配置效率,促进多种所有制形式金融机构的发展,要打破现有农村金融市场低效率的垄断经营格局,适时放宽各类金融机构在农村金融市场的准入条件,逐步开放农村资本市场,建立高效的竞争机制,创造公平的市场环境,通过吸收社会资本进入农村金融市场,形成多元化的农村金融组织,以不断满足多样化的农村融资需求。

4. 积极引导农村非正规金融的健康发展

(1)当前正规金融机构对农村的金融服务难以适应农村经济发展的需要,因此,在严格监管和风险防范的基础上,引导和规范农村非正规金融的发展显得尤为必要。首先要转变观念,消除各种歧视,充分认识和肯定非正规金融在农村经济和社会发展中所发挥的积极作用,深入研究非正规金融的存在和发展机制。

(2)由于非正规金融机构的分散性等特点,使其面临着巨大的市场风险,因此要加快建立健全与非正规金融发展有关的法律法规,加强制度方面的建设,通过法律形式明确政府对非正规金融的政策,使非正规金融的经营活动有法可依,不断促进非正规金融活动的规范化和合法化;金融监管机构可以引导农村非正规金融机构,让其通过参股等形式参与农村信用社等正规金融的体制改革,

或是通过吸收外资等方式使农村非正规金融规范化。政府在鼓励非正规金融发展的同时,应加大对非正规金融的监管力度,建立有效的内部监管和风险防范机制。

5. 加强农村金融法制化建设

为规范农村金融市场秩序和深化农村金融改革,创造良好的法制环境,建立有效的农村金融法律体系和完善的资金回流激励机制,要加快制定有关农村金融的法律法规,加强农村金融生态环境的建设和优化,通过制定各项法律法规来明确农村金融机构的法律地位、责任,规范农村金融机构的市场进出、适度竞争和市场运作;不断推进担保法律制度的建设,使农民土地承包经营权更加具体化;同时要促进农业保险立法,使之更好地为农村经济建设服务;制定完善的信息交流平台,加强社会监督,形成良好的市场秩序,创造有利于农村金融发展的和谐氛围。①

(四)规范农村金融市场

1. 适度开放农村金融市场,促进农村金融机构多样化

培育农村金融市场竞争机制,要鼓励有条件的地方,在严格监管、有效防范金融风险的前提下,通过吸引社会资本和外资,鼓励各种经济主体积极兴办直接为"三农"服务或者商业取向多种的所有制的金融组织。例如继续深化国有商业银行改革,按照行业种类或经济区域拆分国有商业银行,形成众多具有行业特点或地域特点的股份制商业银行、区域性商业银行和地方性商业银行;在农

① 宋根节. 农村金融体系现状及其完善对策[J]. 中国农学通报,2008,24(10).

村信用社产权改革过程中，实行投资主体多元化、股权结构多样化，建立地方性、社区性金融机构，在县级、地（市）级、省级农村信用社联社的基础上组建农村商业银行或农村合作银行，甚至是跨区域、跨行业的农村金融机构等；降低农村金融市场准入门槛，开放农村金融市场，允许外资金融机构介入农村金融业；在条件允许的情况下积极培育民营银行，加大民营经济在金融业中的比重，增强农村金融市场的竞争活力；将农村民间金融组织合法化，允许符合有关条件的民间借贷组织在一定的法律框架内开展金融服务；等等。在此基础上，形成一种各种金融机构体制健全、产权明晰、功能完善、分工合理、运转协调、竞争有序的农村金融运行机制，彻底打破和消除农村信用社的垄断格局，真正形成基于竞争和效率的农村金融体系。此外，为了适应农村经济结构调整和农业现代化建设对农村金融服务提出的全方位、多层次的客观需求，还应逐步建立起能够为农村经济主体提供不同类型金融服务的农村非银行类金融机构，如农村证券经纪公司、农村信托投资公司、农村投资咨询公司、农村租赁公司、农村抵押担保公司等。

2. 采取有效措施，形成“三金”支持“三农”的合力“。三金”即合作金融、商业性金融、政策性金融。要形成“三金”支持“三农”的合力，就要根据不同地区经济发展水平、市场化程度，以及农村信用社自身实际情况，因地制宜构造农村信用社产权结构和组织形式，但不能偏离服务“三农”的方向。

第一，对于城乡经济一体化程度较高、个私经济发展活跃的东部沿海发达地区，可以考虑将空间上彼此邻近、经济金融发展水平比较接近的若干农村信用社合并组建为股份制农村商业银行，或者将过去是郊区、现在已成为大城市组成部分的农村信用社并入当地的其他股份制商业银行。同时要注意农村信用社的股权多元化、股权形式和流动的开放化，努力消除资金流动区域的封锁和行政分割，这也是经济发达地区合作金融发展的客观需要。

第二，对于暂不具备条件的地区，可以比照股份制的原则和做法，实行股份合作制，追求一定盈利和为社员服务并举。这样，既保持了合作制民主管理、提取公共积累为社员服务的发展思路，又吸收了股份制的优点，产权明晰、权责明确，有利于责权相统一。对于大部分农村地区的信用社而言，这是一种现实选择。

第三，就一般经济地区而言，对于少数严重资不抵债、机构设置在城区或城郊、支农服务需求较少的农村信用社，可以考虑按照《金融机构撤销条例》予以撤销使其退出市场，以免影响整个农村信用社的形象和声誉。

第四，对于人口相对稠密或粮棉商品基地而言，可以以县（市）为单位，将县、乡信用社各位法人改为统一法人，消除二元法人体制下无法化解的分散经营和各自为政的障碍。

第五，对于老少边穷地区的农村信用社而言，考虑到这些信用社主要是支持当地农民脱贫致富，带有明显的政策性业务色彩，可以将其改为中国农业发展银行的基层网点，专门从事扶贫开发工作。这样，既可以改变这些信用社历史包袱沉重、无法维持发展的困境，又可以解决国家政策性银行因缺乏基层网点而不能有效行使职能的问题。

第六，对于国有商业银行收缩基层网点、农村信用社改造撤并后留下金融服务断层和空白的地区，可以由农民根据自身实际需要，按照合作制原则培育真正意义上的农村信用社。

国家可以通过财政贴息、税收优惠等措施，引导商业银行将一定比例的资金用于支持“三农”。特别是农业银行在坚持“三性”的前提下，既要支持农村经济中现代部门的发展，又要支持传统部门中经营效益较高的农户及农业项目的融资，要在支持基础农业生产、农业产业化经营、乡镇企业优化重组、小城镇建设、农业科技成果推广等方面发挥主体作用。

政策性金融是当今各国普遍运用的符合 WTO 协议要求的重要支持和保护手段，其本质是准财政，是财政与金融的有效结合。各级财政部门应列出一部分预算，向有政策性金融业务的机构提供贴息资金和弥补呆坏账损失，用少量的财政资金引导社会资金流向农业和农村经济，满足农业、农村经济结构调整和基础设施、农村生态环境建设的资金需求。结合我国当前农村经济发展的实际情况，建议按照经济区域和行政区域划两种方式，对农业发展银行各层次机构进行优化调整，合理布局分支机构，以提高政策性金融运行效率和金融服务质量。鉴于目前农业发展银行资金来源渠道单一、过于依赖中央银行借款的现状，可以考虑通过发行农业金融债券、利用邮政储蓄存款和社会保障基金、建立农业发展基金面向农民筹资、争取从国际金融组织和外国政府获得低息优惠贷款、在国外发行债券和筹措国际商业性贷款等多种渠道筹集资金。同时，完善农业发展银行的职能，拓展业务范围，使其真正发挥农业政策性银行的职能作用。

完善农业发展银行职能可从以下几个方面着手：一是把目前由农业银行经营的农业开发贷款、扶贫贴息贷款等政策性金融业务，以及国家开发银行的农业信贷业务、国际金融机构农贷的转贷业务划归中国农业发展银行管理；二是负责经办国外政府、国际组织对我国的涉农政策性贷款，统一管理国家支农资金，特别是国家预算拨款用于农业的资金和其他用于发展农业的专项基金，一律存入中国农业发展银行，并代理拨付、结算和监督；三是进一步拓宽支农领域，逐步将支持重点由农产品流通领域转向农业生产领域。在继续做好国家粮棉油收购贷款和专项储备贷款的同时，加大对农业基础设施建设、农业科学技术推广和市场信息等服务体系建设，以及以农村能源、生态农业示范工程和生态资源保护工程为主体的农村生态环境建设的支持力度等。

3. 政府部门要规范、引导和保护农村民间金融市场的健康发展

政府部门要采取有效措施，规范、引导和保护农村民间金融市场的健康发展。事实上，民间金融存在的意义，不仅仅在于它能够增加农村金融供给，在一定程度上缓解了农村中小企业、农民贷款难的问题，更为重要的是，它能够打破农村金融市场的垄断格局，通过民间金融与正规金融的竞争来促进农村正规金融组织不断深化改革，改进服务质量，使农村金融市场真正按照市场经济机制运行。至于民间金融机构的存在和发展问题，关键还在于政府部门要为其提供一种合理的制度安排，确立公正有效的竞争规则和市场约束机制，并给予经济主体充分的选择权利和发展空间，而非亲自去组织或直接干预民间金融机构的组建。

4. 加快推进农村利率市场化进程，促进农村经济资源优化配置

在农村金融市场中，市场机制体现为供求机制、竞争机制、利率机制、风险机制等，但利率机制是最基本的市场机制，其他几种机制都要通过利率机制来实现。要根据我国农村市场经济发展的客观需要，放松利率管制，进一步扩大存贷款利率浮动范围，实现农村利率在宏观调控下的市场化，促进整个农村金融市场上资金的最优配置。

### （五）完善农业和农村经济风险补偿机制

我国农村新型金融机构数量快速扩张的时期，也是风险生成期和潜伏期，必须有效地做好风险监控工作，才能实现金融机构的可持续发展。其中，引入社会监督资本和加强内部监管是规避风险的有效手段。同时，由于农村金融的弱势地位，政府应该给予这些新型金融机构职能补贴和技术指导，以提高这些金融机构的可持续发展能力，使其在改善贫困农户融资、促进农村经济发展上发挥更大的作用。①

#### 1. 引入监督资本降低借款人的道德风险

在农村金融市场上，抵押品的缺失是长期的、无法避免的。如果严格按照抵押条件，农户将很难获得融资，即使农户提供了房产或是土地作为抵押，一旦因不可抗力因素而发生违约行为后，抵押的执行也会遇到很大困难。因此，既能改善农户融资条件又能规避金融机构风险的做法就是引入监督资本，加强对资金使用情况的监管，通过乡村的道德力量所施加的社会惩戒，可降低借款人的

① 陆远权，张德钢. 农村新型金融机构风险成因及控制研究[J]. 经济论坛，2011(3).

道德风险。社区规范的惩罚机制可以作为担保和抵押的替代，资金互助社比正规金融机构能更有效对抗道德风险。在农村金融市场中，监督可以分为直接监督、同组监督、代理监督三种监督形式，针对不同的新型金融机构类别宜采取不同的监督形式（洪正、王万峰、周铁海，2010）。监管活动也是要花费成本的，只有监督成本的增加小于有限责任的减少时监管才会有正的收益。小额贷款公司和资金互助社与村镇银行的最大区别就在于对监督的要求不同，前者是自身投入全部资本监督而后者则是部分资本。应该充分利用二者在监督上的技术优势，达到有效监管的目的。

2. 强化对新型金融机构的监管，明确监管权责

在农村金融市场上，信贷配额是始终存在的，而农村金融机构大都采用内部人控制模式，这就存在着多重委托代理问题。但目前机构内部的自我监管机制还不健全，在存在信贷配额时，容易滋生寻租并对代理人的道德风险有一定的激励作用，因此，加强金融机构内部监管十分重要。目前还存在着的一个比较严重的问题是，央行和银监会在对新型金融机构的监管职责上划分不清，农村新型金融机构都隶属于各省的金融办和工商部门管理，而这些部门的监管技术往往比较缺乏，监管有可能变成外部干预。同时，金融机构由地方政府管理，容易造成中央与地方的冲突，地方金融部门因抢夺新型金融机构的名额而出现“潮涌现象”，最后的结果就是扩张过度。另外这些金融机构面临多头监管，表现得无所适从，而监管部门中也存在责任推诿。为有效规避金融机构风险，央行、银监会和地方政府部门之间需要尽快明确监管权责。

3. 放宽地域限制,鼓励规模化经营,提高盈利能力

鼓励有条件的金融机构扩大经营规模,拓展市场空间,通过规模经营来降低平均成本,提高盈利能力。规模化经营的一个好处就是可以分散风险。农村金融市场受到来自政策、市场、自然灾害等因素的影响,服务地域过于集中可能会面临着风险的集中发生,这会加剧金融机构风险,摧毁其可持续发展能力。在信息不对称的农村金融市场上,农户和金融机构存在着无限重复的博弈,但在较高的规模效益的前提下,长期均衡是存在的,显然,适度的规模经营也是必要的。

4. 政府应提供智能化的补贴和动态化帮扶

经验表明,纯粹市场化在农村金融市场是行不通的,这主要表现在农村金融市场严重的信息不对称和农村金融的长期被压制,以及农村本来的弱势地位,其市场化的结果必然是高利率,因此,合适的补贴是必要的。尤其对于在"拓荒"过程中为开拓市场渗透力所发生的费用支出,政府应该给予非重复性的补贴,即"智能补贴"(smart subsidy),以维持其可持续性发展。具体的做法是对新进入者提供适当的补贴,但补贴具有时间约束,在缓冲期内,金融机构要通过提高经营能力以获得持续经营的能力。

5. 着力优化农村信用环境,完善农村信用约束和失信惩罚机制

一方面,结合当前广大农村地区创建文明村镇活动,进一步完善农村中小企业、农户信用体系建设,规范农户信用等级评审和贷款证使用制度,并建立完善农村中小企业、农户的贷款抵押担保机制,针对农村中小企业、农户的实际情况实行多种抵押担保办法,

探索实行动产质押、仓单质押、权益质押等担保形式，从而增强农村金融机构抵御信用风险的能力。另一方面，工商、税收、金融、司法、新闻媒体等有关部门要联手打击逃废债务行为，运用行政、经济、法律等多种手段对失信者进行严厉惩罚，为农村信用体系建设创造良好的外部环境。①

### （六）农村金融应对国际化的基本思路

#### 1. 疏导非正规金融业，促使其向合作金融发展

非正规金融业的存在有其深厚的经济基础和体制根源，它的诞生打破了旧的农村金融体制，为小型工商企业和农户提供了资金来源，为农村经济发展保住了大量资金，也对农村信用社等造成了极大的挑战，迫使其按合作制原则进行改革。但非正规灰色金融业游离于中央银行的监管之外，在某种程度上也具有很大的负效应，因而对这些非正规金融机构要采取疏导而不是行政堵截的政策。国家应放宽对农村金融市场的准入条件，借鉴国际经验，允许多种形式的金融组织竞争，使农村合作金融体制的模式在竞争中自发地形成，而不是依靠行政命令或垄断来实现。目前对非正规金融业的整顿应加大金融执法力度，关键是要对业已形成的各种非正规金融组织进行规范和改造。

#### 2. 改革现有的正规金融机构

作为国有商业银行的农业银行，必须发挥其在农村金融体系中的主导作用，尽快寻找一条适合自身特点的发展道路。一是要

① 王双正. 我国农村金融体系发展的深层次思考[J]. 金融改革，2006(1).

深化改革，加快迈向现代商业银行的进程，建立起适应现代市场经济要求的现代商业银行体制，完善法人治理结构；二是要重新进行市场定位并转变自己的经营方式，建立以客户为中心、以市场为导向的营销体系，为客户提供多层次、全方位的综合金融配套服务；三是要进行业务创新并完善内部管理体制，提高管理效率，加强金融同业间的合作。

农业发展银行作为执行国家政策功能的专业银行，应探索如何发挥国家干预和调节农村经济的重要工具作用，如何弥补市场机制的局限性，如何与商业性金融互为补充，以及如何运用政策性金融引导社会投资方向，带动商业性金融较好地满足农村对建设资金的需求。同时，农业发展银行要健全其发行功能，不断创新政策性金融产品，拓宽业务领域，加强服务功能，要在搞好政策性主营业务，即农业发展银行章程规定业务的同时，办理政策性延伸业务，积极创造条件开办政策性银团贷款业务、政策性投资信息咨询业务、国际业务、委托贷款业务、代理业务等。

农村信用社今后要按照合作制原则的基本内涵，对照自身的实际，对体现合作制基本精神的关键环节进行规范；要逐步理顺管理体制，按照合作金融的性质，建立在中央银行统一监管下，农村信用社自上而下逐步联合，实行多层法人、系统指导的农村信用合作体系。

3. 建立新的金融组织，在农村金融体系中加盟新成员

未来的农业是大农业，凡是与农业生产、加工、销售、农村集镇建设、农村信息网络建设相关的产业都应包括其中。正因为农村是一个广阔的市场，因而金融在农村中会大有作为。我国目前单

一的农村金融模式已很难适应这种经济和金融发展条件，那么我们就应该允许多种形式的金融组织在农村中同时生存和发展,以满足农村经济金融发展的客观需要。在未来的农村金融体系中，除传统的农业银行、农业发展银行和农村信用社等金融组织之外，还应该有股份制的农村合作银行、国有独资商业银行的分支机构、股份制商业银行的分支机构、甚至外资和合资银行的分支机构等;以及农村保险机构、农村证券经纪业、农村信托租赁业等。总之，农村金融体系必须实现多元化，在兼顾各地区需要与可能的前提下,必须建立多层次的机构网络，提供多样化的金融工具。

4. 建立立体式农村金融监管组织体系

要加强金融监管,建立起以金融监管部门的监管为主,农村金融行业组织自律、金融机构内控和社会监督相配合的立体式农村金融监管组织体系。

第一,要健全金融监管主体系统。人民银行应发挥央行的管理协调功能,加强监管,提倡合法和适度竞争,避免农村金融体系内部盲目竞争,造成金融资源的浪费,使农村金融体系各机构之间既基本分工,又相互合作,在平等互利基础上发展业务往来,提高资金营运效率,充分发挥农村信贷资金的整体效能,促使农村金融组织的共同发展,保证农村金融体系的高效运行。具体来说,首先,中央银行应尽快完善有关农村金融体系的立法和管理条例,强化对农村金融体系中各机构的业务、资金价格、市场准入以及分支机构设置等方面的管理;通过金融业务的合理性监管,提供公平有序的金融环境。其次,通过协调政策性金融、合作金融和商业金融三方面利益,发挥农村金融体系的整体功能，保证农村金融体系的高效运行。

第二，要督促各农村金融机构加强内控建设，并逐步建立起金融行业自律组织。随着金融业务种类的增加和科技水平的提高，金融机构的内部控制在金融监管中的基础作用日趋突出，因此要在人民银行主控监管的基础上，督促各农村金融机构加强内控建设。同时为了避免各机构之间的不正当竞争，弥补金融监管部门监管力量的不足，我们可以考虑逐步建立自我规范、自我约束、自我管理的行业性自律组织。如对农村信用社，就可以考虑建立省农村合作协会和地方分会等自律性组织，加强行业自律，将人民银行对农村信用社的监督管理和协会自律性管理结合起来，促使其健康发展。

第三，要完善社会监督机制，将农村金融机构的经营行为时刻放在社会公众的监督之下。与社会监督相比，金融监管部门对农村金融机构的监管在客观上存在着一定的局限性，而农村金融业务的相对分散分布更是加大了这种局限性。这种局限性为充分发挥社会监督的作用提供了广阔的空间。

综上，农村金融体系建设要着力于五大金融"支柱"，即政策性金融、商业性金融、合作金融、民间金融和新型金融的重新构建。五大金融"支柱"可根据自身优势进行市场定位，实现既大体分工又互相协调，对社会主义新农村建设不同层次的资金需要形成网状覆盖。此外，农村金融在体系重构的同时还要注重自身的平稳运行，以取得外部机构的支持，最终成为农村经济发展的重要支撑。

# 第二章　现阶段农村金融的基本类型及其实践

## 第一节　多元化的农村金融机构

### 一、中国农村金融机构的类型

一般来讲，农村金融体系由农村金融组织体系、农村金融市场体系和农村金融监管体系共同组成。目前，我国农村金融组织体系由合作性金融机构、政策性金融机构、商业性金融机构和其他农村金融组织构成。

（一）农村信用社

我国的农村信用社是群众性合作金融组织，由社员入股组成，实行民主管理，主要为社员提供信用服务。20 世纪 50 年代，我国农村信用社就有了普遍的发展。在其后几十年的发展过程中，农村信用社一度作为中国农业银行的基层机构存在，并由中国农业银行管理，在相当大程度上丧失了合作性质。1996 年，我国对农村信用社进行了改革：一是农村信用社与农业银行脱离行政隶属关系，转而由县级联社负责其业务管理，金融监管由中国人民银行承担；二是按照合作制原则重新规范农村信用社，使绝大部分信用社恢复合作制性质。农村信用社在近几年的新一轮改革中，改革力度加大，在制度选择上，可以实行股份制，也可以继续完善合作制；在组织形式上，有条件的地区，农村信用社可以改制组建农村商业银行、农村合作银行等银行类机构或实行以县(市)为单位的统一法人,其他地区则可以继续实行乡镇农村信用社、县(市)联社为法人的体制。

农村信用社是农村金融体系的主要组成部分。农村信用社的改革与发展事关改善农村金融服务、支持“三农”发展的大局。目前,农村信用社改革试点进展顺利,并取得重要的阶段性成果。

(二)中国农业发展银行

中国农业发展银行是根据中华人民共和国国务院1994年4月19日发出的《关于组建中国农业发展银行的通知》(国发[1994]25号)成立的国有农业政策性银行,直属国务院领导。

中国农业发展银行的主要任务是,按照国家的法律法规和方针政策,以国家信用为基础,筹集农业政策性信贷资金,承担国家规定的农业政策性和经批准开办的涉农商业性金融业务,代理财政性支农资金的拨付,为农业和农村经济发展服务。中国农业发展银行在业务上接受中国人民银行和中国银行业监督管理委员会的指导和监督。中国农业发展银行在机构设置上实行总行、一级分行、二级分行、支行制;在管理上实行总行一级法人制,总行行长为法定代表人;系统内实行垂直领导的管理体制,各分支机构在总行授权范围内依法依规开展业务经营活动。

中国农业发展银行总行设在北京,其分支机构按照开展农业政策性金融业务的需要,并经银监会批准设置。截至2006年底,除总行及总行营业部外,设立省级分行30个,地(市)分行(含省级分行营业部)330个,地(市)分行营业部210个,县(市)支行1600个,县级办事处3个。目前暂未在西藏自治区设立分支机构。中国农业发展银行系统现有员工约 5.9 万人。

2005 年以来，农业发展银行积极拓展支农领域，形成了“一体两翼”的业务发展格局，由过去单一支持粮棉油购销储业务，逐步形成以粮棉油收购贷款业务为主体，以农业产业化经营和农业农村中长期贷款业务为两翼，以中间业务为补充的多方位、宽领域的支农格局。

### （三）中国农业银行

中国农业银行成立于 1950 年，是我国四大国有商业银行之一，在农村金融体系中居主导地位。20 世纪 90 年代后期，随着四大国有商业银行逐渐退出农村金融市场，中国农业银行的农村金融主导地位也开始弱化。近年来，中国农业银行坚决贯彻党中央、国务院“三农”方针政策，深入研究农村农业经济结构战略性调整趋势，在推进商业化与股份制改革的同时，坚持服务“三农”，积极发挥县域商业金融主渠道作用和联结城乡的桥梁、纽带作用，逐步形成了商业性金融支农的独特优势，为“三农”发展做出了重要贡献。

目前，中国农业银行是国内涉农贷款投放规模最大，服务面最宽，服务客户最多，唯一拥有农业信贷专业化经营管理体系的商业银行。2007 年，全国金融工作会议确定了农业银行股份制改革检查“面向‘三农’、整体改制、商业运作、择机上市”的总体原则。为与此相适应，农业银行制定了支持“三农”、开拓县域市场的发展战略。

### （四）中国邮政储蓄银行

2007 年 3 月 20 日，中国邮政储蓄银行成立。邮政储蓄银行由中国邮政集团公司组建，邮政网络是邮政储蓄银行生产和发展的依托。邮政企业和邮政储蓄银行共享改革带来的机遇和成果，将实现网络资源共享、产品交叉销售和业务共同发展，将实现邮政企业和储蓄银行的持续、稳定、协调发展，以加快推动邮政储蓄事业实现新的跨越。

邮政储蓄自1986年4月1日恢复开办以来，经过20多年的长足发展后，已成为我国金融领域的一支重要力量，为支持国家经济建设、服务城乡居民生活做出了重大贡献。邮政储蓄现已建成全国覆盖城乡网点面最广、交易额最多的个人金融服务网络；拥有储蓄营业网点3.6万个，汇兑营业网点4.5万个，国际汇款营业网点2万个。其中有近60%的储蓄网点和近70%的汇兑网点分布在农村地区，是沟通城乡居民个人结算的主渠道。

截至2006年底，全国邮政储蓄存款余额达到1.6万亿元，存款规模列全国第五位。持有邮政储蓄绿卡的客户超过1.4亿户，每年通过邮政储汇办理的个人结算金额超过2.1万亿元，其中，从城市汇往农村的资金达到1.3万亿元。

在2003年邮政储蓄资金实现自主运用后，邮政储蓄通过优先为农村信用联社等地方性金融机构提供资金支持的方式，将邮政储蓄资金返还农村使用。2006年以后，邮政储蓄通过参与银团贷款的方式，将大宗邮储资金批发出去，投入国家“三农”重点工程、农村基础建设和农业综合开发等领域。中国邮政储蓄银行成立后，开始了邮政储蓄资金的完全商业化运作，并在此基础上探索为农村服务的有效形式。

（五）农业保险机构

2004年以前，我国仅有中国人民财产保险公司和中华联合财产保险公司经营农业保险业务，且业务量极少。2004年开始，我国一些地区试办了政策性农业保险和互助性农业保险，但仅仅处于试点阶段，试点地区有的是地方政府财力强的地区，有的是大的农业省份，其经验推广的可能性不大。2007年，中央财政首次对农业保险给予补贴，选择六省（区）的五种主要农作物开展试点，对农业保险的发展产生了重要的推动作用。这六省（区）的主要农作物承保面积1.48亿亩，占试点地区播种面积的70%。同时，生猪和能繁母猪保险取得明显成效，2007年，全国共承保能繁母猪3070万头，超过全国存栏总量的60%。中央财政对农业保险补贴的做法，将会大大促进农业保险的发展。

### （六）小额贷款公司等非正规金融机构

我国从20世纪90年代初开始在农村实验小额信贷项目，取得了很好的扶贫效果。这类非政府组织的小额信贷项目和机构，特别是由国际捐赠机构资助、与国际规范接轨、以操作和财务的可持续为目标的非政府小额信贷机构，属于非正规的农村金融机构。最近几年，由中国人民银行主导的在五个省份试点的商业性小额贷款公司，和银监会发布《关于调整放宽农村地区银行业金融机构准入政策、更好地支持社会主义新农村建设的若干意见》后成立的村镇银行、贷款公司、农村资金互助社等新兴农村金融机构，由于均取得了政府监管机构的认可，属于正规金融机构。

经过多年的改革与发展，我国初步形成了多层次、广覆盖的农村金融体系，金融机构可持续发展能力不断增强，农村贷款持续增加，金融服务已覆盖了绝大部分农村地区。但是，农村金融仍是整个金融体系中最薄弱的环节，农村金融服务仍然不能满足“三农”

的需求，各类农村金融机构的功能还有待加强。

根据国家对农村金融体系中各类机构的定位，中国农业银行和中国农业发展银行要成为农村金融体系的骨干和支柱。中国农业银行要通过深化改革，稳定和发展在农村地区的网点和业务，进一步强化为"三农"服务的市场定位和责任，充分利用在县域的资金、网络和专业等方面的优势，更好地为"三农"和县域经济服务。中国农业发展银行要深化内部改革，完善功能定位和运作机制，适当扩大政策性业务范围，改进支农服务。农村信用社要继续深化改革，不断完善产权制度、组织形式和内控机制，进一步发挥农村金融主力军的作用。增强中国邮政储蓄银行为"三农"服务的功能，鼓励和促进邮政储蓄资金回流农村。同时，要制定相应政策，鼓励和引导其他金融组织为"三农"和县域经济服务。①

## 二、中国农村金融机构多元化表现及影响

《中共中央国务院关于进一步加强农村工作提高农业综合生产能力若干政策的意见》（中发[2005]1号）和《中共中央国务院关于推进社会主义新农村建设的若干意见》（中发[2006]1号）文件，均鼓励在县域内设立多种所有制的社区金融机构，大力培育小额贷款组织，引导农户发展资金互助组织，加大农村金融改革和扶持力度，有效解决农村地区银行业金融机构网点覆盖率低、金融供给不足、竞争不充分等问题，切实提高农村金融服务充分性的要求。为此，2006年12月20日，中国银行业监督管理委员会颁布了《关

① 杜金向. 中国农村金融体系研究[M]. 南京：南京大学出版社，2009：5.

于调整放宽农村地区银行业金融机构准入政策更好支持社会主义新农村建设的若干意见》(银监发[2006]90号)(以下简称《意见》),并进一步提出要按照商业可持续原则,适度调整和放宽农村地区银行业兼容机构的准入政策,降低准入门槛,强化监管约束,加大政策支持,促进农村地区形成投资多元、种类多样、覆盖全面、治理灵活、服务高效的银行业金融服务体系,以更好地改进和加强农村金融服务,支持社会主义新农村建设。这不仅是深化中国农村金融机构改革的一项创新之举,也是中国银行业市场准入政策的重大突破,标志着中国银行业特别是农村地区银行业金融机构的发展将迈入一个新的阶段。由此也以"放宽农村地区银行业金融机构准入"为契机,正式启动了中国农村金融领域内的以金融机构多元化为中心内容的新一轮制度变迁。

中国金融理论与实务部门,在推进金融机构多元化的必要性的认识上已经没有分歧,但是,在对金融机构多元化初始状态及其路径选择的认识上却存在较大差异。

### (一)农村金融机构多元化的表现

中国农村金融体制改革,是在农村经济体制改革和农村商品经济发展的过程中实现的。改革的初始动因,是1978年以来中国卓有成效的农村经济改革,推动了农村经济的商品化和货币化,产生了投资主体多元化和融资主体多元化要求,并由此演绎了一场以金融机构多样化为主要内容的农村金融体系变革和制度变迁。因此可以认为,组织机构多元化是农村金融发展和制度变迁的历史逻辑。

中国农村金融组织体系与制度变迁是从两个领域同时逐步推

进的。一是在政府主导下的正规金融领域内的农村金融组织机构存量结构重组和增量改进。股份制商业银行的诞生,政策性银行的成立,2005 年 5 月开始由中国人民银行和地方政府联合推进的只贷不存小额贷款公司等,都属于一种增量改进。而农村信用社向农村商业银行和农村合作银行的转型,则属于存量结构的重组,并部分地产生了增量结构调整效应。二是民间非正规金融领域自我发育形成了一些创新型金融机构,如非政府组织小额信贷组织的出现、农户资金互助合作组织的产生、农村社区发展基金的萌生和繁衍等,均是在正规金融不足约束下由需求催生的民间金融自我创新的产物。这两个领域的农村金融变革与创新过程的最终结果,集中体现在金融机构的多元化局面的出现。主要表现为:(1)金融机构多元化;(2)产权主体形式安排多元化;(3)市场主体多元化。

## (二)农村金融机构多元化的影响

金融机构多元化,也必将推动金融业务、市场结构、监管机制的变化。

首先,与组织机构多元化并存的是金融业务的多样化。多元化的金融机构的存在,为提供多样化的业务、满足社会大众多样化的金融需求提供了组织制度保障。

其次,组织机构多元化最终导致市场结构的改变。市场结构的改变主要体现在社会融资结构和市场占有结构的改变,即通过资本市场实现的直接融资和银行间接融资的结构将改变;间接融资内大银行和小银行融资的比重关系也会发生变化。国有及国有控股大型金融机构市场份额逐渐减少,中小金融机构的市场份额逐渐增加。

最后，组织机构多元化也要求监管手段和方式、监管机制的多元化。审慎监管与非审慎监管结合、现场监管与非现场监管结合、监管机构的监管与行业自律结合，是机构多元化状态下监管机制的重要特征。

## 三、农村金融机构制度变迁的基本特征

### （一）渐进式发展

与中国经济改革与制度变迁战略一致，农村金融改革与制度变迁也采取了一种渐进式的改革与变迁战略。农村金融领域内的改革，实际上是从20世纪70年代末期就开始了，到2007年初，先后已经实施的改革和创新举措主要包括：(1)恢复农业银行；(2)对农村信用社放权让利，下放经营权；(3)恢复农村信用社的"三性"，农业银行推行经营责任制；(4)农业银行企业化经营、商业化发展；(5)成立农业发展银行，农村信用社与农业银行脱钩；(6)按照合作制原则重新规范农村信用社；(7)按照三种产权模式和四种组织形态明晰农村信用社产权，管理权力下放给省级政府（国发2003[15]号文件、国发2004[66]号文件）。这些改革和创新举措的实施，一则促进了农村金融供给机制的逐渐完善，二则实现了机构的多元化局面。2003年开始试点和2004年全面启动的农村信用社领域内的新一轮改革，很显著地带来农村信用社领域内与之前具有同性质的农村信用社机构的分化和演进，机构多元化效应是比较明显的。

正是由于这个过程的渐进性，因此，它一是持续的时间比较

长，二是实现的成本比较高。农村金融改革和制度变迁的过程，实际上也是一个利益的重新调整问题。在这个过程中，因为改革和制度变迁的时间较长，改革不能尽快到位，而改革推动过程又总是急于求成，所以往往出现改革举措实施的频率较高、政策多变。这样，一是使得改革的参与者和改革涉及的利益相关者对改革的预期和目标缺乏正确的把握，或者无所适从，或者消极对待，这就是20世纪80年代初以来，农村金融领域内的一些改革举措没有得以实施或效果没有达到改革设计者初衷的重要原因；二是导致改革成本巨大，还产生了一些没有预料到的新的成本，即非预期成本。国有商业银行的改革、2003年开始试点和2004年启动的农村信用社改革之所以成本如此巨大，与中国金融领域的渐进式改革战略不无关系。不过，笔者并不是完全主张应该在金融领域内实施激进式改革，而是主张应该在认清金融改革目标的前提下，加快推荐制度创新，缩短机构多元化的实现过程，使得金融供给机制的完善尽可能通过一个市场化的过程来实现。

（二）政府参与并主导

从某种程度上讲，政府参与并主导也是一个政府参与的强制性的制度变迁过程。与中国经济领域内的许多改革进程类似，农村金融领域内的改革，很多方面都是由政府推动的。政府推动的优点在于，新的制度安排取代旧的制度安排的摩擦阻力较小，改革能够很快到位，能够减少制度变迁的成本。但同时也存在一些问题，可能出现制度供给缺陷。

首先，政府往往是从自身的需求出发来推进改革，从便于管理和控制的角度出发来界定改革的目标和战略、设计改革方案，很多方面与市场需求脱节，引起制度供给不足。农村金融领域的制度供给不足主要表现在农村金融领域内正规金融的供给不足，这一点在中西部欠发达地区和传统农区表现尤为突出。一是国有商业银行实施改革发展战略后，远离农户和农村微小型企业；二是政策金融的供给不足，一种持续地向农户和微小企业提供政策金融服务的机制在中国还没有建立起来；三是在政府原有的农村信用社改革战略导向下，在乡镇农村信用社—县级农村信用社联社—省级农村信用社联社框架下，没有建立起一种有利于农村信用社市场主体地位提高、可持续发展能力意识增强的机制。

其次，在增强实力、提高竞争能力、利于监管和强化监管的意识支配下，政府主导的改革和制度变迁，往往陷入政府权力扩张的怪圈，"贪大求洋"。2003 年开始试点和 2004 年全面启动的农村信用社领域内的新一轮改革，虽然设计了三种产权模式和四种组织形式，但实施的普遍结果却是一个做大的概念，合并和扩大法人，做大机构。从增强实力的角度来讲，这绝对有好处，搞县级联社、省级联社也是非常必要的，但是，从满足需求的角度而言，大银行在满足小额资金需求方面是不及小银行的；而就整个社会的经济活动主体而言，可以说 80% 甚至更高比例的部分实际上均是小额资金需求者，需要与其距离更近的一些机构，农户和中小企业更是如此。这样，在满足农村金融需求方面，小银行的优势要比大银行更加突出。

最后，它是一个逐渐市场化的过程。市场化的过程，实际上就是一个政府逐渐放松市场准入垄断与管制，通过构建公平的市场准入和退出机制，更多地利用市场机制发挥作用的过程。农村金融市场化,具体表现为操作手段市场化和机构运作机制市场化。衡量农村金融领域市场化的程度,可以利用三个指标:一是农户和企业通过直接融资方式实现的融资占融资总量的比重;二是农户和企业从非合作金融渠道与非政策性渠道得到的融资占融资总量的比重;三是民间私人资本和合作制形式的金融机构占金融机构总数的比重。①

## 四、现阶段农村金融机构架设存在的问题

改革开放以来,政府一直以非常积极的姿态促进农村金融机构的多元化发展。农村金融领域的初始状态是国有银行垄断,一统天下,农村信用社虽然在名义上存在,但是缺乏独立性。随着20世纪80年代以来的农村金融制度变迁的逐渐深化,以农村信用社脱离农业银行为开端,国有银行机构下伸到中小城市和乡村,容忍非公有制金融的存在,允许非政府组织开展小额信贷等,均现实地推动了农村金融领域内机构多元化状况的改进。但是,就农村金融机构多元化的现实状态而言,可以认为,中国农村金融机构多元化仍然严重不足,在中西部地区和传统农区,多元化发展尤其滞后,主要表现为六个方面的不足。

### (一)正规金融组织的多元化不足

中国农村金融组织制度变迁的重要特征是其政府主导性,从而农村金融机构多元化是在外力推动下"嵌入"性地改进的,内生

① 何广文.中国农村经济金融转型与金融机构多元化[J]中国农村观察,2004(2).

性激励机制调动不足，要么出现局部性制度供给过剩，要么出现制度供给缺陷。因此，在中国农村金融领域，国有商业银行在农村金融领域内的机构撤并、农村合作基金被关闭之后，较多的传统农区和欠发达地区，农村信用社成了唯一向农户和微小企业提供金融服务的正规金融机构。在农村信用社扩大法人、改制成农村商业银行和农村合作银行的过程中，因为业务创新不足而远离农户和微小企业的情况并不少见。这样，在这些地区，国有银行撤离了，政策性金融服务机制不到位，股份制商业银行没有进入，农村信用社的服务跟不上，经济基础薄弱导致内生性金融创新不足，农村金融服务甚至出现“真空”地带。

### （二）正规金融组织主导，非正规金融发育不足

改革开放以来，随着农村经济的快速成长，农户和农村企业的金融需求增长较快，正规金融长期供给不足，而在对待民间金融上，政府一直将其视为非法，不允许其合法存在，限制民间金融生存和发展的空间，非正规金融只能艰难地“灰色”性生存。这样，由需求所驱动的自发金融创新所产生的非正规金融，如地方私人钱庄、个人放贷者、合会、典当等，只能“地下经济化”，不但扭曲了市场供求关系，而且使得金融产品的供给价格偏离均衡价格。

### （三）国有产权以外的金融形式发育不足

虽然农村信用社可以在一定程度上归结为非国有产权形式，但政府长期控制着农村信用社的剩余控制权和声誉索取权。2003年开始试点和2004年全面启动的新一轮农村信用社领域内的改革，因为省级联社运作机制和定位的不完善，甚至从某种程度上还强化了政府对农村信用社的剩余控制权和剩余索取权，农村信用

社实际上成为国有产权边界进一步扩张的产物。在国有商业银行退出农村金融市场之前,地方政府曾经以农村合作基金会的形式,在推动国有金融产权的增长方面做出过努力,但是,由此而形成的对国有产权的竞争,并没有带来农村金融领域内一个稳定的多元金融产权结构和市场结构的形成。

非政府小额信贷组织的发展、“只贷不存”小额贷款公司的出现,是政府对非国有金融产权扩张忍耐程度提高的表现,可以局部性地导致国有金融产权份额的下降。但是,它们的发展,是在政府市场准入控制下以市场经济主体非自由选择的形式推进的,不会带来农村金融市场机构多元化格局的整体改进。

### (四)非银行金融机构发育不足

经济活动主体的金融需求,是多样化的、综合性的。因此,需要有多元化的金融机构存在,或者是在机构单一状态下,金融机构需要提供综合性的“一揽子”的金融服务。但是,在较多的农村地区,农户和企业能够享受到的金融服务,仅仅来自于银行类机构,并且这些银行也仅仅能够提供传统金融业务,保险、租赁、信托投资、咨询、有价证券发行与代理买卖、资本营运、外汇业务、理财、典当、期货交易、信用担保等机构发育严重滞后。

### (五)小规模金融服务机构缺乏

在农村正规金融领域,除了农村信用社还针对农户和微小型企业提供部分金融服务外,其他金融机构在发展过程中,特别是在贷款发放过程中,均存在“大客户”、“大企业”偏好。与大型金融机构相比,小型金融机构更愿意服务于小规模的金融需求者。小型金融机构具备金融空间结构效率方面的比较优势,可以利用分散而丰富的地方知识，信息更充分，更易于发放小额贷款，满足农户、中小企业的贷款需求。1995 年，纽约联邦银行对美国 20 世纪 90 年代中期的银行业务状况的研究发现，资产低于 1 亿美元的银行的国内小商业贷款占资产总额的 8.9%，而在资产高于 50 亿美元的银行，这个比例只有 2.9%（见下表 2－1）。银行规模越小，其小额贷款占贷款总额的比重越大，小额贷款占资产总额的比例越高。

**表 2-1　20 世纪 90 年代中期不同规模的美国银行小额贷款发放情况**

| 银行资产（美元） | 小额贷款占总工商贷款（%） | 小额贷款占总资产（%） |
|---|---|---|
| 低于 1 亿 | 96.7 | 8.9 |
| 1 亿～3 亿 | 85.2 | 8.9 |
| 3 亿～10 亿 | 63.2 | 6.9 |
| 10 亿～50 亿 | 37.8 | 4.9 |
| 大于 50 亿 | 16.9 | 2.9 |

资料来源：Federal Reserve Bank of New York. Current Issues in Economics and Finance. June 1995.

### （六）政策性金融机制僵化

农户不仅需要政策性信贷融资，而且也需要政策性保险和政策性担保机制。而目前中国农村金融市场虽然存在统一的政策性信贷融资机制，但极不完善，并且政策性信贷融资机制的结构也不合理。政策性保险和政策性担保机制仅仅在部分地区存在，且运作机制也亟待完善。

## 五、推进我国农村金融机构多元化的策略

农村金融机构的多元化，不能单独完成，需要与中国金融业发展的整体战略步骤协调一致推进。

第一，农村金融机构多元化，必须是需求导向型的，需要考虑农村金融需要的特点。农村金融需求主要存在四个方面的特点。(1)需求主体是分散与集中并存的，而更多的是较为分散的。(2)单个主体的需求量参差不齐，有大有小，而更多的是小规模金融服务需求。(3)较多的需求是属于非有效的市场需求，难以通过市场化和商业化的金融供给手段而得到满足。特别是新农村建设时期，农村村镇和社区范围内的较多投资需求，如农业综合开发、农田水利建设、良田改造、“四通工程”等大额中长期投入需求，缺乏产权明晰的经营主体，并且难以实现稳定的收入来源，因而缺乏有效的承贷载体，难以得到商业金融机构的信贷支持。(4)需求种类的多样性，农户和农村微小型企业，需求是多种多样的，但是最需要也最缺乏的是信贷融资服务的供给。

因此，农村金融机构的多样化，需要从多种产权形式、多种组织形式、正规与非正规、银行与非银行、商业性与政策性和合作金融机构、大型金融机构与小型金融机构等多角度、全方位推进。

第二，要推进农村金融机构多元化，政府主导型措施也必须是多样化的。政府的作用不在于禁止或直接参与组建新的金融组织机构，而在于在有利于产权保护的基础上，给予经济主体充分的选择权利，制定合理的制度框架，确立有效、公平竞争的规则。推进

农村金融机构多元化的具体措施是多种多样的。就中国农村金融组织多样化的现状和农村金融市场需求特征而言，笔者认同中国银行业监督管理委员会关于放宽农村地区银行业机构准入的思路。不过，推进农村金融机构的多元化，要真正形成基于竞争效率的农村金融业组织结构，仍有较多方面值得进一步探索。

《意见》对资本金的准入界定、进入形式的界定是合理的，对于农村地区银行业结构改进推动意义显著。但是，《意见》对现有银行业机构的参与过分依赖，从银行业金融机构参与必要性的角度考虑，提出“应有1家以上（含1家）境内银行业金融机构作为发起人”，“单一境内银行业金融机构持股比例不得低于20%”，以及只有商业银行和农村合作银行才能“在农村地区实力专营贷款业务的全资子公司”，这必将限制县（市）村镇银行、乡（镇）村镇银行、贷款公司的投资来源，仍然在一定程度上对市场形成垄断，仍然没有为所有经济主体提供一种可以自由选择的机会。《意见》中关于村和乡镇一级社区性信用合作社组织的界定，更具有实际意义。

第三，农村金融机构多元化的可持续性存在，需要一些配套的制度和机制保障。（1）完善的法律法规；（2）健全的存款保险制度；（3）完善的监管机制；（4）良好的金融生态环境，如健康的信用文化，健全的金融需求主体的金融消费意识。例如，需要有合作金融法，并需要出台一定的措施和办法，鼓励正常范围（符合资金供求规律）的民间金融活动，遏制非法的金融活动（如金融诈骗等）。①

① 李树生. 中国农村金融创新研究[M]北京：中国金融出版社，2008.

## 第二节 农村金融机构的制度功能

### 一、农业政策性银行的支农功能

农业政策性银行与其他政策性银行虽然都是政策性金融机构，但是前者却有自身独特之处。首先，农业政策性银行的服务对象是农村、农业和农民，其经营范围相对专业化，项目更具长期性，并引致效益与风险的强对称性（高风险，低收益）。其次，从世界范围内的实践来看，农业政策性银行的资产量、业务量以及功能的大小是其存在基础，主要是由政府宏观调控经济与社会发展的一致以及政策性金融能否实现该意志所决定的。

为实现“十四大”提出的建设社会主义市场经济体制的战略目标，充分发挥金融在配置资源和宏观调控中的中枢作用，建立新的金融市场体系和调控体系，避免国有专业银行因同时兼营商业性和政策性业务而导致的管理体制僵化、经营目标不明确、经营效率低下等弊端，使其发展成为适应社会主义市场经济需要的现代商业银行，1994 年，我国开始进行金融体制改革，分离政策性金融业务与商业性金融业务，成立了三家政策性银行，即国家开发银行、中国进出口银行、中国农业发展银行，均直属国务院领导。

中国农业发展银行成立于 1994 年 4 月，总行设在北京，全国设有 2276 家分支机构，注册资本金为 200 亿元人民币，由国家财政全额拨付，实行独立核算，自主、保本经营，企业化管理的经营方针。其章程中确定的主要任务是：按照国家有关法律法规和方针政策，以国家信用为基础，筹集农业政策性信贷资金，承担国家规定的农业政策性金融业务，代理财政性支农资金的拨付。目前，农业发展银行依据国家有关法律、法规、产业政策，实行“库贷挂钩、钱随粮走、购贷销还、封闭运行”的信贷原则，即发放的收购贷款额要与收购的粮棉油库存值相一致，销售粮棉油收入中所含贷款要全部收回，防止收购资金被挤占挪用，保证粮棉油生产和粮食购、销、调、存等方面工作的顺利开展。农业发展银行的资金主要来源于中央银行的再贷款，其业务范围主要是向承担粮棉油收储任务的国有粮食收储企业和供销社棉花收储企业提供粮棉油收购、储备和调销贷款。此外，还办理中央和省级政府财政支农资金的代理拨付，为各级政府设立的粮食风险基金开立专户并代理拨付。

实践表明，农业政策性金融的信贷投资不仅是农业经济发展货币化的重要来源，而且农业发展银行支持农副产品收购中的信贷投入在农民家庭经营收入中占有极其重要的份额。从历史平均数据看，农业发展银行信贷资金投放占农村家庭经营收入的52.75%。尽管这一数据包含少量粮棉企业间的调销贷款、储备贷款以及滞留于企业未流入农户的部分，但并不妨碍对这一结论的支持：在农村经济货币化进程中，农业发展银行的信贷资金投放成为农户现金收入的主要来源。不仅如此，农业政策性金融还是农业信贷资金投入的主渠道。截至2006年末，在农业金融机构支农贷款中，农业发展银行余额在1997年达到最高峰，为8637亿元，虽然受到1998年以来农副产品产量下降的影响，农业发展银行的贷款余额有所下降，但仍占有一半以上份额，成为农业信贷资金的最大供给方。①

① 数据来源于《中国金融年鉴(1995—2007)》和《中国农业发展银行年度报告(2004—2009)》。

但是,随着农村经济的不断发展和金融体制改革的层层推进,农业发展银行对农业和农村经济的贡献相对于农业和农村经济发展的实际需要远远滞后,甚至有趋于弱化的倾向。主要表现在以下几方面。

第一,农业发展银行在农业贷款总额中的比重呈现不断下降的趋势。从表 2-2 可以看出,中国农业发展银行农业贷款占农业贷款总额的比重,在 1994—2009 年呈现不断下降的趋势,16 年间下降了 45%。无疑,农业发展银行的贷款业务远没有满足农业发展对资金的贷款需求。

第二,政策性功能萎缩。一方面,农业发展银行作为农村唯一的政策性金融机构,在实际运行中已蜕变为发放粮棉收购企业贷款的专项金融机构,而对需要资金支持的农村基础设施建设、农村教育等发放的贷款却少之又少,弥补资金缺口的功能远没有发挥出来,更别提骨干和支柱作用了。另一方面,随着粮棉购销市场化进程的加快,农业发展银行贷款余额和粮棉油收购贷款投放总体呈萎缩趋势。2002 年、2003 年农业发展银行贷款分别比上年减少了 66.11 亿元和 464.38 亿元,业务的急剧萎缩,弱化了支农功能,执行政府的经济政策并没有完全到位。① 另外,农业发展银行也并没有起到引导社会资金流动的方向、数量、范围的功能。1998—2007 年,农村资金通过金融系统流失 26783 亿元,平均每年流失近 2700 亿元,年增长速度达到 28.5%,数额之大,速度之快,令人咋舌。

① 姜业庆.银行经营转型纷纷瞄准零售业务[J]金融博览,2006(4).

**表 2-2　农业发展银行的农业贷款占全国金融机构农业贷款比重**

单位:亿元,%

| 年份 | 农业贷款总额 | 农发行农业贷款 | 占比 |
|---|---|---|---|
| 1994 | 4546. 17 | 2982 | 65. 59 |
| 1995 | 6702. 12 | 4652 | 69. 41 |
| 1996 | 8936. 41 | 6248 | 69. 92 |
| 1997 | 11943. 29 | 8637 | 72. 32 |
| 1998 | 11533. 99 | 7095 | 61. 51 |
| 1999 | 12057. 05 | 7275 | 60. 34 |
| 2000 | 12276. 19 | 7400 | 60. 28 |
| 2001 | 13105. 02 | 7432 | 56. 71 |
| 2002 | 14184. 56 | 7366 | 51. 93 |
| 2003 | 19566. 04 | 6901 | 35. 27 |
| 2004 | 22961. 58 | 7189 | 31. 30 |
| 2005 | 25589. 27 | 7870 | 30. 75 |
| 2006 | 45060. 00 | 8844 | 19. 63 |
| 2007 | 61151. 00 | 10224 | 16. 72 |
| 2008 | 69085. 00 | 12193 | 17. 65 |
| 2009 | 91400. 00 | 14513 | 19. 43 |

注:2006 年的数据是根据涉农贷款占当年金融机构贷款总额测算而得,2007—2009 年的农业贷款总额是根据中国人民银行公布的涉农贷款测算而得。

资料来源:根据《中国金融年鉴(1995—2009)》和《中国农业发展银行年度报告(2004—2009)》整理而成。

第三，农业发展银行管理落后，收益低下，严重影响支农能力。农业政策性银行建立后，虽然国家规定实行企业化经营，并按一级法人、分级经营的模式管理，但实践中，农业政策性银行独立法人地位并没有得到很好的体现。一方面是两权不分，即经营权和所有权未能完全分离；另一方面是经营自主权得不到应有的尊重。

目前，在农业政策性银行的经营中，自上而下仍然是以国家行政主体代替农业政策性银行的企业主体，国家决策取代农业政策性银行的决策，农业政策性银行完全没有选择的余地。这种情况造成农业政策性银行业务开展受到过多的行政干预，经营难以按照自身的目标和计划实施。在内部管理方面，农业政策性银行仍未能建立其适应市场经济要求的管理制度和体系。而且在管理手段和办法上，仍然过多地依靠行政手段和过去专业银行管理的一套做法，表现在资金营运、信贷管理和风险防范等方面，仍未能形成以制度经营、制度管理、制度约束为特征的新型管理机制。特别是在资金的运作上，如何有效地实施风险控制和调节，目前农业政策性银行仍然缺乏严密的管理体系。

在业务开展中，农业政策性银行缺乏创新机制，业务种类单一、服务单一，在金融业务的竞争中难以立足。以营业费用、所有者权益和资金主要来源作为投入量，以税前利润和贷款净额作为产出量，采用 DEA 方法测算我国政策性银行的运营效率，得到的结果如下表 2-3 所示。从该表我们可以看出，从技术效率或纯技术效率而言，中国农业发展银行在政策性银行体系中是最低的，并没有发挥其规模报酬的优势。① 所有这些都不同程度影响了中国农业发展银行的效益，足以说明其经营效益的脆弱，也反映出其支农能力的薄弱，如果考虑其每年接近 30% 的不合理占用贷款余额比例，情况就更糟糕！

第四，农业发展银行运行成本高昂，大大削弱其支农能力。目前，中国农业发展银行管理比较落后，运行成本高出国内同行 30%。例如，2004 年，东北某县农业发展银行，12 名员工，粮食总贷款额不足 50 万元，而当年费用却高达 110 万元。据估计，此类农业发展银行支行占 30% ~40%，而且对贷款监管不力，大量资金被挤占挪用。2002—2004 年，东北某工业油脂总厂，购大豆 1.08 万吨，贷款 8000 多万元，加之其他贷款 3400 万元，三年时间流失的无影无踪。如对农业发展银行进行系统审计，此类事件估计不在少数。另外，资产闲置，浪费巨大。全国 2000 多个县（市）设有农业发展银行，每个行均需资金百万元乃至上千万元建办公楼。建一个地市分行办公楼，耗资一般需要数千万元，耗资超过亿元者也不在少数，辽宁某市农业发展银行分行办公楼就耗资 1.2 亿元，全国汇总起来数目更是惊人。② 无疑，这些造成中国农业发展银行的经营成本明显偏高，使得原本缺少资金来源的情况雪上加霜，削弱了农业发展银行的支农能力。

---

① 杨晔．我国政策性银行改革和职能调整的研究［J］．财政研究，2007（10）．

② 何广文．对农村政策性金融改革的理性思考［N］．金融时报，2006－08－11．

表 2-3　我国三家政策性银行 2002—2005 年的营运效率值

| 银行 | 年份 | 技术效率 TE | 纯技术效率 PTE | 规模效率 SE | NIRS 下的效率 | 规模报酬 |
|---|---|---|---|---|---|---|
| 国家开发银行 | 2005 | 1.00 | 1.00 | 1.00 | 1.00 | 不变 |
| | 2004 | 1.00 | 1.00 | 1.00 | 1.00 | 不变 |
| | 2003 | 0.9607 | 0.9766 | 0.9766 | 0.9607 | 递增 |
| | 2002 | 0.9498 | 1.00 | 1.00 | 0.9498 | 递增 |
| 平均值 | 0.98 | 0.9942 | 0.98 | 0.98 | —— | |
| 中国进出口银行 | 2005 | 1.00 | 1.00 | 1.00 | 1.00 | 不变 |
| | 2004 | 0.822 | 0.9985 | 0.8232 | 0.822 | 递增 |
| | 2003 | 0.8499 | 0.9976 | 0.8499 | 0.8499 | 递增 |
| | 2002 | 0.9366 | 1.00 | 0.9366 | 0.9366 | 递增 |
| 平均值 | 0.90 | 0.9990 | 0.90 | 0.90 | —— | |
| 中国农业发展银行 | 2005 | 1.00 | 1.00 | 1.00 | 1.00 | 不变 |
| | 2004 | 0.9693 | 0.9953 | 0.9739 | 0.9693 | 递增 |
| | 2003 | 0.4627 | 0.5710 | 0.7473 | 0.4627 | 递增 |
| | 2002 | 0.4472 | 0.5757 | 0.7768 | 0.4472 | 递增 |
| 平均值 | 0.71 | 0.7855 | 0.8987 | 0.71 | —— | |

资料来源：杨晔. 我国政策性银行改革和职能调整的研究[J]. 财政研究，2007(10).

## 二、农村小额信贷对正规金融组织的补充

### （一）农村小额信贷的社会功能

我国农村小额信贷发展至今，在农村经济社会发展方面取得了巨大的成就，其作用主要体现在以下四个方面。

第一，农村小额信贷在推动扶贫工作进村入户，帮助贫困地区群众尽快解决温饱问题方面发挥了积极作用。农村小额信贷为农村居民尤其是中低收入农户提供了生产、消费急需的资金，解决了他们的燃眉之急。大量的事实表明，由于农村小额信贷的介入，许多贫困农户利用小额信贷提供的资金自主创业、发展生产，最终实现脱贫致富。

第二，小额信贷是农村整个金融必要且有益的补充。正规金融机构的金融服务供给比较单一，服务覆盖面窄，无法满足农民尤其是贫困农户的信贷需求。农户小额信贷作为一种创新型的金融制度安排，为广大的中低收入阶层提供了金融产品与服务，促进了农村地区的金融竞争，对于发展农村经济、推动农村金融体制改革具有积极的意义。

第三，规范了民间金融的发展。由于农村小额信贷的介入，为农村民间借贷资金市场提供了新的资金来源，在一定程度上打击了农村高利贷。农村小额信贷机构通过吸收民间资本入股，把民间资金引导到一个正确的轨道上来，合法地开展金融活动，从而规范和发展了农村金融市场。

第四，促进了农村精神文明建设。在农村，由于缺乏资金，一些农民的活动范围很小，相对比较封闭，由于小额信贷的介入，扩

大了农民的活动范围，引导农民逐渐从农业中走出来，进入市场。农民获得资金之后，致力于发展生产，减少了赌博、酗酒等颓废落后的恶习，家庭关系得以改善，邻里关系更为融洽。许多小额信贷项目还重点为农村贫困妇女提供帮助，满足她们的资金需求，促进广大农村妇女学文化、学技术的积极性，从而推动了农村精神文明建设。

### （二）农村小额信贷的发展障碍

1. 内部制约

第一，机构缺位现象严重。我国目前许多农村小额信贷是以项目的形式存在的，依托于当地的政府部门、扶贫办、妇联或慈善机构来开展，缺乏专门的机构来运作。从事小额信贷管理和业务的人员多数是临时性的，为一个短期的项目服务，他们缺乏专业的小额信贷知识、管理和技术。可以说，没有独立的小额信贷机构作为承载主体，这些小额信贷项目是无法实现可持续发展的，往往是项目结束了，小额信贷也不复存在了。农村小额信贷要实现为农村居民尤其是贫困农户提供持续性的信贷产品与服务的目标，需要一个具有独立性和长远目标的组织机构来运作。此外，现有的农村小额信贷机构往往存在产权不明晰的问题。非政府组织小额信贷大多是由捐赠者资助成立或由国际多边组织投资设立，这样就会出现其产权结构中没有真正的所有者，即使有所有者，其所有者也不太关心机构管理的情况。在缺乏委托人监督的情况下，机构管理者的行为主要取决于自身的责任心，取决于他对机构扶贫的使命感，没有有效的约束机制来制约其行为。

第二，管理技术水平低下。首先是人员素质不高。从事农村小额信贷的工作人员，往往要一个人管理很多贷款户，调查、核实、填表、发证、建档、放贷、催收等，都需要走村串户做大量艰苦细致的工作。此外，信贷人员还要负责向农户宣传讲解小额信贷的意义、目的、原则和运行机制，以及国家政策、法律和农村实用技术，这些都对小额信贷人员提出了较高的要求。但由于目前小额信贷机构的尴尬处境，其合法性问题仍未解决，加上其所处地点一般比较偏僻、工作环境恶劣、工资待遇水平低等实际情况，很难吸引高素质的人才到农村小额信贷机构工作。目前，农村小额信贷机构的工作人员有很多是当地农民，他们文化程度不高、责任感不强、风险意识淡薄。其次，贷款操作不规范，办事效率低，农户信用等级的评定存在随意性和片面性。目前，对农户的信用等级评定大多采用定性指标和定量指标相结合的模式。定性指标一般由评定人员凭主观意识评价，带有很强的随意性，致使评定结果失真。由于农村小额信贷机构尚未建立起完善的农户信息管理系统，信贷人员无法准确、全面地掌握农户的实际情况，信息不对称导致定量数字评价也失去了客观性和准确性。同时，没有建立起严格的责任制度，信贷人员贷多贷少、贷好贷坏都是一个样。他们不会关心贷款质量，甚至还出现有些信贷人员发放人情贷款、垒大户、以贷谋私的现象。

第三，风险防范能力较弱。农村小额信贷经营面临较大的金融风险，这些风险既有来自于小额信贷机构内部的，也有来自外部的。一种是操作风险。由于小额信贷操作的简便性、办贷的独立性、发放的风险性，个别机构存在内部人为控制、没有执行贷款公开制度、小额信贷发放“暗箱操作”等问题，导致小额信贷成为某些信贷人员的“寻租”工具，违规贷款现象严重，抑制了农村小额信贷发挥其应有的作用。这类风险在农村信用社也十分突出。另一种是管理风险。部分小额信贷机构在发放小额贷款时片面强调简化贷款手续而放松贷款的审核，在发放贷款时没有建立明确的责任制度，贷后没有及时了解和掌握借款人的生产经营情况，这些都给信贷监督管理带来困难。加上农村地域辽阔、农户居住分散，小额信贷机构对贷款的管理、监督工作难以有效跟进，导致小额信贷比其他贷款风险更大。

第四，利率确定陷入两难。利率是资本价格，而资本价格本质上说是由资本市场的供求平衡决定的。我国长期以来形成的二元经济结构，致使金融机构的贷款倾向于现代工业、城市和发达地区，而农村资金的供给远远不能满足和适应农业和农村经济发展的实际需要，导致了农村金融贷款利率一般较高。而农村小额贷款的贷款利率又比农村信用社发放的一般贷款利率要高，这是因为，农村信用社是通过吸收利率较低的存款、发放利率较高的贷款来维持运营的，而农村小额贷款无法吸收存款，只能用成本较高的自有资金或长期负债融资来发放贷款。另外，小额信贷是一种零售业务，单笔金额小、期限短、需要耗费的人力资本比一般金融服务要高，与很小的贷款额度相对应的往往是大量的人力劳动，业务成本很高，为覆盖各种成本只能实行较高的利率。但是，过高的贷款利率往往使得许多渴望获得小额信贷的农民望而却步，小额信贷帮助贫困人群摆脱贫困的初衷无法实现。

根据中国最高人民法院《关于人民法院审理借贷案件的若干意见》的有关规定：“民间借贷的利率可以适当高于银行的利率，但最高不得超过银行同类贷款利率的4倍。”在确定小额信贷的贷款利率时必须受到这一最高上限的限制。但是小额信贷机构又不能把贷款利率定得太低，过低的利率无法覆盖业务成本和融资成本，无法实现营利性原则，很难长期经营下去。此外，过低的利率容易导致“寻租”现象的产生。当涉农贷款利率低于市场利率时，这种贷款便成了稀缺资源，需要有关部门决定把钱贷给谁。国内外大量的和长期的经验已经证明，有补贴的优惠贷款会导致严重的“寻租”行为，补贴性的低利率或优惠贷款必然造成农村金融市场上的超额需求和随之而来的信贷配给问题，其结果往往是一些富裕、有权力的强势人群最终得到贷款，而贫困的弱势人群则被剥夺了获得信贷支持的机会。

2. 外部制约

第一，外部资金来源不足。对各种类型的小额信贷而言，缺乏稳定的后续资金来源是制约其可持续发展的瓶颈。现有的非政府组织小额信贷因为没有合法的地位，资金来源一般局限于国内外捐助，缺乏持续性和稳定性。商业性的小额贷款公司不允许吸收公众存款进行筹资，只能运用“来自几个有限股东的自由资金和来自一个机构的批发性融资开展相关业务”①以防范金融风向，这也就是目前所说的“只贷不存”。之所以有这样的限制是因为小额贷款公司尚处于试点阶段，在人力资源积累、产品开发、管理经验和风险控制能力等方面均相对不足，加上对于小额信贷目前仍然没有相关的监管措施和法律政策出台，如果允许吸收存款，存款人的

---

① 中国人民银行. 贷款通则[Z]. 1996.

利益难以得到有效保障,一旦出现资金的流动性问题,很可能引发挤兑甚至影响整个金融系统的稳定性。在“只贷不存”的限制下,小额贷款公司的贷款发放往往难以为继。

第二,合法地位尚未落实。我国目前对发展非金融机构小额信贷还处于摸索试点阶段,还没有一整套法律框架来界定其法律地位、规范其运作和发展,非政府组织小额信贷和商业性小额贷款公司的合法地位问题也一直都没有得到有效解决。我国目前主要的非政府组织小额信贷,包括商务部交流中心管理的由联合国开发计划署(UNDP)资助的小额信贷机构、中国社科院的扶贫社、中国扶贫基金会的小额信贷和四川省乡村发展协会等,这些机构或注册成为社会团体,或注册成为民办非企业单位。根据《中华人民共和国商业银行法(修正)》第十一条之规定,设立商业银行,应当经国务院银行业监督管理机构审查批准。未经国务院银行业监督管理机构批准,任何单位和个人不得从事吸收公众存款等商业银行业务,任何单位不得在名称中使用“银行”字样。在这样的金融政策环境下,几乎所有的非金融机构小额信贷都面临着其提供服务是否合法的问题。而在中国人民银行对小额信贷的试点方案中,也回避了现有的小额贷款公司尤其是非政府组织小额信贷机构的合法性问题。

第三,金融监管不明确。非正规金融的小额信贷机构,到底要由银监会还是由中国人民银行来监管,各有关部门在监管时如何进行分工、协调,这些问题在政策上还很模糊。2003 年,中国银行业监督管理委员会成立,行使原来由中国人民银行和监督管理银行、金融资产管理公司、信托投资公司及其他存款类金融机构等的职责。这样,中国人民银行和银监会在监管问题上就可能出现监管主体不明确的问题。

我国目前并没有明确的监管框架对非政府组织小额信贷实施有效的监管。作为临时性的制度安排,在全国五省市试点的小额贷款公司,是指在国家工商局注册,由中国人民银行及当地的分支机构主导日常的监管,其试点的整个过程以及试点方案的制定,也是由中国人民银行和当地政策审批和把关的。这种临时性的制度安排,有一些潜在的矛盾,也对未来的有效监管形成了一些障碍。作为一个主要进行小额贷款的组织,小额贷款公司的业务领域和运作模式与一般的工商企业有很大不同,因此,国家工商局不可能承担起监管职能。而现行的《中华人民共和国银行业监督管理法》和《中华人民共和国商业银行法》,都没有授予银监会监管小额信贷的权力。在实行非审慎性监管情况下,小额信贷改革试点机构不再是银监会监管范围。中国人民银行作为一个主要以执行独立稳健的货币政策为己任的部门,在目前我国金融体系的监管模式下,也不宜更深地介入非政府组织小额信贷的监管。因此,这种临时性的以中国人民银行为主体的监管框架,势必将有所调整。①

## 三、中国村镇银行——“三农”的重要支撑

村镇银行的诞生,是深化中国农村金融机构改革的一项创新之举,标志着中国银行业特别是农村地区银行业金融机构将迈入一个新的发展阶段。

---

① 祝健,张传良.农村金融改革发展若干问题[M].北京:社会科学文献出版社,2011.

### (一)村镇银行的功能意义

第一,从落实科学发展观来说,村镇银行的成立,是响应中央建设社会主义新农村的号召、符合十七大精神、具有长远意义的战略决策。按照工业反哺农业、城市支持农村、已经富裕起来的群体扶持弱势群体的指导思想,适时组建村镇银行,让具有优势的金融机构把信贷支持延伸到村镇,为农民、农业和农村经济提供更便利、更充分的金融服务,促进弱质产业尽快升级换代,进一步完善农村金融体系和提高农村金融服务水平,促进城乡金融和城乡经济的协调发展和社会主义新农村与和谐社会的构建。

第二,从我国金融制度变迁的历史逻辑来看,村镇银行的成立,是农村金融改革的创新之举,为农村金融市场添加了新的成分,符合一直以来我国在经济、金融领域内所坚持的市场化、商业化、多元化的改革方向。同时,村镇银行的设立也启动了农村金融的增量改革。在以农村信用社为主体的存量改革推进无力的背景下,通过引入新型机构激发农村金融发展与创新的活力,对于深化农村金融领域内改革、加快创新具有重要意义。

第三,从农村金融服务体系的构建来看,村镇银行的成立,也将多年来所形成的促进农村金融机构多元化、构建竞争性农村金融市场的理论共识落在了实处。因为作为银监会新政框架下的村镇银行是一个独立的法人主体,坚持商业化运作,参与市场竞争。同时,由于现行制度框架所要求的新型机构具有微型组织特性,可为农户和小企业提供门当户对的“小额”贷款,这将有利于多层次农村金融服务体系的构建与完善。

第四,从银行业产权构建来看,村镇银行的成立,使农村金融市场大门对多种资本尤其是民间资本开启，为民间资本开辟了一条良性的发展渠道。通过投资入股新型农村金融机构，使得民间资本进入银行业，客观上也为银行业产权主体的多元化开辟了新的路径，规范了民间资金走向，从而使民间金融风险得到降低和控制。

### （二）村镇银行发展面临的挑战

村镇银行在一定程度上缓解了农民贷款难的问题，但其自身的商业可持续发展仍然面临诸多困难，如面临后续资金不足、贷款风险控制难、利润未能覆盖成本等问题，其发展前景并不乐观。要想实现盈利和支农目标，依然还有很长的路要走，其可持续性是人们最为关注的问题。

第一，后续资金缺乏。吸储困难是各地村镇银行最大的通病。而基于此，又派生出来存贷比居高不下、难以扩张分支机构等问题，影响业务发展和支农力度。因此，如何解决后续资金的来源已成为村镇银行发展的关键。村镇银行属于新生事物，品牌和声誉在当地居民中还相对薄弱，再加上网点少，给吸收存款也造成了很大压力。村镇银行虽有营业执照，但不具备现代银行结算功能；不能发放个人银联卡，也造成吸存外来的款项困难；加之前些年兴办的储金会、基金会清理关闭造成的负面影响，农村居民对村镇银行的信誉普遍持怀疑态度。调查显示，80%的居民认为，村镇银行是"杂牌子"，担心钱存进去会"打水漂"，因此不愿意将钱存入本乡镇的村镇银行。37%的居民表示会将钱存到国有商业银行；43%的居民表示愿意将钱存到实力较强的农村信用社；10%的居民认同村镇银行是农民自己的银行，愿意将钱存入，支持其发展；另外，还有10%的居民将钱存入，是希望能得到该银行的优惠贷款。由此可见，村镇银行在短期内很难与在同一地区的农村信用社、邮政储蓄竞争，如何避免村镇银行走基金会采取提高存款利率或发放手续费等违规手段与农村金融机构争夺有限的存款资源，以保证其业务正常运转的老路，将是值得思考的问题。业内人士指出，制度和运作上的突破是关键。显然，村镇银行究竟何去何从，尚需从长计议。

第二，贷款风险难以控制。村镇银行的服务对象是当地的农户或者涉农类小企业，以信用贷款为其主要的金融产品，因此，很容易发生风险损失。一是产业风险。村镇银行是“穷人的银行”，是“草根银行”，其信贷支持的主要对象为弱势群体——农民和弱势产业——农业，农民和农业对自然条件的依赖性很强，抵御自然灾害的能力弱，在农业保险体系不健全的情况下，村镇银行的信贷资金存在严重的风险隐患。二是道德风险。由于认识上的误区，部分农户认为成立村镇银行是国家对农民的一种扶助行为，可不用偿还。三是无抵押风险。村镇银行贷款发放形式以信用贷款为主，其贷款风险的可控性差，即使有抵押物作担保，由于受各种条件的制约，抵押物较难处理变现。四是环境风险。在我国经济欠发达的农村地区，金融生态环境还有不尽如人意之处。农村法律环境不好，农民的法律意识、诚信意识薄弱，一些贷款户欠账不还，签字不认，逃债、废债、赖债之风不同程度存在，信贷资金安全面临很大挑战。此外，村镇银行的风险控制技术与手段没有创新，与农村信用社无多大区别。从现有村镇银行的运作模式看，虽然注重无抵押小额贷款，但风险控制手段与农村信用社无本质的差别。

第三，利润未能覆盖成本。村镇银行这种制度设计能否实现可持续发展，关键在于能否盈利。农村需要资金，同时也是市场巨大，对银行来说，运作得好会形成新的利润增长点。这一点，孟加拉国、印度的乡镇银行的实践已经证实。但是村镇银行设立的初衷，是要逐步解决农村金融网点分布不合理、竞争不充分、"供血不充足"的问题。如果村镇银行一开始就追求利润最大化，对风险控制如临大敌，就很难让农民得到便利和实惠。根据银监会对前两批村镇银行试点的调查，截至2008年10月末，全国设立的62家村镇银行中亏损33家，亏损面积达53.2%，累计亏损（截至2008年12月末）952.52万元。[①] 据推算，要实现盈利至少需要3年时间，亏损的主要原因是利率较低，而固定成本和费用较高。此外，村镇银行的内部治理结构、内部控制制度、人员素质等都亟待完善和提高。虽说这些是村镇银行试点运作过程中难免存在的缺陷，但是基础是否稳固，能否有效控制金融风险，是村镇银行实现可持续发展不可或缺的条件。

## 四、农业保险——农村经济的保障

### （一）农业保险存在的重要性

农业是国民经济的基础，又是典型的弱质产业。我国是一个农业大国，又是世界上农业自然灾害最为严重的国家之一。频繁的自然灾害，使承受灾害损失能力脆弱的农民因灾致贫、因灾返贫。而农业保险这一有效的市场化风险转移和应对机制，长期以

① 银监会内部资料．抓住农村市场 业绩大有可为——农村中小金融机构盈利前景分析[Z]．

来由于“需求不足，供给短缺”，没有充分发挥其分散风险、补偿损失、提高农业综合生产能力方面应有的作用，不仅严重影响农业发展、农民增收和农村经济繁荣，也给国家财政带来了沉重的负担。

农业保险是市场经济条件下现代农业发展的三大经济支柱（农业科技、农业金融和农业保险）之一，也是世界贸易组织支持各国农业运行的“绿箱”政策，具有稳定农民收入、减轻政府补贴受灾的压力和提高农业国际竞争力等重要作用。因此，在落实“三农”政策、扎实推进社会主义新农村建设进程中，我们应当把发展农业保险作为当前完善农村金融体系，显著增强服务“三农”功能，进而保证农业增产、农民增收、农村经济可持续发展的重点所在。

第一，发展农业保险，可以更加直接、有效地落实好“三农”政策。建设社会主义新农村是我国现代化进程中的重大历史任务，是新时期做好“三农”工作的行动纲领。农村改革给农村经济带来了巨大变化。由于农村家庭联产承包经营制度相对稳定，具备一定经营规模的农户在农业生产中不断增加基本假设投入，而且农业再生产过程中所需要的生产资料的价值越来越大。然而，由于我国为各种自然灾害频发地区，加上近年来灾害防御体系建设没有随着经济发展同步加强，每年的自然灾害损失程度呈现不断扩大趋势。一旦遭受自然灾害和意外事故，农业再生产过程中的物质损失也越来越巨大，生产致富和自然灾害、意外事故造成损失的矛盾日渐突出，客观上需要一种新的风险转移机制和处理方式，以确保生产经营的正常进行和家庭生活的安全稳定。购买农业保险，已成为多数农民现实有效地规避风险的途径；发展农业保险，最大限度地减少各种风险灾害的损失，已经成为建设社会主义新农村的现实需要和必要措施。通过建立完善的农业保险制度，发挥保险业风险管理职能，将过去农民的自担风险变为向保险公司转嫁风险，变政府对农业灾害的损失的事后救济为事前防范与灾后经济补偿相结合，更好的体现了党和政府对“三农”的扶持。

第二，发展农业保险，有助于加快农业产业化进程，提高国际竞争实力。产业化经营是实现农业规模化经营的必经之路，但是在农业经营规模扩大的同时，风险以更快的速度扩大，农业保险也是保障农业产业化经营的重要途径。高新技术在农业中应用的高风险，往往制约着农民农业生产经营水平的提高，通过农业保险提高农民的抗风险能力，可以消除高新技术在农业中应用的制度瓶颈。实践证明，农业保险是发达市场经济国家扶持农业发展通行的和最有效的措施。大力发展农业保险是完善农业保护体系，加快我国农业产业化进程，提高国际竞争实力的重要途径。

第三，发展农业保险，有助于将农村社会福利逐步纳入政府目标。农民工、失地农民的保障问题是目前我国农村建设中的难点问题。目前，我国进城务工农民工达到 1.4 亿人，离乡离土农民已超过 2 亿人，涉及近 2 亿个农村家庭。据统计，2001—2010 年，我国出现 2600 万被征用土地的农民，每年平均需要安顿 260 万人左右。由于我国农村社会保障匮乏，农民收入低，在养老、医疗和人身等方面得不到有效保障。随着我国农业保险的创新与发展，要不断以农业保险撬动“大农险”（即在农业保险发展的基础上，扩宽保险的范围，加强养老、医疗和人身险在农村的推广），并推出“一揽子保险产品”，从而保障农民生活安定。此外，农业保险是政府提高执政能力和应对公共危机的一个重要条件，它强调在公共危机情况下，政府化解危机能力与市场资源配置的一种优化组合，以快速的反应方式动员市场的力量参与危机管理，以最大的可能性减少灾后损失和实现安抚工作。①

### （二）农业保险的挑战

#### 1. 农业保险有效需求明显不足

市场化保险发展依赖于良好的需求激励机制并形成有效的保险需求，保险需求取决于支付能力、风险偏好以及风险损失补偿预期等诸多因素。我国农业保险需求更是受到农业经营收入低下、土地经营规模狭小和农民风险意识淡薄的制约，农民对农业保险的有效需求并不乐观。

第一，农民买不起农业保险。农民买不起农业保险，直接起因于农民收入增长缓慢。1997 年，农民人均来自农业的纯收入为 1268 元，但 1998—2003 年，农民来自农业的纯收入已连续六年低于这一水平。在收入水平低的情况下，每个农户扣除必须要缴的各类税费、生活必须开销、子女教育费用、购买化肥农药饲料等必需品外，真正可以支配的收入已经很少了，要在这些剩余的收入中，再分出一部分来购买费率高达 9% ~10% 的农业保险险种是困难的。显然，对于大多数农民而言，自发购买农业保险的经济基础是脆弱的，可供支配的收入数量少，以及农业保险费缺乏足够的经济保障是我国农业保险发展中所面临的客观现实制约。

第二，农民不想买农业保险。农民土地经营规模偏小且零星

① 周惠萍，陈友兴. 我国农业保险发展的可行性分析[J]. 金融与保险，2008(6).

分散,客观上弱化了农业保险的经济保障功能。通常对农民来说,如果某项财产或生产经营活动价值集中且风险较大,自然会对灾害事故表现出极大的忧虑,并产生对风险转移的强烈要求。然而,我国农村实行土地承包责任制以后,农村土地基本上是按户均分承包的,且划分零散。因此,农民不想买保险主要受土地经营规模的影响。

第三,农民不懂农业保险。农民对农业保险存在各种各样的认识偏差和不理解,主要表现为以下几种情况:有些农民存在迷信心理,对农业保险心存忌讳,认为保险是个不祥的征兆,参加了保险,就会遭受损失;有些农民对农业气象灾害和病害存有侥幸心理,认为灾害年年有,不会到我家,缺乏预见性;有些农民认为参加保险后如果无灾损,只缴保费不受益,经济上吃大亏,甚至要求保险公司退保费;有些农民则把保险公司当做救济机构,想方设法向保险公司多要钱,造成保险公司无法进行正常的经营;有些农民把保险费支出当做“额外负担”,保费甚至被不公平地定性为“乱收费”;有些农民认为“种田收粮老本行”,有无保险都行;有些农民在受灾时才感到保险的重要,无灾时风险意识淡薄,缺乏防范。①

## 第三节　与时俱进的农村金融发展历程

### 一、农村信用社的创立与改革

#### (一)农村信用社的初创阶段(1949—1957)

从新中国成立到1957年为第一个阶段。在这个阶段中,信用

① 祝健,张传良.农村金融改革发展若干问题[M].北京:社会科学文献出版社,2011:262.

合作事业的发展基本上是健康的。解放初期，党在经济工作上的中心任务是迅速恢复国民经济，医治国民党统治遗留下来的战争创伤和通货膨胀。开展土地改革，解放农村生产力；发展生产，改善人民生活，为进入全面建设社会主义打下基础。为了完成这一历史任务，中国共产党采取了许多重大措施，其中重要的一项就是发展合作经济。1949 年 9 月召开的中国人民政治协商会议第一届全体会议通过的《中国人民政治协商会议共同纲领》第 38 条规定："关于合作社，鼓励和扶助广大劳动人民根据自愿原则，发展合作事业。在城镇中和乡村中组织供销合作社、消费合作社、信用合作社、生产合作社和运输合作社，在工程工厂、机关和学校中，应先组织消费合作社。"1951 年 5 月，中国人民银行总行召开了第一次全国农村金融工作会议。会议决定，为了配合党的中心任务，促进农业生产尽快恢复和发展，决定全面开展农村金融工作。一方面普遍建立区级银行营业所，另一方面大力发展农村信用社。这一决定是新中国成立以后开展农村金融工作的一个重要步骤。为了推动信用合作事业的发展，中国人民银行总行颁发了《农村信用合作社章程准则草案》、《农村信用互助小组公约草案》和《农村信用合作社试行记账办法草案》。会议之后，各地认真贯彻，积极行动，以点带面，点面结合，信用合作组织在全国广大农村迅速地建立起来了。

（二）农村信用社发展的停滞阶段（1958—1978）

1958—1978 年，在党的十一届三中全会召开以前为第二个阶段。在这 20 年中，由于受"左"的思想影响，农村信用合作事业也同其他事业一样，出现了几次比较大的折腾，遭受了严重损失。

1. 1958 年的"所社合一"

1958 年人民公社化以后，我国对农村财贸管理体制作了较大的变更。1958 年 12 月，中共中央、国务院颁发了《关于适应人民公社化的形势、改进农村财政贸易管理体制的决定》，其中规定农村中财政贸易体制，应根据统一领导、分级管理的方针，实行机构下放、计划统一、财政包干，即通常所说的"两放、三统、一包"。所谓两放，是指将财政、银行、商业和粮食设在农村的基层机构的部分人员和资金，下放给人民公社管理；所谓三统，是指统一政策、统一计划、统一流动资金管理；所谓一包，是指包财政任务的完成。根据"两放、三统、一包"的要求，银行营业所和信用社合并成为信用部，下放给人民公社领导和管理。这样就带来了问题，所社合一的结果，使信用社增加了"官办"的因素，失去了业务经营自主权。当时国务院颁发的《关于人民公社信用部工作中几个问题和国营企业流动资金问题的规定》中第八条规定："人民公社的信用部既是人民公社的组成部分，又是人民银行在当地的营业所。为了便于工作，信用部可以同时挂两块牌子。"这样就把信用部变成了"所社合一"和"政企合一"于一体的不伦不类的机构了。从此以后，许多地方出现了信用部的资金被占用、信用部的职工被抽走的现象，致使农村金融事业遭受了严重的损失。上述办法在全国范围内普遍进行了试点，由于暴露出来的问题很多，反应强烈，后来没有普遍推行。

2. 1959 年的"所社分离"

1959 年 4 月份，中共中央颁发了《关于加强农村人民公社信贷管理工作的决定》。在这个决定的第一条规定："信用部在方针政策、业务计划、规章制度等方面必须执行上级人民银行的有关指示和统一规定;公社党委和管理委员会负责保证和监督信用部很好地执行党的政策,完成国家计划,负责政治思想工作。”这条规定实质是说把农村银行机构收回,不再下放。该《决定》中第四条规定:“在人民公社的各个生产队可以设立信用分部。信用分部的业务性质和经营范围,大体上同过去的信用社相类似。”《决定》第五条规定:“具体办法由中国人民银行总行另行拟定。”因此,中国人民银行总行于同年5月召开了全国分行行长会议,就如何贯彻中央《决定》进行了具体研究。会议决定把下放给人民公社的银行营业所收回,把原来的信用社从人民公社信用部里分出来(实际是所社分离)下放给生产大队,变为信用分部。信用分部的职工由生产大队管理,盈亏由生产大队统一核算,业务经营由生产大队和公社信用部(营业所)双重领导。会议结束以后,在全国各地建立信用分部198610个且基本上都是以生产大队为单位。

按照国务院和人民银行总行的规定,信用分部的职工任免、工资待遇等由生产大队管理,盈亏由生产大队统一核算,信用分部成了生产大队的组成部分。大队有权决定和指挥信用分部的工作,有权任免和抽调信用分部职工,有权使用信用分部的资金。在“共产风”、“浮夸风”、“强迫命令风”、“特殊化风”、“瞎指挥风”的影响下,不少基层干部随意调用信用分部职工、财产和资金,特别是把信用分部当成了平调社员的财物的工具。公社、生产大队和生产队把强迫征用社员的木材、瓦砖和其他财物折成现金,叫信用分部开给存单,转作社员存款,同时算作信用分部对大队或其生产队的贷款。这实际上就是虚存虚贷,虚收虚付,严重地损害了信用分部在群众中的信誉,造成了严重的损失。一直到现在,还有许多遗留问题无法处理。

1962年,中央总结了过去的经验教训,发布了《关于切实加强银行工作的集中统一,严格控制货币发行的决定》,决定收回几年来银行工作下放的一切权力,完全、彻底地垂直领导。同年11月,中央和国务院批准了中国人民银行总行《关于农村信用社若干问题的规定》,决定恢复信用社的性质和任务,信用社的机构设置可以按人民公社设信用社,也可以按经济区在集镇设信用社;生产大队设信用站,由信用社统一计算盈亏;明确信用社组织独立,是国家银行的助手,是我国社会主义金融体系的组成部分,在业务上受人民银行的领导,信用社干部的待遇(工资、口粮、副食品、日用品供应等)按照人民公社同级干部的待遇标准执行;等等。通过这个文件的贯彻执行,使农村信用社得到了恢复和发展,以1957年底和1962年底比较,机构由88368个增加到127864个,增加了39496个;股金由31000万元增加到50700万元,增长63.5%;存款由206600万元,增加到281800万元,增长36.4%;贷款余额由94500万元增加到155900万元,增加64.5%。信用社又开始走向健康发展的道路。

3."文化大革命"时期农村信用社

在"十年动乱"中,1969年把农村信用社下放给贫下中农管理,信用社职工实行不脱产。这种所谓走"亦公亦农"的道路,使农村信用社再一次处于大动荡的漩涡里。大体经过是,1969年1月,中国人民银行总行在天津召开了有18个省市参加的信用社体制改革座谈会,会议确定了两个根本性的问题。一是把信用社交给贫下中农组织管理；二是信用社职工由脱产改为不脱产，走“亦公亦农”的道路。贫下中农管理信用社，就是在公社或大队成立贫下中农管理委员会，把信用社的人权、财权和资金使用权都交给贫下中农管理委员会管理，信用社职工由脱产改为不脱产。同年 11 月，人民银行总行在河南省嵩县召开了有 9 个省市参加的座谈会，介绍了该县阎庄信用社的上述经验，这就把信用社交给贫下中农管理和信用社职工走“亦公亦农”的道路更加具体化和样板化了。经国务院业务组批准，《人民日报》发表了《一个由贫下中农管理的信用社——河南嵩县阎庄信用社的调查报告》。就这样，“亦公亦农”的道路便在全国范围内迅速地推广开来，不少地方出现了信用社干部大换班，或者大批下放回家，从而不仅给后来落实政策增加了大量工作，而且在工作上也造成了严重损失。

4.“文化大革命”之后两年农村信用社的体制改革

1977 年，吸取过去长期把农村信用社下放给基层政权管理的教训，国务院于同年 11 月颁发了《关于整顿和加强银行工作的几项规定》，其中第七条规定：“信用社是集体金融组织，又是国家银行在农村的基层机构。”为贯彻上述决定，人民银行总行于 1978 年 5 月就农村信用社的机构设置、领导关系、人事管理、工作任务、业务经营、财务制度、会计核算等，都作了具体规定，统统由银行管起来。在机构设置上明确规定：“在一个公社已有银行营业所又有信用社，所社合为一个机构，实行统一领导，挂两块牌子，使用两个印章，办理银行和信用社业务。只有信用社没有营业所的，只挂信用社的牌子、使用信用社的印章，由信用社承办银行和信用社的各项业务。以上两种机构形式同样都是国家银行在农村的基层机构，执行统一的金融政策，统一的计划管理，统一的规章制度。”从而再一次把全民所有制的国家银行与集体所有制的农村信用社合二为一了，混淆了两种所有制的界限，使农村信用社丧失了合作金融的性质，走上了“官办”的道路。

（三）农村信用社的恢复阶段（1979—1995）

1978年12月党的十一届三中全会以后，我国进入了实现重大转折和开拓前进的重要时期。期间无论在经济体制改革或生产建设等方面，都取得了举世瞩目的巨大成就，农村信用社也获得了较大的发展。1979年，国家把农村信用社交给中国农业银行管理。

随着农村经济体制改革的不断深入和农业生产的发展，农村信用合作事业也获得了广阔的发展前景。党的十一届三中全会以后，为了加强农村金融工作，中央采取了一系列措施。1979年2月，国务院发出了《关于恢复中国农业银行的通知》，明确指出：“现在信用社的任务很重，人手不足。为了加强农村金融工作，信用社由省、市、自治区确定编制，抓紧配齐。信用社职工的管理、政治待遇和口粮要同银行职工一致起来。信用社要贯彻勤俭办社、民主办社的方针，不断提高经营管理水平。任何单位不得平调或挪用信用社的资金。”根据国务院的《通知》精神，各地在抓紧恢复农业银行的同时，也加强了对信用社的领导，分期分批地开展了信用社的整顿工作。到1982年底，已对问题较多的信用社进行了初步整顿，为1983年开展管理体制改革打下了基础。

1983年，我国农村生产、流通体制改革已经取得了巨大成功。但是作为服务于农村经济的信用社，由于事实上已成为农业银行的基层机构，走上了“官办”的道路，其管理体制、机构设置、业务范围、经营机制等，已远远不能适应农村经济发展的需要。因此，党和国家把信用社管理体制改革提到了议事日程。1983 年及其以后的几年中，中共中央一号文件及以后的重要文件、决定中，都提出了改革的必要性、改革的方向及重大方针政策。农业银行根据中央的指示精神，决定以恢复信用社“三性”（组织上的群众性、管理上的民主性、经营上的灵活性）为主要内容的改革于 1983 年在全国普遍试点。1984 年，根据国务院国发 105 号文件，改革在全国全面推开。

由于农村经济体制改革和生产发展的大好形势，信用社改革得到各级党政部门的重视和农业银行的具体领导，改革虽然遇到一定的困难，但取得的成绩是显著的。改革重新明确了农村信用社的性质和任务，即中国农村信用社是社会主义劳动群众集体所有制的金融组织，是我国金融体系的重要组成部分，依托中国农业银行的领导，其合法权益和正当经营受法律保护。农村信用社具有组织上的群众性、管理上的民主性、经营上的灵活性特点，其基本任务是：贯彻执行国家的金融方针、政策的法规，积极筹集融通农村资金，支持社会经济稳定发展，为社会主义现代化建设服务。

经过改革，信用社“三性”初步恢复，并向自主经营、独立核算、自负盈亏的改革目标迈进。但这一时期，中国农业银行实际控制了农村信用社的所有业务。到 1995 年末，全国独立核算的农村信用社 50219 个，县级联社 2409 个；所有者权益为 632 亿元，其中实收资本 378 亿元，总资产 9857 亿元；各项存款余额 7173 亿元，其中储蓄存款 6196 亿元，占农村储蓄存款的 60% 以上；各项贷款余额 5176 亿元，占农业生产贷款的 60% 以上，其中农户的贷款 80% 以上，乡镇的企业贷款70%以上。

（四）农村信用社以恢复合作制为目标的改革阶段（1996—2002）

针对我国农村金融体制不适应农村经济发展需要的情况，国务院决定进一步深化农村金融体制改革。1996年8月22日，国务院颁布了《关于农村金融体制改革的决定》，指出农村信用社改革的核心是逐步改为由农民入股、由社员民主管理、主要为入股社员服务的合作性金融组织，并对深化农村信用社管理体制提出了如下要求和步骤。

首先，加强农村信用联社的建设。县联社是农村信用合作社的联合组织，有两种类型，一类是由农村信用社缴纳会费，行使管理协调职能；另一类由农村信用社投资入股，除行使管理协调职能外，还可以从事调剂农村信用社的资金余缺、组织清算等业务。

其次，强化中国人民银行对农村信用合作社的监管。中国人民银行各级分行，要在机构设立、服务方向、利率管理、风险管理、有关人员任职等方面，切实加强对农村信用社的监督和管理。

第三，中国农业银行不再领导管理农村信用社业务，改由县联社负责；对农村信用社的金融监管，由中国人民银行直接承担。

第四，按合作制原则重新规范农村信用社。农村信用社主要由农户、农村集体经济组织和农村信用社职工入股组成。农村信用社的最高权力机构是社员代表大会，实行"一人一票"制。农村信用社实行理事会领导下的主任负责制。农村信用社主任由社员代表大会选举产生，经县联社审核报中国人民银行县支行审查其任职资格后，由理事会聘任。农村信用社坚持主要为社员服务的方针，优先安排对农村种养业的贷款，对本社社员的贷款要占贷款余额的50%以上。

最后，建立农村信用社行业自律性组织。根据国务院《关于农村金融体制改革的决定》，县以上不再专设农村信用社经营管理机构，要建立农村信用社自律性组织，对信用社实行自我管理，自我约束，反映和维护信用社的合法权益，对信用社承担管理、指导、协调、服务职能。

根据《决定》要求，我国农村金融体制进行了重大改革：农村信用社与中国农业银行脱离行政隶属关系，在此基础上把农村信用社办成农民入股、社员民主管理、为入股社员服务的真正的合作金融组织。1996年底，“脱钩”工作基本完成。1996年底，全国共有农村信用社基层社49532个，联社2409个；各项贷款8794亿元，其中，储蓄存款7671亿元；资产达到14450亿元，各项贷款6290亿元，其中农业贷款1487亿元。

“脱钩”后，农村信用社历史上积聚起来的潜在风险逐步暴露了出来，突出表现在信贷资产质量差、亏损严重，资不抵债的信用社比例高等。为了加强对农村信用社的监管和行业管理，有效防范与化解风险，1997年6月，国务院决定在中国人民银行内设农村合作金融监督管理局，负责对农村信用社的行业管理工作和监管工作。1997年，中国人民银行颁布了《农村信用合作社管理规定》，按合作社体制改造农村信用社，这里的“合作社”是指“由社员入股组成、实行社员民主管理、主要为社员提供金融服务”；1998年，国务院转发了中国人民银行《关于进一步改革整顿规范农村信用合作社管理工作的意见》，此《意见》基本沿用1997年“规定”中对合作制的定义“自愿入股、民主管理和主要为入股社员服务”，按合作制改革农村信用社的体制。

1998年，经国务院批准，中国人民银行决定在江苏省进行农村信用社改革试点，目标是“通过3～5年的努力，力争实现如下目标：一是将大部分农村信用社改革为具有‘自主经营、自我约束、自我发展’能力的、能够适应农民和农村经济发展需要的合作金融组织；二是建立起农村信用社自我管理、联社行业管理和中国人民银行依法监管的管理体制；三是农村信用社的经营管理水平得到明显提高，使亏损社实现扭亏为盈；四是农村信用社长期以来聚集的风险得到有效控制和化解，基本消除资不抵债的信用社；五是农村信用社业务全面发展，服务质量明显提高，农民‘贷款难’问题得到基本解决”。

1999年农村信用社改革试点工作展开。试点的主要内容包括：(1)在清产核资的基础上，将各个具有法人资格的农村信用社、县(市)联社机构合并为单一法人机构；(2)转换经营机制，提高农村信用社的金融服务水平和经营管理水平；(3)明确产权关系，完善法人治理结构，实现农村信用社的自我约束、自我发展；(4)主要通过信用社内部转化机制、增收节支、逐步消化等手段，同时配合政策扶持来消化信用社的历史包袱；(5)组建江苏省农村信用联合社。

2010年9月19日，全国第一个省级农村信用联社——江苏省农村信用合作社联合社宣布成立。同年，江苏省选择了三个地市将农村信用社改组为农村商业银行，其他地市实行县一级法人制度。2001年11月28日和12月6日，全国首批由县级农村信用合作社改制成的农村商业银行(三家)分别在江苏省张家港市、常熟市、江阴市诞生。

继江苏省农村信用合作社联合社成立之后，宁夏、北京、上海、重庆等省份（直辖市）相继组建了农村信用社省级联社，浙江、四川、黑龙江、陕西、福建等省份则组建了省级农村信用社行业协会。

（五）农村信用社改革的创新阶段（2003 年至今）

2003 年 5 月，国务院决定进一步推进农村信用社改革试点工作，改革试点从 2003 年下半年开始实施。此次农村信用社试点的总体方案是，“明晰产权关系、强化约束机制、增强服务功能、国家适当支持、地方政府负责”。试点工作首先在吉林、山东、江西、浙江、陕西、重庆、贵州和江苏八个省份率先展开。2004 年 11 月，在第一批试点工作整体进展顺利和取得阶段性成果的基础上，扩大推出了第二批 21 个省（市、区）农村信用社改革试点，并已取得了初步成效。

## 二、中国邮政储蓄银行的历史演变

新中国在 1951 年曾开办邮政储蓄业务，后于 1953 年停办。改革开放以后，我国恢复了邮政储蓄业务，从 1986 年恢复至今已有近 30 年的历史。根据其业务特点，改革开放以来我国邮政储蓄的发展大体可以划分为以下几个阶段。

（一）1986—1989 年的邮政储蓄代办阶段

进入 20 世纪 80 年代以后，随着城乡居民收入的大幅增长，国民经济也需要大量的建设资金。为充分利用邮政部门遍及城乡的网点和先进的通讯设备，方便群众储蓄，我国于 1986 年恢复开办了邮政储蓄，在几个城市设立邮政储汇局处理储蓄和汇兑业务，并将其作为对银行系统的补充进行试点。其后，我国政策鼓励邮政储汇局进行快速扩张，以积聚闲散资金，抵御通货膨胀，降低金融风险并支持经济发展。

恢复开办邮政储蓄的政策定位为：(1)吸收居民存款满足国家急需的大量建设资金；(2)配合央行宏观调控，回笼基础货币；(3)利用邮政网点遍布全国城乡的资源弥补银行网点覆盖的不足，与商业银行优势互补；(4)邮政储蓄的定位是为广大的城乡居民服务，与邮政普遍服务性质高度结合，为居民个人提供一定公益性的金融服务；(5)通过优惠的转存款利率政策，实现政府对邮政普遍服务亏损的间接补贴。1989 年，邮政储蓄存款余额超过 100 亿元，市场占有率为 1.96%。邮政储蓄这一阶段的主要特点是为中央银行代办储蓄业务。根据当时邮电部和人民银行双方签订的《关于开办邮政储蓄的协议》，邮政储蓄存款全部缴存中国人民银行统一使用，邮政储蓄业务收入为手续费。也就是说，邮政储蓄吸收的资金全部缴存中央银行，中央银行对邮政储蓄缴存的资金支付手续费而不是利息。

恢复邮政储蓄的一个作用是抵御通货膨胀。在 20 世纪 80 年代中后期，我国宏观经济运行中一个突出的问题就是通货膨胀。尽管通货膨胀的成因十分复杂，但其中一个重要的原因是中央银行为不断升高的政府财政赤字提供融资，导致货币供应的过度供给。邮政储蓄的“只存不贷”为中央银行控制通货膨胀提供了可供选择的渠道。邮政储蓄缴存中央银行后，基础货币回笼增加，流通中的货币供应减少，通货膨胀压力得到缓解。其作用是可以抵消或者充当中央银行为政府财政赤字融资或财政向中央银行透支时增加的基础货币投放，避免货币供应量过于增多，减少宏观经济运行中的通货膨胀压力。

（二）1990—2003年的邮政储蓄自办阶段

1990年1月1日起，邮政储蓄开始执行邮电部、中国人民银行联合发布的《关于进一步办好邮政储蓄的通知》的规定：邮政储蓄由从前的代办改为邮电部门自办，邮政储蓄与中央银行之间的关系由从前的"缴存款业务关系"变为"转存款业务关系"，中央银行对邮政储蓄的转存款支付利息和保值储蓄贴息，储户的存款利息由邮政储蓄支付，邮政储蓄获得的利差即为经营收入。邮政储蓄吸收的存款由缴存中央银行改为转存中央银行后，在中央银行分别开设邮政储蓄长期存款户和邮政储蓄活期存款户，中央银行根据两个帐号存款余额和规定的利率支付转存款利息。1990年1月1日—1996年4月30日，余额90%转存人民银行长期存款账户；7%转存人民银行活期存款账户；3%为在途资金和准备金。1996年5月1日—1997年12月20日，余额80%转存人民银行长期存款账户；20%转存人民银行活期存款账户。1997年12月21日起，中央银行统一邮政储蓄转存款利率，邮政储蓄在人民银行仅开一个账户，按一个统一利率计算转存款利息，每季度支付一次，利率按国家政策变化进行调整。

这一阶段的主要特点是，邮政部门和人民银行缴存款的业务关系转变为转存款关系，邮政储蓄由代办转为自办，中央银行由从前支付代办手续费改为支付利息。邮政储蓄获得的利差收入显然要高于从前的手续费收入，邮政储蓄在自身利益的刺激下，动员储蓄的积极性被充分调动起来，从而获得了迅猛发展。1995年，邮政储蓄余额突破1000亿元。

（三）2003年至邮政储蓄银行成立前的邮政储蓄资金自主运用阶段

以国家对邮政储蓄存款实行新老划分阶段、新增储蓄资金开始自主运用为标志，邮政储蓄业务进入新的历史时期。2003年7月，中央银行对邮政储蓄转存中央银行存款的利率进一步进行改革，把邮政小户型转存款划分老、新账户，分别实行不同的利率。2003年8月1日，邮政储蓄的变革跨出实质性的一步，人民银行下调了新增邮政储蓄转存款利率，并允许邮政储蓄新增存款由邮政储蓄机构自主运用。邮政储蓄新增存款转存央行部分按照金融机构准备金利率（1.89%）计付利息，比原来的4.357%邮政储蓄转存款利率下降了2.467个百分点。这意味着以一年期定期存款为例，邮政储蓄新增存款转存央行再也不能享受原来2.151个百分点的巨大利差优惠，反而还需为吸收的定期存款倒贴0.09个百分点的利差损失。邮政储蓄的收入来源发生了重大变化，促使邮政储蓄的业务结构做出调整。它开始进入到资产业务领域以获取收入，逐步与其他商业银行在更广的范围内开展市场竞争。2004年6月，央行行长周小川表示，要用五年时间逐步消化邮政储蓄老转存款存量。一是分五年将其利率从目前水平降至准备金存款利率。二是逐年扩大邮政储蓄机构对老转存款资金的自主运用，五年后做到全部自主运用。三是逐步扩大邮政储蓄资金自主运用的范围。

这一阶段的特点是中央银行通过改革邮政储蓄转存款的利率，压缩邮政储蓄转存款的无风险利差空间，迫使邮政储蓄机构转变经营机制，逐步扩展资产业务，向市场化改革方向迈进。但是，邮政储蓄经有关部门批准的自行运用业务限定在银行间的协议存款、同业拆借、国债及金融债、银行间票据四个领域。

近几年，邮政储蓄业务迅猛发展，2003 年底超过 8000 亿元，2004 年 6 月突破 1 万亿元。2006 年 3 月，全国邮政储蓄存款余额已达 1.48 万亿元，储蓄市场占有率达 9.25%，规模仅次于中国工商银行、中国建设银行、中国银行和中国农业银行四大商业银行，列第五位。2005 年，通过邮政储汇电子信息网络办理的个人结算金额超过 1.8 万亿元，邮政储蓄拥有联网网点 3.5 万个（其中县及县以下农村网点占 2/3 以上）、汇兑网点 4.5 万个、代理保险网点 2.6 万个、ATM6827 台，邮政储户数量 2.7 亿户，已经成为中国金融界联网网点最多、分布最广的机构。在银联卡联网的金融机构中，邮政储蓄交易成功率名列前茅，服务质量明显提高，创立了社会知名、百姓信赖的业务品牌。特别是在农村，邮政储蓄因为其良好的信用、分部密集的网点以及方便的汇兑服务，已成为我国金融服务体系的重要组成部分，成为农村居民主要的存款渠道。

邮政储蓄自恢复开办近 30 年来，一直以特殊的准金融机构的身份从事着部分金融业务。与商业银行最大的不同点是，银行具有负债业务、资产业务和中间业务这三大业务板块，也就是吸收存款、发放贷款和办理代收、代付、转账结算等一系列中间业务。而邮政储蓄只能办理其中的负债业务和中间业务，不能办理资产业务；在负债业务中也只能办理对居民个人的存取款，不能设立企事业单位的对公账户；所有吸收的存款都存放在人民银行，依靠人民银行支付的转存款利息获得收入。在中间业务领域，也只是在人民银行规定的范围内开展了代收、代付等基本结算服务，没有涉足更深层次的中间业务。

国家设立邮政储蓄的初衷在于通过邮政系统回笼货币，以降低通货膨胀的压力。因此，邮政不能发放贷款，只能将资金转存到人民银行，获得转存款利息收入。随着邮政储蓄的发展，问题的焦点越来越集中于邮政储蓄转存款制度——邮政部门自办邮政储蓄，只存款不贷款，将所吸收的存款全额转存央行，央行按转存款利率向邮政部门付息，利差即为邮政储蓄的营业收入。按照规定，邮政储蓄机构吸收的存款全部转存人民银行，可以获得较高的利差。如2004年4月，人民银行给邮政储蓄的转存利率是4.13%，而其他商业银行的准备金存款利率为1.62%。其结果是鼓励了邮政储蓄机构吸收存款的积极性，甚至出现了高息揽储的现象。在农村，邮政储蓄机构与农村信用社在开展储蓄业务时处于竞争的有利地位，二者间的竞争属于不平等竞争，进而影响了农村信用社的健康发展。同时，邮政储蓄使大量农村资金流向城市，影响了“三农”的发展。

但对于中国邮政来讲，邮政储蓄一直在补贴邮政业务，每年将近170亿元的利润，也只能保证整个邮政业务的基本盈亏平衡。邮政储蓄业务收入已占邮政业务总收入的半壁江山。邮政储蓄机构通过其遍布城乡的网点优势和积极的资金运用，为支持国民经济发展、方便城乡居民生活发挥了重要的作用。在农村地区，邮政储蓄机构已成为农村金融服务体系的重要组成部分。①

---

① 杜金向. 中国农村金融体系研究[M]. 天津：南开大学出版社，2009.

## 三、中国农业发展银行的发展历程

中国农业发展银行是在适应党的"十四大"提出建立社会主义市场经济体制，深化金融体制改革，加强对农业支持的背景下成立的。根据国务院的决定，中国农业发展银行于1994年11月成立，其职能定位为：以国家信用为基础，筹集农业政策性信贷资金，承担国家规定的农业政策性金融业务，代理财政性支农资金的拨付，为农业和农村经济发展服务。中国农业发展银行实行独立核算，自主、保本经营，企业化管理。中国农业发展银行在业务上接受中国人民银行和中国银行业监督管理委员会的指导和监督。

中国农业发展银行的主要业务包括：粮、棉、油、肉、糖等主要农副产品国家专项储备贴息贷款；粮棉油等农副产品收购、调销、批发贷款；粮、棉、油加工企业贷款；扶贫企业贷款、老少边穷地区发展经济贷款、贫困县县办工业贷款、农业综合开发贷款及其他财政贴息的农业方面的贷款；小型农、林、牧、水利基本建设和技术改造贷款。其具体业务范围如下：(1)办理由国务院确定、人民银行安排资金并由财政部予以贴息的粮食、棉花、油料、猪肉、食糖等主要农副产品的国家专项储备贷款；(2)办理粮、棉、油、肉等农副产品的收购贷款及粮油调销、批发贷款和棉麻系统棉花初加工企业的贷款；(3)办理国务院确定的扶贫贴息贷款、老少边穷地区发展经济贷款、贫困县县办工业贷款、农业综合开发贷款以及其他财政贴息的农业方面的贷款；(4)办理国家确定的小型农、林、牧、水利基本建设和技术改造贷款；(5)办理中央和省级政府的财政支农资金的代理拨付，为各级政府设立的粮食风险基金开立专户并代理拨付;(6)发行金融债券;(7)办理业务范围内开户企事业单位的贷款;(8)办理开户企事业单位的结算;(9)境外筹资;(10)经国务院批准的其他业务。

中国农业发展银行于1994年6月30日正式接受中国农业银行、中国工商银行划转的农业政策性信贷业务,共接受各项贷款2592亿元。1995年3月,中国农业发展银行基本完成了省级分行的组建工作。1996年8月至1997年3月末,中国农业发展银行按照国务院《关于农村金融体制改革的决定》,增设了省以下分支机构,形成了比较健全的机构体系,基本实现了业务自营。在此之前,中国农业发展银行业务由中国农业银行代理。1998年3月,为了让农业发展银行集中精力做好收购资金供应和管理工作,同时加强其他专项贷款的管理工作,国务院决定将农业发展银行承担的农业综合开发、扶贫以及粮棉加工企业和附营业务贷款等划转中国农业银行。2002年,农业发展银行完成县级机构的组建工作。目前,农业发展银行主要承担对粮棉油收购的信贷支持工作。

中国农业发展银行运营资金的来源是:(1)资本金,中国农业发展银行注册资本为200亿元人民币;(2)业务范围内开户企事业单位的存款;(3)发行金融债券;(4)财政支农资金;(5)向中国人民银行申请再贷款;(6)同业之间的协议存款。长期以来,中国农业发展银行主要依靠中国人民银行的再贷款。从2005年开始,中国农业发展银行加大了市场化筹资的力度,但目前暂未开展境外筹资业务。截至2006年9月末,中国农业发展银行向中国人民银行的再贷款余额4070亿元,金融债券余额2680多亿元。

十多年来,中国农业发展银行走过了不平凡的历程,先后经历了全方位支农、专司收购资金封闭管理和逐步扩大支农范围三个发展阶段。从1994年建行到1998年新一轮粮改开始，中国农业发展银行在支持粮棉油购销，支持国家扶贫攻坚和农业开发等方面做了大量工作，为促进农业和农村经济的发展发挥了积极作用；在发展过程中建立了相对完善的机构和网络体系，也为中国农业发展银行的进一步发展奠定了必要的组织基础。

1998年4月，国务院决定深化粮食流通体制改革。由于当时的农业发展银行系统人少业务杂，保证粮棉油收购资金封闭运行的目标远没有实现，因此，为与粮食流通体制改革相适应，国务院决定调整农业发展银行的业务范围，即将原由农业发展银行承担的扶贫贴息、农业综合开发等非粮棉油企业贷款划回到农业银行，以便农业发展银行集中精力搞好收购资金的封闭运行。1998年11月，国务院又将农业发展银行承担的粮棉加工、附营企业贷款划转到农业银行，以适应粮食流通体制改革的主营与附营业务分开的要求。经过这两次大的业务划转，农业发展银行贷款业务只剩下单一的粮棉油储备、收购、调销等贷款。1998—2004年，中国农业发展银行认真贯彻落实国家粮棉收购政策，全力支持粮棉市场化改革，切实履行了收购资金的供应和管理职能。

2004年下半年以来，农业发展银行的业务范围逐渐拓宽，几乎扩大到了整个农业领域，逐步形成了以粮棉油收购资金贷款业务为主体，以支持农副产品生产和加工转化为一翼，以支持农业和农村发展的中长期贷款为另一翼，以中间业务为补充的“一体两翼”业务发展格局，在促进社会主义新农村建设中的作用日益突出。

## 四、中国农村小额信贷的发展历程

我国从20世纪90年代初开始在部分贫困地区开展小额信贷实验，目的是解决中国信贷资金扶贫工作中的一些突出问题。比较成功的项目主要有中国社科院“扶贫经济合作社”项目，联合国开发计划署的四川和云南项目，世界银行的四川阆中和陕西安康项目，陕西商洛地区的政府“扶贫社”项目等。据统计，截至1996年底，这类小额贷款试点项目资金规模达到9000多万元，其扶贫成效引起了相关部门和社会的关注，导致政府和正规金融机构也参与到小额信贷中来。

我国政府的扶贫资金，有一半以上是扶贫信贷资金，目前由中国农业银行管理，也有以小额信贷形式发放的。如陕西省丹凤“扶贫社”最初是中国社科院的小额信贷实验点，后来经办中国农业发展银行的扶贫信贷资金。1998年，国家扶贫贴息贷款的职能转到中国农业银行后，扶贫社开始代理农业银行扶贫贴息贷款，但扶贫社不是金融机构，其代理扶贫贴息贷款的合法性受到质疑。从1999年开始，把小额信贷资金由扶贫社统贷到户调整为由农业银行直贷到户，扶贫社开始负责配合政府确定扶持对象，协助农业银行投放和回收贷款。自2001年以来，根据中国人民银行的有关规定，我国开始在农村信用社推广农户小额信用贷款，并辅助推广农户联保贷款。

目前，我国实施小额信贷的组织机构大体可以分为四种类型。(1)由双边或多边成立专门的机构管理和操作外援资金，按照出资机构的要求和规章运作的小额信贷项目。主要有联合国开发计划署的项目、世界银行资助的项目、联合国儿童基金会的项目、澳大利亚援助青海项目、加拿大国际开发署的新疆项目等。(2)民间机构或个人出资实施的小额信贷项目。如中国社会科学院的“扶贫社”项目、香港乐施会中国发展项目。(3)政府部门成立专门机构管理和操作的扶贫贴息贷款小额信贷扶贫项目。(4)金融机构直接操作的小额信贷项目。如农村信用社开展的农户小额信用贷款和农户联保贷款。近几年出现的新型农村金融机构如村镇银行、小额信贷组织等发放的农户小额贷款,以及由邮政储蓄银行开展的存单小额质押贷款也属于此类。

到目前为止,中国农村小额信贷的发展大体可以分为四个阶段。

第一,试点的初期阶段(1994 年初至 1996 年 10 月)。在这一阶段,小额信贷试点主要是通过上述前两大类型项目来开展活动的。这一阶段的明显特征是,在资金来源方面,主要依靠国际捐助和贷款,基本上没有政府资金的介入;重点探索孟加拉乡村银行小额信贷模式在中国的可行性;以半官方或民间机构进行运作,并注重项目运作的规范化。

第二,项目的扩展阶段(1996 年 10 月至 2000 年)。在这一阶段,上述三大类型的项目并行发展。这一阶段的明显特征是,政府从资金、人力和组织方面积极推动,并借助小额信贷这一金融工具来实现扶贫攻坚的目标。与此同时,在实施前两大类型的项目时也更注意与国际规范的接轨。

第三,作为整个金融机构的农村信用社,在中国人民银行的推动下,全面试行并推广小额信贷活动(2000—2004 年)。这一阶段的明显特征是,农村信用社作为农村正规金融机构逐步介入和快速扩展小额信贷试验,并以农村金融主力军的身份出现在小额信贷舞台。在各有关部门的政策支持和引导下,农户小额信用贷款和农户联保贷款在全国农村信用社得到了普遍推广,农民贷款担保难的问题得到了有效缓解,农户贷款面大幅度提高。

第四,小额信贷全面发展阶段(2005 年至今)。政府和中央银行、银监会等对小额信贷表现出比以往更大的关注,通过中央一号文件以及行政规章制度等推动多种类型的农村金融机构的设立,出现了多层次开展小额信贷的机构。2005 年 5 月开始,在人民银行的推动下,商业性小额贷款公司试点工作在山西、四川、陕西、贵州和内蒙古五个省(区)开始启动。银监会于 2006 年末发布了《关于调整放宽农村地区银行业金融机构准入政策更好支持社会主义新农村建设的若干意见》,在农村地区新设"村镇银行"、"贷款公司"和"农村资金互助社"三类新型金融机构,成为小额信贷市场的新生力量。2007 年 3 月 20 日,中国邮政储蓄银行成立,此前,邮政储蓄机构就开展了存单小额质押贷款的试验。

# 第三章　农村金融主要形式
# ——农村信用合作社

## 第一节　农村信用合作社及其管理体制

农村信用合作社是指经中国人民银行批准设立，由社员入股组成，实行民主管理，主要为社员提供金融服务的农村合作金融机构，简称“农村信用社”。

### 一、农村信用合作社的概念及其特征

农村信用社是独立的企业法人，以其全部资产对农村信用社的债务承担责任，依法享有民事权利，其财产、合法权益和依法开展的业务活动受国家法律保护。农村信用合作社是由农民入股组成、实行入股社员民主管理、主要为入股社员服务的合作金融组织，是经中国人民银行依法批准设立的合法金融机构。农村信用社是中国金融体系的重要组成部分，其主要任务是筹集农村闲散资金，为农业、农民和农村经济发展提供金融服务。同时，依照国家法律和金融政策的规定，组织和调节农村基金，支持农业生产和农村综合发展，支持各种形式的合作经济和社员家庭经济，限制和打击高利贷。

农村信用合作社是银行类金融机构。所谓银行类金融机构，又叫做存款机构和存款货币银行，其共同特征是以吸收存款为主

要负债,以发放贷款为主要资产,以办理转账结算为主要中间业务,直接参与存款货币的创造过程。

农村信用合作社又是信用合作机构。所谓信用合作机构,是由个人集资联合组成的以互助为主要宗旨的合作金融机构,简称“信用社”,以互助、自助为目的,在社员中开展存款、放款业务。信用社的建立与自然经济、小商品经济的发展直接相关。由于农业生产者和小商品生产者对资金需要存在季节性、零散、小数额、小规模的特点,使得小生产者和农民很难得到银行贷款的支持,但客观上生产和流通的发展又必须解决资本不足的困难,于是就出现了这种以缴纳股金和存款方式建立的互助、自助的信用组织。[①]

农村信用合作社作为银行类金融机构有其自身的特点,主要表现在以下几个方面。第一、是由农民和农村的其他个人集资联合组成、以互助为主要宗旨的合作金融组织,其业务经营是在民主选举基础上,由社员指定人员管理经营,并对社员负责。其最高权利机构是社员代表大会,负责具体事务的管理和业务经营的执行机构是理事会。第二,主要资金来源是合作社成员缴纳的股金、留存的公积金和吸收的存款;贷款主要用于解决其成员的资金需求。起初主要发放短期生产生活贷款和消费贷款,后随着经济发展,渐渐扩宽放款渠道,现在和商业银行的贷款没有区别。第三,由于业务对象是合作社成员,因此业务手续简便灵活。农村信用合作社的主要任务是,依照国家法律和金融政策的规定,组织和调节农村基金,支持农业生产和农村综合发展,支持各种形式的合作经济和

① 李一芝,李艳芳. 农村金融财政[M]. 北京:金融出版社,2004.

社员家庭经济,限制和打击高利贷。①

## 二、农村信用社的管理体制

农村信用社是我国农村金融服务的重要力量和联系农民的金融纽带,是向农村和农业经济提供金融服务的主要金融机构之一。其经营理念、服务手段和方式、信贷资产质量和经营效益以及抵御风险的能力,都关乎农村金融的兴衰,因而对农村信用社的监管尤为重要。

### (一)农村信用社监督管理体制的总体框架

我国从1951年开始发展农村信用社,初期的农村信用社资本由农民入股,干部由社员选举产生,通过信贷活动为社员服务。这一时期的农村信用社基本保持了合作制的性质。1959—1979年期间,农村信用社先后由人民公社和生产大队管理,这一时期的农村信用社成了基层社队的金融工具。1984年,国务院批准了中国农业银行《关于改革信用社管理体制的报告》,决定将农村信用社办成群众性的合作金融组织,由农业银行领导和监督。从1996年起,中国农业银行不再对农村信用社进行领导管理,而改由中国人民银行监管;强调恢复农村信用社合作制的性质,县以上不再专设农村信用社经营机构;加强县联社建设并由其负责农村信用社业务的管理。但这些政策没有能够很好的落实。2003年,国务院出台了《深化农村信用社改革试点方案》,开始对农村信用社进行改革。

① 焦光大.我国非政府信贷组织的发展方向[J].农村金融,2005(4).

为落实国务院关于深化农村信用社管理体制改革的精神，明确和规范有关方面对信用社监督管理和防范化解风险的职责，切实加强对信用社的监督管理，促进信用社的稳定健康发展，2004年，中国银行业进度管理委员会和中国人民银行根据有关法律、行政法规和国务院《深化农村信用社改革试点方案》的精神，制定了《关于明确对农村信用社监督管理职责分工的指导意见》，明确了各相关机构在农村信用社监管中的职责。通过近几年的改革，农村信用社监督管理体制目前已经初步形成了“国家宏观调控、加强监管，省级人民政府依法管理、落实责任，信用社自我约束、自担风险”的总体框架。具体讲是由国家银行业监督管理部门集中依法行使对农村信用社的金融监管，省级人民政府通过省级联社或其他形式的省级管理机构负责农村信用社的管理及服务，农村信用社自身实行自主经营、自我约束、自我发展、自担风险。监督管理总的原则是：职责清晰，分工明确；加强协调，密切配合；审慎监管，稳健运行。

此外，中国银行业协会2005年成立了农村合作金融工作委员会，在我国农村信用社以中国银监会和各省级政府为主的监管构架中，又增加了一个行业自律组织。①

（二）农村信用社的主管部门

作为地方性金融机构，国务院要求“信用社的管理交由地方政府负责”。根据这一要求，《关于明确对农村信用社监督管理职责

① 程恩江，刘西川．中国非政府小额信贷和农村金融［M］．杭州：浙江大学出版社，2007．

分工的指导意见》规定,由省级人民政府全面承担对当地信用社的管理和风险处置责任。

省级人民政府的主要管理职责有以下几个方面。(1)按照国家有关要求,结合本地实际,对当地信用社改革发展的方针政策、目标规划等重大事项进行主要决策,并通过省级联社或其他形式的信用社省级管理机构,实现对当地信用社的管理、指导、协调和服务。(2)监督信用社贯彻执行国家金融法律、行政法规和金融方针政策,引导信用社坚持为“三农”服务的经营宗旨,提供地方经济发展政策信息,指导信用社搞好金融服务;组织有关部门对信用社业务经营及管理行为是否合法合规进行检查。(3)坚持政企分开的原则,对信用社依法实施管理、不干预信用社的具体业务和经营活动。(4)按照有关法律、法规和行政规章,指导信用社省级管理机构制定当地信用社行业自律性管理的各项规章制度,并督促信用社省级管理机构组织落实。(5)按照有关规定,组织有关部门推荐,并经银监会核准任职资格后,按规定程序产生信用社省级管理机构高级管理人员;负责对信用社省级管理机构领导班子的日常管理和考核。(6)组织信用社省级管理机构和有关部门依法对信用社各类案件进行查处;负责对信用社省级管理机构主要负责人的违法违纪行为做出处理,并督促信用社省级管理机构和有关部门对信用社违法违纪人员做出处理。(7)帮助信用社清收旧款,打击逃废债,维护农村金融秩序的稳定,为信用社的发展营造良好的信用环境。(8)信用社党的关系可实行省委领导下的系统管理,也可实行属地管理,地方党委要加强对信用社党的领导,做好信用社内职工的思想政治工作。(9)省级人民政府的分线处置责任。省级人民政府要组织协调银监会、人民银行、信用社省级管理机构等有关部门，制定当地信用社风险防范和处置的具体办法并组织实施；组织协调有关部门处置信用社发生的突发性支付风险；指导信用社省级管理机构做好信用社重组和市场推出的有关组织工作。(10)在信用社风险防范和清收旧贷、打击逃废债、维护农村信用社环境等工作中，应充分发挥信用社所在地方各级人民政府的作用，共同营造信用社发展的良好环境。省级人民政府可根据有关要求，制定对信用社管理的具体办法，并明确地级、县级人民政府协助省级人民政府管理信用社的具体职责，抄送银监会当地派出机构备案。但不得把对信用社的管理权下放到地级、县级人民政府，地级、县级人民政府不得干预信用社业务经营自主权和信用社人、财、物等具体管理工作。

信用社省级管理机构是指对省(自治区、直辖市)内信用社实施管理的机构，包括省级联社或其他形式的省级机构。农村信用社省级管理机构的选择，应当本着精简、高效的原则，结合当地实际，根据工作需要选择确定农村信用社省级管理机构。具体形式可以选择省级联社、管理局、协会等多种形式。从目前来看，建立省级联社对落实政企分开原则，发挥管理、指导、协调和服务作用，体制较为顺畅，并且已经有了规范的制度，在实际操作中采用较多。目前有25个省(市、区)选择组建省级联社；北京、上海在原市联社的基础上，改制为全市统一法人的农村商业银行；天津市选择了市、区(县)两级法人的农村合作银行模式。因此，在这里仅介绍农村信用社省级联社。

省级联社对指导、监督信用社完善内部控制度和经营机制负主要责任。省级联社的职责包括几个方面。(1)违章立制,加强监督管理。结合当地信用社实际,制定信用社业务经营、财务核算、劳动用工、分配制度、风险控制等管理制度并督促执行。(2)指导信用社健全法人治理结构,完善内控制度,逐步形成决策、执行、监督相制衡,激励和约束相结合的经营机制。督促信用社依法选举理事和监事,选举、聘用高级管理人才。(3)对信用社业务经营、财务活动、劳动用工和社会保障及内部管理等工作进行培训、辅导和稽核检查。逐步扩大对外部股东、社员代表、理事、监事的培训,提高其参与信用社决策的能力。(4)改进和完善当地信用社的资金清算和结算的技术系统,提高资金清算和管理效率;办理或代理信用社的资金清算和结算业务。(5)为当地信用社提供业务指导和信息咨询服务;及时提供资金需求信息,鼓励法人之间开展同业拆借等同业融资活动;在平等自愿、明确债权债务关系和法律责任的前提下,为基层信用社融通资金。(6)代表信用社协调有关方面关系,维护信用社的合法权益。(7)省级人民政府授权行使的其他管理职责。

省级联社应严格按照有关法律、法规和行政规章,实施对信用社的管理工作,尊重信用社的法人地位和经营管理自主权。在调剂当地信用社资金余缺时,应当按有关规定办理,不得无偿调动信用社的资金。省级联社应督促高风险信用社制定并落实整改措施,指导县联社做好当地信用社的风险防范和处置工作。省级联社应指导县联社防范和处置金融风险,县联社负责组织实施当地信用社的风险防范和处置工作。发生信用社突发性支付风险后,省级联社应迅速启动既定的风险处置预案,及时报告省级人民政府和银监会、人民银行，在省级人民政府的领导下，配合银监会、人民银行等有关部门，组织资金进行处置。突发性支付风险较小时，可由县联社直接向人民银行分支机构申请动用存款准备金；如果风险比较严重，仅靠县联社动用存款准备金无法有效遏制风险时，应由省级联社在省级人民政府承诺还款的前提下，按有关规定向人民银行分行申请紧急再贷款。①

（三）农村信用社的监督部门

1. 中国银行业监督管理委员会

中国银行业监督管理委员会成立于2003年，其主要职责是：制定有关银行业金融机构监管的规章制度和办法；审批银行业金融机构及分支机构的设立、变更、终止及业务范围；对银行业金融机构实行现场和非现场监管，依法对违法违规行为进行查处；审查银行金融机构高级管理人员任职资格；负责统一编制全国银行数据、报表，并按照国家有关规定予以公布；会同有关部门提出存款类金融机构紧急风险处置意见和建议；负责国有重点银行业金融机构监事会的日常管理工作；承办国务院交办的其他事项。

银监会监管工作的目的：通过审慎有效的监管，保护广大存款人和消费者的利益；通过审慎有效的监管，增进市场信心；通过宣传教育工作和相关信息的披露，增进公众对现代金融的了解；努力减少金融犯罪。

银监会监管工作标准：良好的监管要促进金融稳定和金融创新共同发展；要努力提升我国金融业在国际金融服务中的竞争力；

① 徐永祥. 农村金融体系的现状与发展思考[J]. 中国金融,2007(6).

对各类监管设限要科学、合理，有所为，有所不为，减少一切不必要的限制；鼓励公平竞争，反对无序竞争；对监管者和被监管者都要实施严格、明确的问责制；要高效、节约地使用一切监管资源。

银监会及其派出机构对信用社监管的职责：根据有关法律、行政法规，制定监管制度和办法；审批机构的设立、变更、终止及业务范围；依法组织现场检查和非现场检测，做好信息统计和风险评价，依法查处违法违规行为，建立信用社监管评级体系和风险预警机制，根据信用社评级状况和风险状况，确定对其现场检查的频率、范围和需要采取的其他措施；审查高级管理人员任职资格，并对其履行职责情况进行监管评价；向省级人民政府提供有关监管信息和数据，对风险类机构提出风险预警，并协助省级人民政府处置风险；对省级人民政府的专职管理人员和省级联社的高级管理人员进行培训；受国务院委托，对省级人民政府管理信用社的工作情况进行总结评价，报告国务院。

银监会在信用社风险处置中的职责：按照《中华人民共和国银行业监督管理法》有关规定的要求，定期对信用社的风险状况进行考核和评价，按照评价结果实施分类监管，并将考核评价结果通报省级人民政府和人民银行；对风险较高的信用社，要提出明确的监管措施和整改要求，并监督省级联社制定改进措施和风险处置措施。

银监会对违反审慎经营规则、资本充足率低于2%、存在风险隐患的信用社，应当责令其限期改正。预期未改正的，可以区别情形，采取以下措施：责令暂停部分业务，停止批准开办新业务；限制分配红利和其他收入；限制资产转让；责令控股股东转让股权或者限制有关股东的权利；责令调整理事或董事、高级管理人员或者限制其权利；停止批准增设分支机构。按上述措施整改后仍难以化解风险的信用社，应进一步采取停业整顿、依法接管、重组等措施。具体办法由银监会会同有关部门制定。

银监会对违法违规经营造成严重后果、已经发生支付风险或预警将发生支付风险，通过外部救助无法恢复其正常经营的信用社，可及时予以撤销。银监会做出撤销决定后，省级人民政府和银监会应联合公告，并由省级人民政府按照《金融机构撤销条例》的规定组织实施。信用社发生突发性金融事件，银监会及其派出机构应及时通报省级人民政府和人民银行，并协助省级人民政府按照既定的应急处置方案进行处置。银监会及其派出机构应当明确其对信用社的监管事权划分，并公开监管程序。

2. 人民银行

按照《中华人民共和国中国人民银行法》第三十二条的有关规定，人民银行应对信用社执行有关存款准备金管理规定、人民银行特种贷款管理规定、银行间同业拆借市场和银行间债券市场管理规定、外汇管理规定、清算管理规定以及反洗钱规定的情况等进行监督检查，督促其依法经营。在改革试点期间，对认购专项中央银行票据和使用专项借款的信用社，人民银行应按规定对其相关工作进行监督检查。根据银监会及其派出机构的通报，人民银行应跟踪信用社的风险变化情况，及时了解省级人民政府、省联社和银监会对高风险信用社的处置措施及落实情况。

在信用社发生局部支付风险时，人民银行应当按照有关规定及时给予资金支持。信用社发生支付风险时，实施资金救助的顺序是：县联社按规定程序申请动用存款准备金，省级联社向人民银行申请紧急再贷款。其中，省级联社向人民银行申请紧急再贷款，需由省级人民政府承诺还款。信用社发生突发性支付风险时，人民银行应积极配合省级人民政府制定应急方案，对发生支付困难的县联社的动用存款准备金申请和省级联社提出的紧急再贷款申请，要按照有关规定及时审批并完成支付。

信用社撤销时，要偿还个人合法债务资金，首先要由省级人民政府组织清收变现拟被撤销信用社的资产；资产变现不足以清偿个人债务的部分，由省级人民政府按有关规定向人民银行申请临时借款。

3.行业自律组织——中国银行业协会

除了上述监督管理机构之外，从2005年中国银行业协会农村合作金融工作委员会成立以来，中国银行业协会也成为农村信用社监管框架中的一部分。银行业协会负责农村合作金融机构的自律职能。中国银行业协会可以根据自愿原则，吸收省级联社作为会员单位，由农村合作金融工作委员会专门开展这项工作。

在农村信用社管理体制改革历史上，曾有过建立全国性农村信用社自律组织的探索，但是由于种种原因，这项工作停滞下来。目前，我国没有专门的农村信用社协会。经过近几年的改革，我国农村合作金融机构省级行业管理体制基本形成，但仍有一些问题亟待解决，主要是省级联社间缺乏必要的沟通合作平台，难以实现全国范围内先进经验的及时交流共享；农村合作金融机构缺乏全国性的自律维权体制和机制，不利于集中反映行业诉求，难以在国家相关政策、立法过程中争取行业权益，在各类跨区域业务出现风险时，也难以最大限度地维护其合法权益。为了进一步巩固和扩大农村信用社改革成果，因此迫切需要搭建行业自律平台。目前，已经有25家农村信用社省级联社、3家农村商业银行和1家农村合作银行加入中国银行业协会，成为其会员单位。①

## 第二节　农村信用社的组织形式及其业务类型

2003年6月27日，国务院下发了《深化农村信用社改革试点方案》（以下简称为《方案》）。《方案》中提出要改革农村信用社产权制度，并且确定不同的产权形式。产权改革的具体组织形式可以根据各地不同情况选择不同的产权组织形式（包括股份制、股份合作制和合作制）和业务类型。

### 一、农村信用合作社的组织形式

在实际工作中，农村信用社的产权组织形式主要有四种：一是组建股份制的农村商业银行；二是在合作制的基础上，借鉴吸收股份制运作机制，组建农村合作银行；三是以县（市）为单位将信用社和县（市）联社各位法人改为统一法人；四是在完善合作制的基础上，继续实行乡镇信用社和县（市）联社各位法人的体制。其中，第三种及第四种产权组织形式尽管应用的条件有所不同，但都属于合作制，因此在后文中将这两种形式合并介绍。

① 张红宇．中国农村金融组织体系：绩效、缺陷与制度创新［J］．中国农村观察，2004（2）．

(一)农村合作银行

农村合作银行是由辖区内农民、农村工商户、企业法人和其他经济组织入股,在合作制的基础上,吸收股份制运作机制组成的股份合作制的社区性地方金融机构。股份合作制这种产权制度,既不是传统意义上的合作制,也不是现代意义上的股份制,而是合作制与股份制的有机结合。与农村商业银行不同,农村合作银行是在遵循合作制原则的基础上,吸收股份制的原则和做法而构建的一种新的银行组织形式,是实行股份合作制的社区性地方金融机构。

1. 组建条件

农村合作银行主要以农村信用社和农村信用社县(市)联社为基础组建。设立农村合作银行应当具备下列条件:(1)符合《农村合作银行管理暂行规定》;(2)发起人不少于1000人;(3)注册资本金不低于2000万元人民币,核心资本充足率达到4%;(4)不良贷款比例低于15%;(5)有具备任职专业知识和业务工作经验的高级管理人员;(6)有健全的组织机构和管理制度;(7)有符合要求的营业场所、安全防范措施和与业务有关的其他设施;(8)中国银行业监督管理委员会规定的其他条件。

组建农村合作银行由中国银行业监督管理委员会审批。组建程序如下。筹建:组建农村合作银行应该首先向所在地银行业监督管理机构提出筹建申请,经所在地银行业监督管理机构逐级审核后,报中国银行业监督管理委员会批准。开业:筹建结束,须按规定向中国银行业监督管理委员会提出开业申请。办理登记,开始营业。经批准设立的农村合作银行,由所在地中国银行监督管理委员会省、自治区、直辖市和计划单列市银监局颁发金融许可证，并凭该许可证在工商行政管理部门办理登记，领取营业执照。

2. 服务对象

农村合作银行是由辖区内农民、农村工商户、企业法人和其他经济组织入股组成的股份合作制社区性地方金融机构，其主要任务是为农民、农业和农村经济发展提供金融服务。农村合作银行在辖区内开展农村贷款及其他金融业务，要重点面向入股农民，为当地农业和农村经济发展提供金融服务。农村合作银行应将一定比例的贷款用于发放农业、农民和农村经济贷款，具体比例由中国银行业监督管理委员会根据当地的农村产业结构状况确定。

3. 股权设置

农村合作银行根据股本金来源和归属设置自然人股、法人股。其中自然人股和法人股又分别设定资格股和投资股两种股权。资格股是取得农村合作银行股东资格必须交纳的基础股金。资格股实行一人一票。投资股是由股东在基础股金外投资形成的股份，自然人股每增加2000元投资股就增加一个投票权，法人股东每增加20000元投资股增加一个投票权。

根据《农村合作银行管理暂行规定》的有关要求，农村合作银行单个自然人股东（包括职工）持股比例（包括资格股和投资股）不得超过农村合作银行股本总额的5%；本行职工的持股总额不得超过股本总额的25%；职工之外的自然人股东持股总额不得低于股本总额的30%；单个法人及其关联企业持股总和不得超过总股本的10%；持股比例超过5%的，应报中国银行业监督管理委员会审批。

4. 法人治理结构

农村合作银行的权力机构是股东代表大会，股东代表由股东选举产生，同时设置董事会、监事会和经营管理层。

## （二）农村商业银行

农村商业银行的组件条件：符合《农村银行管理暂行规定》的章程；发起人不少于500人；注册资本不低于5000万人民币，资本充足率达到8%；设立前辖内农村信用社总资产10亿元以上，不良贷款比例15%以下；有具备任职所需的专业知识和业务工作经验的高级管理人员；有健全的组织机构和管理制度；有符合要求的营业场所、安全防范措施和与业务有关的其他设施；中国银行业监督管理委员会规定的其他条件。

农村商业银行的组建需由中国银行业监督管理委员会审批。组建程序如下。筹建：组件农村商业银行应首先向所在地银行业监督管理机构提出筹建申请，经所在地银行业监督管理机构逐级审批后，报中国银行业监督管理委员会批准。开业：农村商业银行筹建结束，须按规定向中国银行业监督管理委员会提出开业申请。办理登记，开始营业。批准设立的农村商业银行，由所在地中国银行业监督管理委员会省、自治区、直辖市和计划单列市银监局办理金融许可证，并凭该许可证在工商行政管理部门办理登记。

1. 服务对象

农村商业银行的主要任务是为当地农民、农业和农村经济发展提供金融服务，以促进城乡经济协调发展。按照《农村商业银行关联暂行规定》的要求，农业商业银行要将一定比例的贷款用于支持农业、农民和农村经济发展，具体比例由股东大会根据当地农村产业机构状况确定,并报当地省级银行业监督管理机构备案。

2. 股权设置

农村商业银行根据股本金来源和归属设置自然人股、法人股,实行等额股份,同股同权,同股同利。按照《农村商业银行管理暂行规定》的要求,农村商业银行单个自然人股东的持股比例不得超过总股本的 5% ,单个人及关联企业持股总和不得超过总股本的 10% ,本行职工持股总额不得超过总股本的 25% 。

除原农村信用社社员可将其清产核资、量化后的股金,按照资源原则和农村商业银行股本结构的规定,转为农村商业银行股本金外,其他农村商业银行发起人必须以货币资金认缴股本,并一次募足。发起人持有的股份自农村商业银行成立之日起 3 年内不得转让。董事、监事、行长和副行长持有的股份,在任职期间内不得转让或质押。

(三)农村信用合作社

农村信用合作社最初建立的时候是群众性的合作金融组织,属于社会主义集体所有制性质。关于农村信用合作社的性质以及历史发展变革等内容,后文会有较为详尽的描述,在此不多赘述。按照规定,农村信用合作社由农民群众自愿入股参加,其股金、财产和公共积累,都属于集体所有;实行民主管理,坚持独立经营、独立核算和自负盈亏的原则。它的资金来源主要是农民入社的股金、公共积累和吸收的存款。其盈利除了依法纳税之外,一部分用作股金分红,大部分用作公共积累,用作发展基金。

农村信用合作社的组建应具备下列条件:符合规定的章程;社员一般不少于 500 个;注册资本金一般不少于 100 万人民币;有具

备任职资格的管理人员和业务操作人员；有符合要求的营业场所、安全防范措施和办理业务所必须的设施。

农村信用合作社根据业务需要下设分社、储蓄所、信用站等，由农村信用合作社统一核算。分社、储蓄所、信用站不具备法人资格，他们只能在农村信用合作社授权范围内依法、合规地开展业务经营活动，其民事责任由所属的农村信用合作社承担。农村信用合作社应在办理工商登记之日起的30日内，向当地税务机关提交信用合作社设立批准证书、营业执照、合同、章程等文件复制件。农村信用合作社发生迁移、合并、设立营业网点以及变更等事项时，须按照有关规定，报主管部门批准后，在依法办理手续之日起的30日内，向税务机关提交有关的变更文件复制件。

1. 服务对象

农村信用合作社坚持为农民、农业和农村经济服务的宗旨，即为“三农”服务。由于农村信用合作社的成员绝大部分是农民和农村经济组织，他们参加信用社的目的主要是为了从中获得服务，所以农村信用合作社必须坚持为其社员服务。在满足社员需要的前提下，也可以为非社员服务。

2. 股权设置

农村信用社的股权人可以是个体劳动者、集体组织和企业，也可以是合作社区中的企业法人和经营组织。入社的社员以平等的方式进行合作，不论股权多少，一人一票。

3. 法人治理结构

社员代表大会是权力机构，社员代表由社员选举产生，同时设置董事会、监事会和经营管理层。社员代表大会由该信用合作社社员代表组成，选举社员代表时每个社员一票。社员代表每届任期3年。社员代表大会由理事会召集，每年召开一次；如果理事会认为有必要，可以随时召开；经1/2以上的社员代表提议，或2/3以上的监事提议，也可以临时召开。理事会是社员代表大会的常设执行机构，由5名以上（单数）理事组成。理事均由社员担任，由社员代表大会选举产生和更换，其每届任期与社员代表大会代表任期相同。监事会由社员代表选举产生和变换，其每届任期与社员代表大会代表任期相同，行使权到下届社员代表大会选出新的监事为止。监事会应由社员代表、农村信用合作社职工代表组成。理事、主任、副主任和财务负责人不得兼任监事。①

（四）乡镇信用社和县（市）联社

在实行农村信用合作社产权改革之前，主要有乡镇信用社和县（市）联社。乡镇信用社是基层社，可以说是最贴近广大服务对象的金融机构，也是最普通的农村信用社组织形式。随着农村信用社事业的发展，信用社的经营管理、干部管理和培训、退休职工的增加、工资开支的扩大，单靠每个信用社已力所不及，因此，需要建立一个联社来统一承担、管理和指导全县信用社的工作。这就是建立县（市）联社的初衷。

县（市）联社是各个基层信用社组织起来的联合组织。县（市）联社同基层社一样，一律要实行民主管理，管理机构一般由选举产生的理事会、监事会或管理委员会组成。联社领导人，要召开全县信用社代表大会选举产生，人员机构都要符合精简的原则。理事

① 郭家万. 中国农村合作金融[M]. 北京：中国金融出版社，2006.

会或管委会主要成员一般由各基层社在职人员组成。监事会一般多由社员代表、地方政府部门的成员组成。

县(市)联社的主要任务是:(1)检查督促信用社方针政策的执行;(2)稽核、辅导信用社的业务、财务和账务;(3)综合并考核信用社的各项计划、统计;(4)在全县(市)范围内调剂信用社的资金余缺;(5)管理和培训信用社职工;(6)管理提取的信用合作发展基金,统筹解决信用社职工退休经费,调剂信用社盈亏;(8)组织交流经验和信息;(8)办理县(市)辖区内信用社之间的汇兑结算业务。

县(市)联社对基层社资金余缺的调剂是其工作的一项重要内容。县(市)联社在各独立核算的信用社之间进行横向资金余缺调剂,具体手续要按资金的调出社与调入社,在协商的基础上达成的协议规定程序进行。资金的划拨既可通过银行直接采取汇兑方式,也可以通过联社用联社往来科目办理结算。这种资金的相互划拨,不论对调出社还是调入社,都是独立核算信用社之间的一种业务往来关系,都要讲求经济核算和经济效益,它不属于资金的无偿调拨,而是资金款项的有偿借贷。联社在资金的调剂过程中只起联系、协商及协议执行监督人的作用。有些地方联社还负责资金调拨手续的经办工作,这要按各社章的具体规定办理。

乡镇信用社和县(市)联社的产权组织形式改革。农村信用社是集体所有制企业,不管是县级联社一级法人模式还是单一社体制模式,它们并没有本质上的区别,它们都是以公有产权为基础的集体所有制企业。

乡镇信用社和县(市)联社统一法人的条件。随着我国农村经济和金融事业的发展,深化信用社改革,就必须区别各类情况,确定不同的农村信用社产权形式。根据《方案》，在人口相对稠密或粮棉商品基地县（市），可以县（市）为单位将信用社和县（市）联社各位法人改为统一法人。具体条件如下：⑴全辖信用社算账面资能抵债；⑵基层信用社自愿；⑶县（市）联社有较强的管理能力；⑷统一法人后，股本金达到1000万以上，资本充足率达到有关规定的要求。

统一法人的体制更有效率。首先，实现县（市）联社规模经营之后，营业费用会降低。（1）融资成本可以降低。在县（市）级联社范围内调剂资金余缺，降低了同业拆借、融通资金和进入金融市场的成本，同时，也可以取消必须上缴的管理费。（2）可以免去财政、税收等监督部门对乡镇信用社的审查稽核，这样，就可以省去一大笔招待费、税费和诉讼费用等。（3）降低了人头费用开支和其他有关营业费用。（4）当然，实行县（市）级联社统一法人，也将增加一些开支，比如职工教育、宣传、协调以及购进新的硬件设施等，但是总体来说，这些支出有利于信用社未来的发展，因此还是值得的。其次，信息成本和监督费用并不会由于采用统一法人制度而增加。其原因有：（1）县（市）一级的范围并不算很大，在这个范围内，实现规模经营并不会造成信息失真；（2）不管是县（市）信用社与乡镇信用社统一法人还是各自法人，其经营范围和服务对象在原则上并没有改变，而统一法人后实现的规模经营更有可能为广大农村客户提供较好的融资服务；（3）农村信用社职工基本没有变化。

从集中组织形式之间的联系来看，首先是服务重点不同。无论是农村商业银行还是农村合作银行；无论是乡镇信用社还是县（市）联社，它们的服务重点都是相同的，即主要是为辖区内农业、农民和农村经济发展服务。但由于所处地区的差异,它们在提供金融服务方面,也体现出了一定的差异性。比如农村商业银行是在经济相对发达地区组建,农业比重较低,因此,在满足"三农"需要的前提下,还需要兼顾城乡经济协调发展的目标;而农村信用社的服务对象则更多地侧重于农户。其次,农村信用社是基础。在实际工作中,无论是农村合作银行还是农村商业银行,都要以乡镇信用社和县(市)联社为基础建立起来。从上文中的几个案例中可以看出这一点。

目前,在理论界和实际工作中,形成的比较一致的认识是:在工业化进程较快、对农业信贷要求不多的东部地区,将组建农村商业银行;在农业、养殖业占主导地位、农民对农业信贷要求较高的地区,则可以考虑县级联社一级法人或单一社体制模式;在以产粮、产棉为基础的人口密集地,采取县级联社一级法人模式比较合适;在对其他地区,鼓励大胆尝试,让农村信用合作社因地制宜,选择合适的发展模式。①

## 二、农村信用合作社的主要业务

农村信用社的业务大体上与一般的商业银行相同,可以分为负债业务、资产业务和中间业务。其中,负债业务和资产业务又称为表内业务,因为它们是在资产负债表中表现出来的业务;中间业务又称为表外业务,因为它不是在资产负债表中反映出来的业务。

① 王传言,王红义.制度变迁视角下我国非政府组织小额信贷制度困境及政策分析[J].安徽电视广播大学学报,2008(1).

## （一）农村信用社的负债业务

农村信用社的负债业务主要是指农村信用社的资金来源，包括吸收来的各种存款、各种借入资金、金融机构往来资金、各种应付和预收的款项以及其他负债。农村信用社的主要负债业务为存款业务。

农村信用社负债业务的种类：(1)存款是企业对存款人的一种以货币表示的债务，是农村信用社最主要的负债业务，也是农村信用社筹集资金的主要手段之一；(2)借款是农村信用社对外筹建的期限在1年以上(含)的长期借款；(3)金融机构往来，又称同业往来，是指不同的金融机构与农村信用社之间相互融通资金、委托代理业务而形成的资金往来，主要包括农村信用社对中央银行及其他同业金融机构之间的负债；(4)其他负债，主要包括各种应付款项及预收款、占用资金和其他。农村信用社的应付款很多，主要包括应付利息、应付税金和应付股利等。以上这四种负债业务中，跟农民最密切相关的就是存款业务。下面重点介绍一下农村信用社的存款业务。

1.农村信用社的储蓄存款

储蓄政策和原则。(1)存款自愿。存款必须根据存款人的意愿，存与不存、存哪种储蓄、存多长时间、存入那家银行，这些都应该由储户自己决定，任何单位和个人不得以任何方式强迫命令。(2)取款自由。储户要求存款，在其存款金额内，不管取款多少、取款用途是什么，任何人都不得以任何借口截留未到期的存款；储户如有急需，也可以按规定手续，凭有效证件等办理提前支取定期存款业务。(3)存款有利息。对储蓄存款必须按照国家规定的利率付给储户利息，尽管有时候利息数额非常小，但存款机构仍不得以任何理由不付或者少付。(4)为储户保密。对储户的存款信息，不能泄露给他人，即对储户负有保密的责任。如果司法机关因审理案件需要查询有关储蓄账册资料时，那么应该按规定办理相关手续后方能查询。

储蓄种类。人民币储蓄按照存款期限不同常常分为活期储蓄和定期储蓄。在定期储蓄中大致又分为六种类型。由于存款期限的不同，每一种存款对应的资金流动性也是不同的，储户可以根据自己的需要和实际情况自愿地选择适宜的储蓄种类。(1)活期储蓄，是不固定存款期限，随时可以存取的一种储蓄存款。活期储蓄符合有款即存、要用即取的要求。(2)定期储蓄，是约定存款期限，一次或在存款期之内按期分次存入本金，到期整笔或分期平均支取本金和利息的一种储蓄存款。它适用于储户有生活节余和有计划积累或者有计划使用的储蓄。定期储蓄存款期较长，比较稳定，办理手续简便。可以一次或分次存入，也可以一次或分次提取。在未到期之前，如果发生存单被盗、遗失、损坏等意外，可以及时挂失，一般不易被别人冒领。定期储蓄可分为以下几种类型：整存整取、零存整取、整存零取、存本取息、定活两便和通知存款。其存款方式因类型不同而有所改变。

2. 农村信用社的集体存款

农村信用社的集体存款，主要指农村信用社吸收的农村中集体农副业、乡镇办企业和个体承包业的闲置结算资金和其他存款。集体存款和储蓄存款相比，具有成本低、数额多等特点。

农村信用社开展存款业务既是为了自身经营的需要，也是为了给社区的社员提供优质的金融服务，保护他们在农村信用社的合法存款权益。因此，在处理存款业务时，应按照以下基本要求进行。(1)正确、及时地办理存款业务。要按照规定的操作程序，认真审查凭证的合法性，正确使用有关会计科目其账户，及时进行账户处理，保证存款业务的核算质量。(2)维护存款单位的合法权益。存款单位对自己在农村信用社的存款享有自主支配权，农村信用社必须坚持“谁的钱进谁的账，由谁支配”的原则，保障存款单位的合法权益。除了国家法令、法律、政策和司法机关的明文规定，以及有关结算办法规定的可以由农村信用社代扣款项或冻结存款外，农村信用社不得代任何单位扣款，也不得随意停止对存款单位的正常支付。(3)认真对待客户的预留印鉴和一些必要的支付手续，保证客户资金的安全。(4)农村信用社不代垫款项。各农村集体单位的结算户在农村信用社的存款账户上应保持一定的余额，储户不得超过存款余额发生透支。存款作为信用社的一种合法财产，受《中华人民共和国宪法》的保护。农村信用社与客户之间的业务往来，应当遵循平等、自愿、公平和诚实信用的原则。

存款账户是农村信用社把集中起来的农村信用社的闲置资金，根据不同要求按会计科目分类并在账簿中按类开户的户头，是办理信贷、结算、现金收支业务的前提条件，是反映、监督农村信用社各部门、各单位资金活动的工具。存款账户有五种不同的分类方法。

第一，按存款账户的性质分类。这种分类方法是根据《银行账户管理办法》的规定进行分类的。(1)基本存款账户。基本存款账户是存款人办理日常转账结算和现金收付的账户，存款人的工资、奖金等现金的支取,只能通过本账户办理,且只能在金融机构开立一个基本账户。(2)一般存款户。一般存款户是存款人在基本存款户以外的银行借款转存、与基本存款账户的存款不在同一地点的附属非独立核算单位开立的账户。存款人可以通过本账户办理转账结算和现金缴存,但不能办理现金支取业务。(3)临时存款账户。临时存款账户是存款人因临时经营活动需要开立的账户。存款人可以通过本账户办理转账结算和根据国家现金管理的规定办理现金收支业务。(4)专用存款账户。专用存款账户是存款人因特定用途需要开立的账户。

第二,按资金管理要求分类。这种分类方法将存款账户分为结算账户和辅助账户。(1)结算账户是各单位在农村信用社开立的账户,包括存款户、预算户等。存款户主要是针对企业的流动资金以及持有营业执照的个体工商户开设的账户,一般只开设一个存款户。预算户是对实行经营管理的行政事业单位以调拨资金方式拨入的预算资金开设的账户。(2)辅助账户是针对那些与非独立核算或预算报账单位的企业,由于主管单位相距较远或不在一地,因资金收付办理困难,要求另立户头而设置的账户。为了避免分散企业资金,辅助账户的开立必须从严掌握。辅助账户除与其主管单位在银行开立的基本账户发生款项收付外,一般是只收不付或只付不收。

第三,按存款期限分类。按这种分类方法,存款账户可以分为活期存款和定期存款。(1)活期存款。活期存款是指客户可随时存取,农村信用社未规定存款期限的存款。由于这种存款增减波动较大,农村信用社对这部分资金的运用有一定限度。活期存款的利率较低，对于农村信用社的经营来说是一种低成本的存款。(2)定期存款。定期存款是指客户存入款项时，预先约定存储时间的存款。这是农村信用社的一种比较稳定的存款，其利率较高。农村信用社为了追求适当的利润以及达到既定的经营目标，要优化存款结构，合理确定定期存款与活期存款的比重。

第四，按资金性质分类。依据这种存款方式可以分为财政性存款和一般存款。(1)财政存款包括国库存款、地方财政预算外存款、机关团体存款等。按规定，这部分存款属于中央银行的信贷资金来源，由中央银行管理和使用，因此，农村信用社吸收的这部分存款应全部缴存中央银行，不得占用。(2)一般存款包括企事业单位存款和储蓄存款，这部分资金构成了农村信用社的主要资金来源。

第五，按存取方式分类。按照这种分类方法，存款账户分为支票户和存折户。(1)支票户是使用支票办理存取手续的存款户。按现行有关制度的规定，全民所有制的各单位和规模较大、生产经营正常、财务制度健全的集体所有制企业，一般均应开设支票户。而持有营业执照、有固定门面的个体工商户也可以开设支票户。(2)存折户是使用存折办理存款手续的存款户。对规模小、经济往来少或生产经营不正常和财务制度不健全的集体所有制企业，一般开立存折户。对持有营业执照的个体摊贩，只允许开立存折户。另外，对存款数量较少的党费、团费、工会会费等，一般也只开立存折户。

存款账户的开立一般可分为四种方式。(1)基本存款账户的开立。存款人申请开立存款账户，应填制开户申请书，说明单位的经营业务、工作性质以及申请开户的理由,提供规定的证件,送交盖有印章的印鉴卡,经农村信用社审核同意后,凭中国人民银行当地分支机构核发的开户许可证开立账户。(2)一般存款户的开立。存款人申请开立一般存款账户,应首先向农村信用社提供借款合同、借款借据或者是基本存款账户的主管单位统一其附属的非独立核算单位开户的证明。然后,存款人应填制开户申请书和有关证明文件,送交盖有印章的印鉴卡片,经农村信用社审核统一后开立账户。(3)临时账户的开立。存款人申请开立临时账户,应首先向农村信用社出具当地工商行政管理机关核发的临时执照或当地有权部门同意设立外来临时机构的批件。然后,存款人应填制开户申请书和有关证明文件,送交盖有印章的印鉴卡片,经农村信用社审核同意后开立账户。(4)专用存款账户的开立。存款人申请开立专用存款账户,应首先向开户的农村信用社出具经有权部门批准立项的文件或国家有关文件的规定。然后,存款人应填制开户申请书和有关证明文件,送交盖有印章的印鉴卡片,经农村信用社审核同意后开立账户。

3. 农村信用社的其他负债业务

农村信用社的其他负债业务主要包括同业拆借、向中央银行借款、占用资金及发行债券等。这都是农村信用社为了满足其自身正常运行、解决其自身资金不足的问题所采用的一些负债方式。(1)向同业拆借资金。同业拆借是指金融机构之间的短期借款,是农村信用社为解决短期资金余缺,在同业之间相互融通资金的重要方式,期限较短。农村信用社可以向农村信用社拆借,也可以向其他金融机构拆借。(2)向中央银行借款。农村信用社向中央银行借款是其融通资金的另一途径。再贴现是农村信用社从中央银行取得资金的重要方式。农村信用社将已经贴现但尚未到期的合格票据交给中央银行，要求中央银行再贴现，票据债券由农村信用社转给中央银行。(3)占用资金。农村信用社的占用资金包括农村信用社应付、暂收其他单位或个人的款项，职工未按期领取的薪金，应付暂收上级单位和所属单位的款项，应付退休职工领取的统筹金，其他应付暂收的款项，农村信用社应交纳的教育附加、能源交通建设基金、预交调节基金等。农村信用社接受农业银行及其他金融机构、其他单位(人)委托办理的委托、信托和代付业务的资金也属于占用资金。农村信用社的占用资金还包括代收业务的资金，如水电费、集资款、税款等。

### (二)资产业务

资产是企业拥有或者控制的能以货币计量的经济资源，包括各种财产、债权和其他权利。其主要特征：一是能够为所有者提供未来经济收益；二是必须为企业所实际拥有或控制；三是能够以货币进行计量。资产按其性质划分，可分为流动资产和非流动资产；按照其计价方式划分，可分为货币性资产和非货币性资产。农村信用社的资产主要由四个部分组成：(1)现金资产；(2)放款，即各类贷款；(3)证券投资；(4)其他资产。下面将逐项介绍这四种资产业务，特别是要介绍作为农村信用社特色业务的农户小额信用贷款和农户联保贷款。

#### 1. 农村信用社的现金资产

现金是指农村信用社拥有的具有现实购买力与清偿能力的现行通货，它是农村信用社流动性最强、盈利最低的资产，是随时可用来支付客户需要的资产。农村信用社的现金资产包括库存资金、业务周转金、库存金银、存入银行的存款准备金和结算备付金、存放同业的款项以及其他形式的现金资产。现金资产管理的原则是适量控制存量以及加强库款安全。(1)适量控制存量原则。所谓适量控制存量,是指根据现金资产所具有的高流动性、低盈利性的特点,合理安排现金资产的规模,不能太大也不能太小。如果存量过大,则影响其营利性;如果过小,不能满足客户提取现金的需要,就会危及到农村信用社的正常经营。(2)加强库存安全原则。现金资产并不是最安全的资产,它的风险来自于库款被抢、被盗和自然灾害损失。所以,加强库款安全防范是现金资产管理的重点。

2. 农村信用社的贷款业务

贷款是农村信用社的主要资产,是农村信用社根据必须归还和附有一定利息条件的原则,把款项提供给需要者的一种借贷活动。《贷款通则》第三条规定:贷款是贷款人对借款人提供的必须按一定期限还本付息的货币资金。因此,贷款既是一种借贷行为,又是一种货币资金。贷款的发放应当符合国家的经济和金融法律法规及政策,应当遵循资金使用安全性、流动性和盈利性的原则。农村信用社的贷款业务是发展农村经济的重要杠杆。除了农户小额信用贷款和农化联保贷款,农村信用社提供的贷款业务种类大体上与一般商业银行相同,下文中具体介绍。

不同的贷款业务种类对应着不同的客户,而农村信用社贷款业务的最大特色就是农户小额信用贷款和农户联保贷款。后面的内容对农户小额信用贷款和农户联保贷款在申请条件、申请程序等方面有非常详细的介绍。这两类贷款虽然涉及的金额绝对数额并不算大，但是却可以为农民在从事农业生产时解燃眉之急，农民如果利用得当，还会对农业生产起到积极的推动作用。

贷款的种类可以按照不同的方法进行分类，常见的划分方法有以下几种。

(1)按贷款有无担保划分。根据这种方法，贷款可分为：①抵押贷款，是指借款人必须提供与贷款额度相当的商品作担保，贷款到期，债务人如不能偿还贷款，可用担保品来偿还贷款；②保证贷款，是指由第三者担保的放款；③信用放款，是指农村信用社仅凭借款人或保证人的信用状况予以放款，不必提供任何担保物品。

(2)按利率性质划分。按照这种方法，贷款可以分为：①固定利率贷款，是指农村信用社在贷款期间不予变动利率的贷款；②浮动利率贷款，是指农村信用社根据市场变动情况定期调整利率的贷款；③优惠利率贷款，是指农村信用社根据国家经济发展的需要，对某些行业或者产品实行低利率贷款。

(3)按贷款期限划分。根据这种方法划分，贷款可以分为：①短期贷款，指贷款期限在1年以内(含1年)的贷款；②中、长期贷款，其中，中期贷款指期限在1年以上(不含1年)5年以下(含5年)的贷款；长期贷款指贷款期限在5年(不含5年)以上的贷款。

(4)按贷款的形态划分。按照这种方法划分，贷款可分为：①正常贷款，是指借款人在贷款期限内能按期归还的贷款；②逾期贷款，是指借款人在贷款到期后不能归还的贷款；③催收贷款，是指贷款预期3年以上，借款人无力归还的贷款。

(5)按借款者的用途划分。按照这种分类方法，贷款可以分为:①固定资产贷款,是指农村信用社按照有关规定,对现有的企业固定资产的维修、更新改造和新建、扩建企业的基本建设等不同资金需要而发放的贷款;②流动资金贷款,是指农村信用社对企业单位在经营过程中的合理流动资金需要所发放的贷款;③消费贷款,是指借款人将借得的款项用于消费品的购置。

以上是几种常见的贷款种类。随着社会经济的不断发展,为了更贴近人的要求,各种贷款类型不断被创新。后文中要重点介绍的农村信用社的特色贷款业务——农户小额信贷和农户联保贷款,就是农村信用社的特别服务"三农"而推出的贷款业务。

### (三)农户小额信用贷款和农户联保贷款

#### 1. 农户小额信用贷款

农户小额信用贷款是指信用社给予农户信誉,在核定的额度和期限内给农户发放的不用抵押、担保的贷款。这里所指的农户是指具有农业户口,主要从事农村土地耕作或者其他与农村经济发展有关的生产经营活动的农民、个体经营户等。农户小额信用贷款的主要特点有:一是以农户为贷款对象,是一种自然人贷款;二是额度较小,具体额度根据各地区不同的经济而有所不同,发达地区可能是1万~2万元,个别地方还可能是5万~10万元,欠发达地区可能是3000~5000元,个别的可能是1000~2000元;三是实行信用放款,不需要抵押担保,手续比较简便;四是一次核定贷款额度,可以周转使用,减少了环节,缩短了时间,提高了效率;五是贷款利率实行优惠,农户小额信用贷款的利率要根据农村信用社的资金成本,尽可能优惠,以减轻农民负担。

农户如何申请农户小额信用贷款?

首先,农户申请使用小额信用贷款应当满足下列条件:居住在农村信用社的营业区域之内,具有完全民事行为能力,资信良好;从事土地耕作或者其他符合国家产业政策的生产经营活动,并有合法、可靠的经济来源;具备清偿贷款本息的能力。

其次,农户应当搞清楚申请小额贷款是有特定用途的,而不是从事什么活动都可以使用小额信用贷款的。按照规定,农户小额信用贷款必须用于下列用途:一是种植业、养殖业等农业生产费用贷款;二是农机具贷款;三是围绕农业生产的产前、产中、产后服务等贷款;四是购置生活用品、建房、治病、子女上学等消费类贷款。

在符合上述要求的情况下,凡是已经持有农村信用社颁发的《贷款证》的农户,当他们需要小额信用贷款时,可以持《贷款证》及有效身份证件,直接到农村信用社营业网点办理限额内(各农户的贷款限额均在信用社给其核发的《贷款证》上注明)的贷款,无须再层层办理批准手续。由于农户小额信用贷款采取"一次核定、随用随贷、余额控制、周转使用"的办法,因此,只要不超出《贷款证》上核定的贷款限额,农户需要贷款可随时到农村信用社办理,而且贷款还了以后,还可以继续再贷,周转使用。

对没有《贷款证》的农户,应当先向农村信用社提出使用小额信用贷款的申请,信用社在接到农户的申请后,应当先组织对该农户的信用等级进行评定,并根据评定的信用等级,核定相应数额的信用贷款限额,并颁发《贷款证》,农户凭此证,可直接到农村信用社营业网点办理贷款。以后该农户再需要小额信用贷款时,只要持有该证直接到农村信用社营业网点办理即可。

2. 农户联保贷款

农户小额信用贷款一般是用于满足农户从事简单种植业和养殖业等的资金需求，额度较小。对一些农户从事较大规模的生产和经营活动，需要的资金量超过小额信用贷款限额时，小额信用贷款就无法满足其需要。借鉴国际上的经验做法，人民银行于2000年制定了《农村信用社农户联保贷款管理指导意见》，提出了农户联保贷款的方式。

农户联保贷款是指没有直系亲属关系的3～5户农户自愿组成互相担保的联保小组，农村信用社向联保小组的农户发放贷款。农户联保贷款采取"资源联保、多户联保、依约还款、风险共担"的办法。联保小组的成员相互之间承担连带责任，在借款人不能按照约定归还贷款本息时，联保小组成员应当代为还款。同时，联保小组成员有责任协助小组其他成员的贷款申请、使用、管理。在贷款本息未还清前，联保小组成员不得随意处置用贷款购买的资产。在还清所有贷款的条件下，联保小组成员可以自愿退出联保小组。经联保小组成员一致决定，可以开除违反联保协议的成员，但在开出前应要求借款人还清所欠贷款。联保小组一致同意承担被开除成员所欠贷款的，可以在该成员未还清贷款前开除违反联保协议的成员。农户联保贷款的期限根据借款人生产经营活动的实际周期确定，一般不超过3年。农村信用社可以对联保小组成员的活期储蓄存款利率适当优惠，其利率标准不高于中国人民银行公布的法定活期储蓄存款利率加一个百分点，具体利弊由农村信用社县(市)联社确定，并报人民银行的(市)中心支行备案。

农户联保贷款如何的申请？对农户来讲，只要满足下列条件，都可以申请办理联保贷款:居住在农村信用社的营业区域之内;具有完全民事行为能力,资信良好;从事符合国家政策规定的生产经营活动,并有合法、可靠的经济来源;有与生产经营活动相适应的资金需求并提出借款申请;自愿签订并遵守联保协议。一般来讲,凡是农户较大额度的生产和经营贷款,生产有保障、产品有市场、风险可控制的,都可采取农户联保贷款的方式。具体贷款用途主要有:种植业、养殖业等农业生产贷款;农机具贷款;小型农田水利设施贷款;围绕农业生产的产前、产中、产后服务等贷款;加工、手工、运输、商业等个体工商户贷款以及其他贷款。农户联保贷款可以一次申请、周转使用,也可以按逐笔核贷的办法。①

### (四)农村信用社的债券投资

1.以现金、实物、无形资产向其他单位投资

农村信用社对外投资,按投出时实际支付或者经评估确认的金额计价。农村信用社以实物、无形资产对外投资,按经国家法律、法规的规定对投出的资产进行评估,并按评估确认的价值计价。

2.农村信用社债券投资的种类

根据期限划分,农村信用社的对外投资包括短期投资和长期投资。短期投资是农村信用社购入能够随时变现、持有时间不超过一年的有价证券及其他投资;长期投资是指农村信用社投出的不准备随时变现、持有时间在一年以上的有价证券及其他投资。

---

①　王传言,王红义.制度变迁视角下我国非政府组织小额信贷制度困境及政策分析[J].安徽电视广播大学学报,2008(1).

农村信用社购买的有价证券按经营目的的不同,可以分为投资性证券和经营性证券。投资性证券是指农村信用社长期持有,到期收回本息,以获取利息或股利为目的而购入的有价证券;经营性证券是指农村信用社通过市场买卖以赚取价差为目的而购入的有价证券。

3. 农村信用社购入债券

农村信用社不得将购买证券和投资款计入成本或者营业外支出,也不得挤占应上缴国家的税金。农村信用社购买有价证券,实际支付的价款中包括已经宣告发放股利或应计息的,应该照实际支付的价款,扣除已经宣告发放的股利或应计利息计价。已宣告发放的应收股利或应计利息。应作为其他应收款项。农村信用社购入的投资性证券,按有价证券面值和规定的利率计算应计利息,分期计入损益。农村信用社购入折价或溢价发行的债券,实际支付的款项与票面价值的差额,应在债券到期以前,分期冲减或增加债券利息收入。

4. 农村信用社出售债券

农村信用社出售经营性证券可以采用先进先出法、加权平均法、移动加权平均法等确定其实际成本。计价方法已经确定,不得随意改变。农村信用社出售经营性有价证券实际收到的价款与账面成本的差额,计入当期损益。农村信用社中途出售投资性有价证券的实收款项与账面成本和应收利息的差额,计入当期损益。

5. 租赁业务

农村信用社租赁资产总成本计价,包括租赁资产的价款、运输费、途中保险费、包装费等。农村信用社收取的租赁收入,按规定计入当期损益。办理经营租赁的租赁资产按原价计价，租赁业务中取得的收入，按规定计入当期损益。办理经营租赁的租赁资产按原价计价，租赁业务中取得的收入，按规定计入当期损益。

## 第三节　农村信用合作社的改革与创新要求

### 一、农村信用社制度改革的历史

农村信用合作事业在我国最早可以追溯到隋代，"合会"（又称"摇会"、"邀会"等）是这一时期的重要民间信用形式，一直延续至今1919年，薛仙舟创办"上海国民合作银行"，标志着我国现代信用合作运动的开始。1923年，"华洋义赈救灾会"在河北省香河县创建了我国第一家农村信用社，初衷在于帮助农民发展生产，解决生活困难。1927年，此类信用社已达430家，开始受到国民党政府的扶持和管制，并逐步成为其统治农民的工具。1934年，我国第一个县级信用合作社在河北省深泽县成立。中华人民共和国成立前，国民党统治区的各类合作社已达17万之多，其中，信用合作社约5万多个，占30%；区联社855个，省联社27个。

1935年，中国农民银行成立，目的是调剂农村合作社资金，通过委托信用社及联社发放贷款的方式推动合作社发展。1936年12月颁布的合作金库章程，将合作金库分为全国合作金库、省合作金库和县市合作金库。上级合作金库由下级合作金库自由入股组成，理监事由下级合作金库选举产生，对下级合作金库无强制性指导监督权，各级合作金库均自负盈亏。1948年，全国共有合作金库分库15个、子库22个，遍布全国大部分省、自治区、直辖市，成为分布最广的中央金融机构。与此同时，革命根据地的农村合作金融也得到了发展。第二次国内革命战争时期，为帮助农民解决资金困难，抵制高利贷剥削，在江西革命根据地，由农民自发组建了信用合作社。合作社由工农劳苦群众入股，实行一人一票，受中华苏维埃共和国银行领导。1945 年，解放区共有信用合作组织 880 多个，对打击高利贷、解决农民生产生活困难起到了积极作用。

这一阶段的农村信用社具有区域分割性、互助救济性、自发组织性等特点，是较为典型的合作制，不以盈利为目的。无论在国民党统治区还是在革命根据地，信用合作社最初都是由农民自发组织成立的，目的在于通过资金互助发展生产，解决生活困难。信用合作社得到一定发展后，不同程度地受到了政府的规范、引导或管制。在国民党统治区，信用社主要由地主阶级或代理人管理，具有阶级性；在革命根据地，则由"中央银行"管理，与何宗志的由社员民主管理原则相悖。总的来说，信用合作社的产生是一种诱致性制度变迁，但其发展始终没能摆脱政府的干预和扶持。

1951 年，中国人民银行下发《农村信用合作社章程准则（草案）》和《农村信用互助小组公约（草案）》，明确规定：信用社是农民自己的资金互助组织，不以盈利为目的，组织形式可以多样化，优先向社员发放贷款，银行为信用社提供低息贷款支持。中国人民银行于 1954 年 2 月召开的第一次全国农村信用合作会议，对农村信用社的发展起了巨大的推动作用。1955 年底，信用社达到 15.9万个，吸收入股农户 7600 万户，占到了农户总数的 65.2%，基本达到了"一乡一社"，提前实现了信用合作化目标。1955 年以后，针对信用社存在的问题，按照民主管理健全等标准开展可巩固信用社的工作。1956年，全国已有农村信用社10.3万个，吸收入股农户近1亿户，存款达4.32亿元，贷款达10亿元，生产贷款占到了42.4%。

这一时期的农村信用社，实行社员民主管理，资本金由农民入股，主要为社员的生产生活提供信贷支持，基本保持了合作社的性质。信用社虽然坚持了民办，但理论和组织形式基本仿效欧洲社区合作实践，缺乏与中国农村实际相结合的制度创新。西方的合作经济理论与中国实践的背离，决定了我国农村信用社从出生之时就走上了畸形的发展之路。

1958年，"大跃进"开始，我国进入高度集中的计划经济时期，按西方市场原则确立的合作社的组织管理模式逐步被计划原则确定的人民公社代替。1959年，信用社下放到生产大队，改为信用部，工作人员由生产大队统一管理、盈亏由生产大队统一核算，信用社的作用被大大削弱，正常的信用关系遭到破坏，资金被大量挪用，信用社的业务经营秩序遭到破坏，社员和储户利益受到侵害。1962年底，社员储蓄由1958年末的20亿元下降到了9.7亿元。

1962年11月，《农村信用合作社若干问题的规定》明确指出，"信用合作社是农村人民的资金互助组织，是国家银行的助手，是我国社会主义金融体系的重要组成部分"。这一阶段的农村信用社在改革与发展过程中逐步由民办走向官办，组织管理模式的市场经济原则逐步让位于计划经济原则，计划色彩越来越浓重，信用社原有的多元化资金主体被单一的生产大队经济管理关系取代，在单一的领导关系下，信用社合作组织性质逐渐蜕化变质。

1965年，信用社各项存款48亿元，比1962年末增加20亿元。

1966—1970年间，受“文化大革命”影响，信用社业务状况起伏不定，规章制度遭到破坏，财务混乱，业务一度出现停顿。1970年，信用社由“贫下中农管理”的做法被废止后，业务状况有所好转。1975年，信用社存款由1970年的76亿元增加到了135亿元。

国务院在1977年出台的《关于整顿和加强银行工作的几项规定》中明确指出，“信用社是集体金融组织，又是国家银行在农村的金融机构”。该规定避免了信用社受人民公社和生产大队领导而名存实亡，防止了信用社资金被任意挤占挪用，强化了银行对信用社的领导权。但同时，这种管理体制使信用社严重脱离了社员群众而丧失了集体所有的合作金融组织特点，逐步演变成为国家专业银行在基层的附属机构，最终由“民办”走向了“官办”。

经济决定金融。在特定的社会经济和政治制度下，一定的金融组织形式离不开相应的宏观经济管理体制背景，并与政府的政治目标高度一致。纵观农村信用社1978年以前的改革与发展历程，不难发现，正是社会经济管理体制和经济主体的变迁，导致信用社的经营管理权不断地发生易位，造成信用社由最初的“民办民管”最终走向“官办官管”。由于政治上的原因，农村信用社经历了由地主阶级、人民公社、生产大队、贫下中农、银行管理的体制变迁，由社员民主管理的体制模式在我国从未真正出现过。农村信用社由合作金融组织演变成国家银行的基层机构，是由单一的人民公社集体所有制经济体制决定的。计划经济体制下，国家通过人民公社达到控制和管理农村经济运行的目的，人民公社成为农村的唯一投资主体。单一的投资主体要求单一的金融机构与之相适应，政社合一的体制需要与之性质类似的国家银行等金融机构，而不是农村信用社这样的合作金融组织。

1979年,以家庭联产承包责任制为标志的农村经济改革在全国展开。农村经济体制的变革引起农村的金融需求实现了由集中化向分散化的转变,农村信用社服务对象由社队集体转向分散农户、个体工商户、乡镇企业和各种经济联合组织。农村和农业产业结构的调整引起农户的贷款结构发生变化。过去的农民个人贷款主要用于治病和解决生活困难,但随着土地关系调整及多种经营发展,农户满足经营性自给需要的贷款需求就成为农户金融服务需求的主要内容。农户收入的稳步增长使其对农村金融服务需求的种类增加,由单一的存贷款需求转向结算、汇兑、租赁、信用卡等多元化金融服务需求。

1980—1981年,国家采取了搞活弄灵信用社业务、扩大农村信用社关系经营自主权、理顺农业银行和农村信用社的往来利率关系等一系列改革措施,但始终围绕信用社作为银行基层机构的体制进行,因此改革没有取得实质性进展。

1982—1984年,以恢复信用社"三性"为主要内容进行改革。1984年,国务院明确提出要把农村信用社真正办成群众性合作金融组织,在农业银行的领导、监督下,独立自主地开展存贷业务,并成立了由其控制的县联社。譬如:吸收农民入股,取消入股数量限制,按盈余对股民分红,恢复社员代表大会制度及干部选举制,改农业银行对信用社的指令性计划为指导性计划,建立县联社领导基层信用社等。这一时期,920个县的信用社实行了浮动利率,提高了资金使用效益;1136个县成立了县联社,扩大了经营自主权,在体制和资金关系上增强了信用社的独立性。1985年以后,我国取消了农业银行对信用社的亏损补贴，理顺了农业银行与信用社的业务关系，信用社开始独立经营、自负盈亏。

20 世纪 90 年代初期，农业产业结构和农村经济结构的调整，促进了乡镇企业和农村第二、三产业的迅猛发展，非农产业发展成为农村经济新的增长点。与此相适应，农村金融机构的服务对象也逐步由农业转向非农产业。相对于农业而言，非农产业的资金需求规模大、周期长。鉴于农村金融机构的现有贷款规模和管理方式不能适应新业务的需求，农村大量的非正式金融机构，如农村合作基金会、乡镇企业基金会、农民储金会应运而生，并导致民间借贷市场日益活跃，高利贷现象严重，农村金融市场发展陷入混乱。特别是 1992 年以后，各地逐步兴起“开发热”和“达标热”，不切实际的“政绩工程”和“面子工程”，使得地方政府纷纷介入农村金融市场，集资、高息吸储、行政指令性贷款等，进一步加重了农村金融市场的混乱。为了治理和理顺农村金融市场秩序，中央于 1996 年推动了新一轮的农村金融体制改革。

1996 年 8 月 22 日，国务院《关于农村金融体制改革的决定》，开始实施以农村信用社管理体制改革为重点的新一轮农村金融体制改革。首先，农村信用社与农业银行脱离行政隶属关系；其次，由农村信用社县联社和中国人民银行承担对农村信用社的业务管理和金融监管；最后，按合作制原则对农村信用社进行规范。根据中国人民银行重新发布的《农村信用合作社管理规定》和财政部《金融保险企业财务制度》，我国对农村信用社现有的股权设置、民主管理、服务方向、财务管理等进行规范。一是改变由单一股权结构，增加团体股，吸收农户、农村集体经济组织和农村信用社职工入股，适当充实股本；二是建立健全社员民主管理制度，实行“一人一票”制，充分发挥社员代表大会、理事会、监事会的积极作用；三是坚持主要为社员服务的方针，优先安排对农村种养业的贷款，对本社社员的贷款不少于全部贷款金额的50%；四是按规定交纳准备金，留足备付金，资金运用实行资产负债比例管理，多存多贷、少存少贷、瞻前顾后、合理调剂。

《关于农村金融体制改革的决定》允许在城乡一体化程度较高的地区将已经商业化经营的农村信用社组建成农村合作银行，部分省市可于1996年下半年进行试点。农村合作银行是按照《商业银行法》要求设立的股份制商业银行，设在县级市，由所在县(市)财政、各类企业及居民个人依法投资入股组成；实行一级法人制度，资本金不少于5000万元，固定资产贷款不得超过贷款总额的30%；主要为农业、农产品加工业及农村其他各类企业服务。农村合作银行组建后，原农村信用社法人资格取消，作为农村合作银行的分支机构开展业务；不加入农村合作银行的农村信用社，要办成真正的合作金融组织。①

## 二、当前农村信用合作社发展的主要障碍与创新要求

党的十六届五中全会提出了构建社会主义新农村的宏伟蓝图。作为一直以农村市场为主阵地的农村信用社，如何抓住机遇，迎接挑战，从战略的高度做好农村市场的布局，全面提升自身的综合竞争力，不断巩固和扩大农村阵地，真正实现农村金融主力军的

① 李一志，李艳芳. 农村金融财政[M]. 北京：中国金融出版社，2004.

作用，已成为当前农村信用社的首要任务。而近年来，农村信用社虽然在改革中不断发展壮大，却仍然存在着一些不足。

（一）农村信用社发展中存在的不足

1. 人力资源丰富，人才资源匮乏

一方面，大多数农信社的网点都有 5 人以上，但在从业人员当中，第一学历是全日制大专以上的，占比却很少。同时，各营业网点一线人员年龄结构相对偏大，对新鲜事物的适应能力明显滞后，真正精业务、懂技术、高素质、富有开拓精神的人才屈指可数。另一方面，人缘优势突出，但优质客户资源不足。长期以来扎根农村，农信社与地方建立了深厚的人缘亲和力，培育起一支以广大农民、个体工商户、农村集体经济组织为主的客户群。但面对弱质产业的农业、弱势群体的农民，农信社现有的客户群中，优质客户比重极低。

2. 网点资源丰富，网络资源不足

一方面，农信社作为地方金融的主力军，其网点布局往往以撒网式进行，一般每个乡镇都有一到两个网点，比较繁华的乡镇，网点数目甚至多达十多个。丰富的网点资源对网罗客户起到了较好的作用。但由于农信社普遍存在服务手段落后、结算渠道不畅的弱点，地区发展差异性大（如有的农信社已自主开发了卡业务，但也有的农信社仍停留在单机操作水平）等因素，规模性业务开发的网络资源极端缺乏。另一方面，传统业务操作系统完善，新业务发展平台尚未建立。经过多年的发展，目前农信社在传统的综合业务系统网络上与商业银行的差距已大为缩小，但涣散的经营机制使大规模业务开发缺乏统一的平台，各自为政的做法，往往增大了开发的成本、增加了统一的难度、增大了地区的差异。

3. 当地信息来源丰富,同业信息共享存在壁垒

深厚的人缘、地缘优势,给农信社广泛收集地方信息提供了条件。但与同业间网络的等级差别,影响了农信社与同业之间的信息沟通,进而对拓展新业务的资源共享、风险防范等产生了负面的影响。竞争压力较小,创新动力不足。由于当前农信社在农村中的"垄断"优势,使农信社的竞争压力相对较小,从而形成一种自得情绪,严重影响了竞争意识、竞争氛围的形成。

(二)农村信用社改革的方向

新农村建设是一项涉及到农村经济、政治、文化等全方位的工作,需要全社会的共同关注和共同开发。其中,"生产发展、生活宽裕"作为新农村建设的经济基础,必然要求在建设的初期有大量的资金投入,而这个投入单纯依靠政府是不可能实现的。为此,国家通过行政杠杆及财税优惠等手段,干预、引导各方面的资金汇聚到农村市场。这些优惠政策包括两个方面。(1)取消农业税。2005年12月29日,十届全国人大常委会第十九次会议通过决议:农业税自2006年1月1日起废止。税负的减轻,从另一个方面增加了农民的收入。(2)逐步增加对农村的财政投入。2005年12月29日,全国农村工作会议提出了"三个高于"原则:2006年国家财政支农资金增量要高于上年,国债和预算内资金用于农村建设的比重要高于上年,其中直接用于改善农村生产生活条件的资金要高于上年。"三个高于"原则的提出,标志着"工业反哺农业,城市反哺农村"将不再是一句空话。

另外,要以优惠财税政策引导各方资金流入农村市场。根据

中央《关于推进社会主义新农村建设的若干意见》,各地相继对农业龙头企业、农村个体经营户等出台了所得税收减免政策,并采取财政贴息、财政补贴银行贷款的方式,吸引工商企业和社会闲散资金投入。同时,各地也开始积极探索建立农业风险补偿机制、完善农村保险体制等,通过社会保险方式解决农民后顾之忧,减轻财政负担。面对以上情况,农村信用社应充分利用新农村建设的优惠政策和良好环境,不断增强综合竞争力,巩固扩大农村市场,实现地方、农信、农民“三赢”。①

### (三)农村信用社的制度创新要求

随着四大国有商业银行逐步从县域经济以下撤退,农村信用社日益成为农村金融市场最主要甚至是唯一的金融机构。截至2003年6月末,全国农村信用社共有法人机构34909个,其中信用社32397个,省级联社6个,市级联社65个,县级联社2441个;各项存款余额22330亿元,占金融机构贷款余额的10.8%。农村信用社共发放农业贷款6966亿元,占金融机构农业贷款总额的83.8%,比1996年增加5479亿元,所占比重由23%上升至43%。在农业贷款中,对农户贷款5552亿元,其中,小额信贷1141亿元,农户联保贷款458亿元。然而由于种种原因,农村信用社在发展过程中面临着诸多问题,举步维艰,许多信用社长期亏损甚至资不抵债。2002年末,农村信用社不良贷款余额达到5147亿元,占贷款总额的37%;共有亏损社11901家,占机构总数的33.5%;共有

① 陈恩江,刘西川.中国非政府小额信贷和农村金融[M].杭州:浙江大学出版社,2007.

资不抵债社 19542 家，占总机构数的 55%；历年亏损挂账达 1313.92 亿元。从 2003 年起，国家开始对农村信用社进行了多个方面的改革。这次推行的改革是迄今为止力度最大、范围最广、程度最深的一次改革。

针对当前信用社自身建设及为"三农服务"方面存在着的产权不明晰、法人治理结构不完善、经营机制和内控制度不健全、管理体制不顺、管理职权和责任不明确、历史包袱沉重、资产质量差、经营困难、潜在风险大等一系列问题，2003 年 6 月 27 日，国务院出台《深化农村信用社改革试点方案》，按照"明晰产权关系、强化约束机制、增强服务功能、国家适当支持、地方政府负责"的总体要求，开始在浙江、山东、江西、贵州、吉林、重庆、陕西和江苏八个省、直辖市率先进行以管理体制和产权制度为核心的农村信用社改革试点。一是以法人为单位，改革信用社产权制度，明晰产权关系，完善法人治理结构，区别各类情况，确定不同的产权形式；二是改革信用社管理体制，将信用社的管理交由地方政府负责，具体内容包括五个方面，分别是明确产权关系，区别对待，妥善处理信用社历史包袱；根据实际情况，采取适宜的产权形式；因地制宜确定信用社的组织形式；银监会及地方政府各司其职，分别负责对信用社进行金融监管和行业管理；国家对试点地区的信用社予以政策扶持。①

① 杜晓山，张保民，刘文璞，等. 中国小额信贷十年[M]. 北京：社会科学文献出版社，2005.

# 第四章　农村金融主要形式——小额贷款公司

## 第一节　小额贷款公司的概念

按照国际通行定义，小额信贷是指向低收入群体和微型企业提供的额度较小的持续信贷业务，其基本特征是额度较小、服务于贫困人口、无担保、无抵押。小额信贷可以由商业银行、农村信用合作社等正规金融机构提供，也可以由专门的小额信贷机构（或组织，简写MFI）提供。在目前金融危机、国家拉动内需的背景下，小额贷款公司通过提供货币支持，可以改善低收入人群的资金状况，进而增加社会整体的有效需求，带动社会投资生产和国民经济发展。

### 一、小额贷款公司的发展历程与制度意义

#### （一）小额贷款公司的基本概念

小额贷款是一种为引导资金流向农村和欠发达地区，改善农村地区金融服务，促进农业、农民和农村经济发展，支持社会主义新农村建设的信贷服务方式。小额贷款既是一种重要的扶贫方式，更是一种金融服务的创新。

2008 年 5 月，中国银监会与人民银行联合发布了《关于小额贷款公司试点的指导意见》（以下简称《指导意见》），希望为中小企业的融资另辟蹊径，并试图将多年来现实存在的民间借贷市场纳

入合法、规范的轨道。根据《指导意见》的规定，小额贷款公司是由自然人、企业法人与其他社会组织投资设立，不吸收公众存款。经营小额贷款业务的有限责任公司或股份有限公司，在法律、法规规定的范围内开展业务，自主经营、自负盈亏、自我约束、自担风险，其合法的经营活动受法律保护，不受任何单位和个人的干涉。小额贷款公司的注册资本来源应真实合法，全部为实收货币资本，由出资人或发起人一次足额缴纳。其中，有限责任公司的注册资本不得低于500万元，股份有限公司的注册资本不得低于1000万元；并且单一自然人、企业法人、其他社会组织及其关联方持有的股份，不得超过小额贷款公司注册资本总额的10%。小额贷款公司的主要资金来源为股东缴纳的资本金、捐赠资金，以及来自不超过两个银行业金融机构的融入资金，其中从银行业金融机构获得融入资金的余额，不得超过资本金额的50%。融入资金的利率，现由小额贷款公司与相应银行业金融机构自主协商确定，利率以同期《上海银行间同业拆放利率》为基准加点确定。

小额贷款公司如何定位？小额贷款公司是从事放贷业务的企业法人，由于企业法人的逐利性，极易偏离开办宗旨。在当前产业政策性保险严重缺乏的情况下，小额贷款公司在利益的驱使下，很难实现“从一而终”的既定经营理念，当它发展到一定阶段，有可能会逐渐偏离服务方向，寻求新的市场定位。因此，如何从制度上确保小额贷款公司的合法存设与稳健运行，应做认真的探讨。

银监会在《指导意见》中将小额贷款公司认定为企业法人，但没有指出是属于金融性企业还是非金融性企业。有观点认为，小额贷款公司应界定为非银行金融企业。小额贷款公司不是银行机构，因为它不具有传统银行业所应具有的吸储功能；但小额贷款公司应属于金融性企业，因为它以营利为目的，经营放贷业务。这种非银行金融企业的性质定位，决定了其存设与监管不同于一般性的商事组织，应纳入金融监管的范畴与体系。

目前，无论是银监会的《指导意见》，还是各省市的一些规范性文件，对小额贷款公司的监管主体的规定并不统一。有一种观点认为，由于小额贷款公司的定位决定了其不能吸收存款，加上其业务范围主要局限于当地，因此，地方政府部门应是合适的监管主体。也有观点认为，由于政府部门内的试点管理办公室不具有行政主体资格，监管容易形式化和虚拟化，作为非银行金融机构，对其机构和业务的监管应由银监会来行使，立法及相关规章应赋予银监会以监管职权。①

### （二）小额贷款公司的发展历程

1. 小额贷款公司的起源

小额信贷于1976年在孟加拉国首先推行，近年来得到国际组织认可，并向发展中国家推荐。鉴于小额信贷在扶贫和经济发展进程中的巨大作用，联合国把2005年定为世界小额信贷年。2006年10月13日，孟加拉的乡村银行创始人穆罕默德·尤努斯教授因为“社会底层推动经济与社会发展”的努力荣获2006年的诺贝尔和平奖，这也充分证明了国际社会对扶贫事业和对小额信贷在扶贫进程中所起作用的高度重视和肯定。

① 吴伟. 论我国小额贷款公司的法律制度构建[D]. 武汉：华中科技大学硕士学位论文，2010.

我国小额信贷也有10多年的试验和探索。最早是一些国际组织和非政府组织,他们在我国的扶贫或者农村发展项目中已有小额信贷的内容。农业银行和农业发展银行也均开办有小额信贷业务或者小额信贷扶贫业务。1993年,中国社科院农村发展研究所首先将孟加拉国乡村银行模式的小额信贷引入中国,成立了“扶贫经济合作社”,并首先在河北省的易县、河南省的虞城县和南召县、陕西省的丹凤县建立了小额信贷扶贫社。从1995年开始,联合国开发计划署(UNDP)和中国国际经济技术交流中心在我国17个省的48个县(市)推行以扶贫等为目标的小额信贷项目。开发计划署后来又在天津和河南的部分城市开展了针对下岗职工的城市小额信贷项目。随后,还有一些国际组织相继在我国开展了一些小额信贷项目。这些小额信贷项目都采用了国际上成功的小额信贷所采用的一些贷款方式,如小组担保、分期还款、贷给妇女、动态激励等。从项目覆盖的县数和资金投入总量来看,在国际多边和双边捐赠机构中,国际农发基金、联合国开发计划署(IJlNDP)、联合国儿基会、联合国人口基金组织和澳发署是最重要的捐赠机构。1997年10月,中国人民银行要求农村信用社对农户发放的贷款不低于50%,对农户小额信贷可采用信用贷款,无需担保、抵押。中国农村小额信贷还包括主要依靠财政资金,通过妇联、总工会、残联等实施的小额信贷。

这一时期的小额信贷,资金基本上完全依赖国内外捐赠,以国际捐赠为主,贷款本金、运作费用、技术支持费用基本靠捐赠和部分地方政府投入。这就使小额信贷机构和项目的管理、运行和模式均受到捐赠机构和当地政府的影响。捐赠机构当时的捐赠目标主要是扶贫和社会发展，没有将小额信贷机构的可持续发展作为项目的重点。另外，大多数的项目没有后续资金安排，在不可持续的情况下，也难以争取进一步的投资。①

2. 小额贷款公司的发展现状

自从全球性的金融危机爆发以来，我国经济发展的外部环境也发生了深刻的变化，间接地给小额贷款公司的发展带来了影响。一是信贷风险加大。金融危机导致企业经营效益大幅下滑，停产、减产企业增多，而小额贷款公司针对的小企业受到的冲击尤为严重，这给小额贷款公司的风险防范带来了严峻的考验。二是自身稳定性下降。在金融危机的影响下，小额贷款公司股东自身的资金链趋紧，导致其对投资于小额贷款公司的资金回报预期发生变化。三是利润空间降低。2011 年下半年以来，国家货币政策逐渐放宽，央行多次下调基准利率。与此相对应的小额贷款公司的贷款利率上限直线下降，盈利空间受到挤压。为了确保小额贷款公司的试点成功，又要实现小额贷款公司的可持续发展，因此，必须在发展机制上进行完善。

目前我国小额信贷大体上可以分为十几种类型，其中主要包括：大银行提供的下岗失业担保贷款、助学贷款和扶贫贷款；农村信用社的小额贷款；已存在的 100 多个非政府小额信贷组织；由邮政储蓄银行开展的存单小额质押贷款。除此之外，还包括银监会试点的民间资金互助组织和村镇银行进行的小额信贷，以及面向农村地区中低收入人群开展小额信贷的小额贷款公司等形式。

---

① 何红霞. 小额信贷在中国的发展路径研究[J]. 西北师范大学学报，2008(2).

从2005年5月开始，中国人民银行推动了贵州、四川、山西、陕西、内蒙古五省（区）由民营资本经营的"只贷不存"小额贷款机构的试点。2005年12月27日，山西省平遥县晋源泰小额贷款有限公司和日升隆小额贷款有限公司同时诞生，注册资本分别为1600万元和1700万元。2006年4月10日，注册资本2000万元的四川省广元市中区全力小额贷款有限公司开业。贵州省江口县注册资本为3000万元和内蒙古东胜注册资本为5000万元的小额贷款公司也于2006年8~9月开始运营。贵州省和内蒙古自治区小额贷款机构的试点，因为有亚洲开发银行的技术支持，是从小额贷款的市场空间调研开始的。亚洲开发银行在精心设计小额信贷机构运作的基本制度框架后，通过国内外公开招标形式选定经营权的拥有者。由于农村小额贷款市场的广阔空间和潜藏的巨大商机，以及在一定时期内可以享受到的税收等优惠条件，小额贷款公司招标吸引了众多的投资者。2006年3~5月，在内蒙古鄂尔多斯市东胜区小额贷款机构经营权招投标过程中，甚至出现了13个投标群体激烈竞争的场景。山西平遥、四川广元、贵州江口小额贷款机构经营权招投标过程中，竞标群体也分别达到5个、2个、2个。这充分显示出民营资本对"只贷不存"小额贷款机构的投资热情。①

### （三）小额贷款公司对体制外金融创新的意义

近年来，从紧的货币政策使得企业的资金明显吃紧，虽然中央规定从紧的货币政策"有保有压"，但从实际操作来看，其带来的影

① 何广文."只贷不存"机构运作机制的特征与创新[R].中国农业大学农村金融与投资研究中心研究报告，2010.

响还是比较大。大批中小企业受到生产成本上升、人民币升值、外部融资困难等几方面因素夹击，生存和发展正在面临重大挑战。在这种情况下，民间借贷获得了较好的生存条件，他们通过地下钱庄的形式，借贷利率甚至高出银行同期贷款基准利率数倍。

然而，民间信贷是一把"双刃剑"，一方面，其对解决很多方面的资金急需，弥补金融机构信贷不足，转移和分散银行的信贷风险，加速社会资金总量的扩充、流动，起到了拾遗补缺的积极作用。因此，其存在是具有客观必然性的，特别是实施从紧的货币政策后，不少企业资金链紧张甚至断裂，更为民间融资的发展提供了条件。但另一方面，民间信贷处于松散、盲目、缺乏规范的状态，这又会给国家宏观经济运行及调控造成冲击，包括造成大量资金体外循环、不利于经济结构调整、影响国家利率政策实施等；还可能扰乱正常的金融秩序，甚至酿成相当大的金融风险，包括袭扰正规信贷市场，妨碍中央银行现金管理及货币政策的执行效果。爆发于2011年10月中下旬的温州老总纷纷"跑路"事件便是源于此，因此，官方对于民间信贷一直采取打压的策略，导致其虽然长期存在，却始终被排除在合法金融之外。

小额贷款公司的成立有利于为解决这一矛盾探索一条切实可行的路径。一方面，小额贷款公司可以疏导、吸收民间资本，规范民间信贷，压缩地下金融生存空间，实现民间信贷和正规金融的对接。经过多年的发展，沿海发达地区积累了大量的产业资本，这些规模庞大的资本正在四处寻找出路。小额贷款公司则为此打开了一条出路。劳动密集型产业利润空间压缩，很多企业无奈之中关门歇业，要实现产品、产业结构升级，需要技术积累和市场调研。

因此，短期内很多民间资本从传统产业退出后再积极寻求新的出路，小额贷款公司刚好为产业资本的转型提供了机会。

政策规定，经营较好的小额贷款公司可以获得优先推荐，进一步发展为村镇银行。这一诱人前景为众多民间资本设定了转变为合法金融资本的路径。同时，小额贷款公司又可以促进金融市场竞争，深化金融体制改革，提高资金配置效率，解决当前资金供求矛盾。当前银行贷款"垒大户"的现象非常普遍，特别是面对信贷紧缩政策，各金融机构只要不突破紧缩政策所要求的规模上限，就会尽可能地把贷款向大客户倾斜。这造成了一些中小企业、农村地区缺乏资金，生产发生困难。通过积极引导民间资本进行"输血"，可以改善上述问题，提高金融体系配置资金的效率。①

小额贷款公司的创立，为民间借贷"阳光化"带来了新的契机，对于引导民间资本，解决中小企业、农村地区贷款难等问题具有重大意义。

小额贷款公司的目的是为了更好地解决中小企业贷款难的问题，同时也为组建民营中小银行提供有益经验。当前国际经济环境不断恶化，国内劳动力和原材料成本不断上升，在信贷从紧的宏观经济环境下，我国大批中小民营企业出现了亏损，导致中小企业发展面临许多困境，而资金缺乏则成为中小企业发展中的最大障碍。研究表明，中小企业有最强烈的资金需求。中小企业发展需要强有力的金融支持，但是我国以大银行为主的金融机构一般不适合为中小企业服务，中小企业融资难的问题就出现了。由于金

---

① 郭田勇，陆洋. 当前发展小额贷款公司的困境与对策[J]. 农村工作通讯，2008(19).

融机构给不同规模的企业提供金融服务的成本和效率是不一样的，因此，中小金融机构非常适合为中小企业融资服务。国内外许多学者都研究过中小企业融资难的问题，但是大多数文章在很大程度上都是从企业的角度出发研究融资问题，目前还很少有文章来专门探讨市场化的中小金融机构问题。小额贷款公司是一种市场化的中小金融机构，它的成立不仅拓宽了中小企业融资的渠道，而且也表明我国金融业对内开放有了实质性的进展。

小额贷款公司作为一种服务于“三农”的贷款服务组织，符合中央关于完善农村金融体系规划方向，符合农村金融发展的实际，符合广大农民群众的利益。它对于发挥市场的资源配置，引导农村金融创新，规范民间融资，增加农村金融供给，解决农民贷款难，建设社会主义新农村，具有十分重要的积极作用。在国际金融危机蔓延的当前形势下，更要继续围绕完善农村金融体系、服务“三农”的宗旨，开拓创新，开创出多层次、广覆盖、可持续的“金融反贫困”小额贷款公司的发展之路。

## 二、小额贷款公司的特点、优势与面临的困境

### （一）小额贷款公司的特点

1. 小额贷款公司与商业银行的比较

商业银行与小额贷款公司虽然都属于公司法人，均为放贷业务，但二者之间还是有着明显的差异性。

（1）二者设立的程序不同。申请设立小额贷款公司的审批机关是省级金融主管部门，在提出正式申请并得到批准后，申请人可以到当地工商行政管理部门办理注册登记手续、领取营业执照。

根据《指导意见》，申请人在工商登记后，只需向银监委派出机构中国人民银行分支机构和地方公安机关报送申办资料，而不需要得到银监机构的批准。与此不同，设立商业银行首先必须得到国务院银行业监督管理机构的批准，然后到地方工商部门办理注册登记、领取营业执照。

（2）二者设立的条件不同。小额贷款公司的设立对投资主体和注册资本有具体要求，除此之外，对营业场所、经营人员资格、安全防范措施等条件没有特别规定；设立商业银行的条件则苛刻的多，除按照公司法规定应具备章程、注册资本限额要求之外，对于从业人员资格和任职条件等也有具体规定，比如有专业知识背景和业务工作经验的高级管理人员、董事；健全的管理制度和组织机构；符合要求的设施设备、营业场所、安全措施等。

（3）二者资本金的要求不同。对小额贷款公司而言，注册资本为实收货币资本，要求由发起人或出资人一次性足额缴纳。根据《指导意见》，有限责任公司型小额信贷公司的注册资本金不得低于 500 万元、股份有限公司型的注册资本金不能低于 1000 万元。同时，由单一自然人、企业法人或者其他社会组织及关联方持有的公司股份不得超过注册资本金总额的 10%。从商业银行设立的要求来看，注册资本金应当是实缴资本。全国性商业银行设立资本金的最低限额是 10 亿元人民币、城市商业银行设立资本金的最低限额为 1 亿元人民币、农村和小城镇商业银行设立资本金的最低限额为 5000 万元人民币。

（4）二者从事的业务领域不同。小额贷款公司只从事放贷业务，而商业银行可以全面从事法定金融业务。根据我国《商业银行法》的规定，商业银行可以从事的业务范围包括特定业务、传统业务、金融服务性中间业务以及经中国人民银行批准的其他类型业务共四大类。

(5)二者的资金运用要求不同。小额贷款公司坚持“小额、分散”的放贷原则，政策鼓励小额贷款公司面向低收入群体，尤其是向农户和小型企业提供信贷支持。《指导意见》明确规定，同一借款人的贷款余额以小额贷款公司资本净额的5%为上限。关于贷款利率，其上限可以在法定范围内自由确定，下限为国家贷款基准利率的0.9倍。相对而言，商业银行贷款的法律限制非常严格，比如关于资产负债比例方面，其资本充足率不得低于8%、存贷款余额之比不得超过75%、流动性资产与负债余额比例不能低于25%、同一借款人的贷款余额与银行资本余额比例不能超过10%等。

2. 小额贷款公司与财务公司的比较

财务公司一般是由大型企业集团投资成立，是为本集团提供金融服务的非银行金融机构。目前全国100多家企业集团中有近一半设立了财务公司，与成立结算中心的比例一样。中国人民银行1996年出台《财务公司暂行管理办法》，随后在1997年颁布《加强企业财务公司管理问题的通知》；中国银监会2000年下发《企业集团财务公司管理办法》，2004年对该《办法》进行修订后重新下发。这些规范性文件对财务公司的基本功能和运营进行了明确的界定，它与小额贷款公司的差别表面在几个方面。

(1)二者设立目的不同。小额贷款公司的目的是为分散的中小企业和农村、小城镇居民提供贷款业务，不具备金融中介和投资功能;企业集团财务公司的业务面要宽泛的多,包括为集团成员提供投资、融资、金融中介等。央行允许财务公司从事同业拆借、境外借款,也允许其独立发行企业金融债券。财务公司还可以直接办理集团成员单位产品的融资租赁、有价证券投资、消费和买方信贷、金融机构和集团成员单位的股权投资项目。此外,财务公司还可以办理其集团内部的委托投资和贷款,承销内部单位企业债券,从事代理、咨询、信用签证和担保。

(2)二者设立的条件不同。小额贷款公司的设立条件相对较低一些,同时,现有规定只对小额贷款公司本身设立条件做出了要求,对设立者则没有特别规定。银监会2004年在《企业集团财务公司管理》中对财务公司的设立人做出了严格的限定。首先要求符合国家的产业政策;其次是申请前一年,设立公司的注册资本金不得低于8亿元、成员单位资产总额50亿元、净资产率在30%以上;申请前连续两年,其成员单位营业收入额不低于40亿元/年、成员单位税前利润额不低于2亿元/年;此外,对于集团公司内部财务管理、公司法人治理结构、违规行为和诚信记录等都有规定。

(3)二者从事的业务领域不同。小额贷款公司业务领域由央行确定、商务部审议,只能从事放贷业务,禁止从事其他金融性业务。财务公司业务范围的主要限制在于,其服务对象只包括集团公司成员单位,除此之外,可以广泛开展银监会批准的金融服务业务。

(4)监管要求不同。小额贷款公司因为没有直接的立法依据,目前监管体制并不完善。银监会2004年在《企业集团财务公司管理办法》中,基于财务公司内部金融机构的属性对其提出了严格的监管要求。

3. 小额贷款公司与典当行的比较

典当以其便利、快捷的优势适应了中小企业的融资需求，它与小额贷款公司都具有法人资格，而且同属非银行性质的金融组织。二者都不能从事存储业务，但可以通过各自渠道发放贷款。除了共性之外，二者的制度差异也十分明显。

(1)二者设立的要求不同。典当业需向工商部门登记注册，领取营业执照和《典当经营许可证》，然后到公安机关登记，申领《特种行业许可证》。其最低限额的注册资本为300万元，从事房产抵押的为500万元。有限责任公司型小额贷款公司注册资本为500万元以上，股份有限公司不低于1000万元。

(2)二者的业务活动方式不同。典当不同于贷款业务，严格意义上讲，典当业是以不动产抵押或动产质押为条件的贷款活动。小额贷款公司从事的还是传统意义上的贷款业务。在具体经营活动中，典当以质物保证为依据，业务对象没有限制。小额贷款公司则大都比较固定。

(3)二者的利率差异性不同。现行政策规定，典当行的典当利息根据人民银行同档次贷款利率计收，其综合费用的计收在动产质押中的月费率以当金的4.2%为上限、房地产抵押时上限为当金的2.7%。小额贷款公司的贷款利率高于农村和小城镇信用社，也高于典当行，其上限为人民银行基准利率的4倍。

(4)二者的纠纷处理方式不同。典当业务以"绝买"作为纠纷处理手段；小额贷款公司通常按贷款合同来处理纠纷。①

① 吴伟. 论我国小额贷款公司的法律制度构建[D]. 武汉：华中科技大学硕士学位论文，2010.

## (二)小额贷款公司自身的优势与困境

和银行相比,小额贷款公司具有自身的优势。对银行来说,一般小额贷款的单笔贷款都比较少,而且由于不够贴近基层,运作成本很高,风险大,因此开展此项业务的动力不足。相比之下,小额贷款公司的门槛较低、机制灵活、手续简便、放款速度较快,具有无抵押、免担保等优势。并且民营资本当家的小额贷款公司,本身就是从中小企业中来,所以更加贴近中小企业,具有较强的金融资本与商业资本的粘合能力。尤其是在风险控制方法的多样性方面,小额贷款公司超过传统的商业银行。然而,小额贷款公司的发展也面临着许多困境,这些困境在很大程度上制约了其长远发展,主要体现在几个方面。

1."只贷不存"造成资金来源极窄

小额贷款公司寻求长远发展绕不开的一个难题就是资金问题。尽管已经成立的小额贷款公司拥有的注册资本不小,有一定的资本积累,并且投资者也有进一步扩大投资规模的打算。但是,"只贷不存"的政策条件以及对于股东人数规模的控制,会导致其融资渠道的有限性,最终陷入资金短缺的困境也就成为一种必然。以目前的规定,小额贷款公司根据相关的指导意见,其主要资金来源为股东缴纳的资本金、捐赠资金和来自不超过两个银行业金融机构的融入资金。小额贷款公司在经营过程中,若有非法集资、变相吸收公众存款等严重违法违规行为,将吊销营业执照,追究公司主要负责人的法律责任。因此,不能吸纳存款相当于一条腿走路,由于资金不足,导致无法根据市场需求制定发展规划。这样,小额贷款公司的发展就受到严格制约。

2. 小额贷款公司的风险控制问题

小额贷款公司要保证商业上的可持续性,首要的问题就是控制贷款风险,尽量降低呆坏账比率。小额贷款公司的风险控制是否到位,首先取决于对借款人信用的了解程度。对借款人信用的了解越彻底,就越能有效地降低贷款前的逆向选择和贷款后的道德风险行为。这就需要小额贷款公司有足够的风险评估技术,而在这方面,目前的小额贷款公司还难以做到。其次,金融是一个知识密集型的服务行业,人才是金融的灵魂。由于小额贷款公司业务的单调,无法从外界吸引有知识技能的人才,经营管理水平难以提高,风险得不到有效控制。这是阻碍小额信贷组织健康发展的最大难题。同时,小额贷款公司的风险控制还涉及贷款的担保品和抵押品的问题。缺乏抵押担保品,使得小额贷款公司的贷款风险加大,这直接影响到未来的可持续发展。最后,现有存款类金融机构背后大多有政府支持,在出现经营风险或亏损时,政府会通过不同的措施进行救助,却尚无明确的对应措施。

3. 放款限制较多

一方面利率受到限制。民间借贷的高收益是吸引小额贷款公司的原因之一,但小额贷款公司被纳入正规监管渠道,其借贷利率还要受到"红线"的限制,实际收益也要受到一定影响,甚至可能无法完全覆盖运营风险。目前按照《通知》规定,小额贷款公司贷款利息不得超过银行基准利率的4倍,现在温州民间拆借年利率为30% ~36% ,甚至更高,小额贷款在20% ~28%之间,银行贷款的最终成本也将达至11% 。小额贷款公司的盈利空间受限,但坏账和操作风险却没有减少。小额贷款公司面临的客户往往是大型银行认为"不屑"、"不良"、"高风险"者,风险较大,理应执行更高的利率以覆盖风险,否则就有可能亏损。另一方面从发放对象来看,当前浙江省政府特别强调,小额贷款公司须按照"小额、分散"的原则发放贷款,70%资金应发放给贷款余额不超过50万元的小额借款人,其余30%资金的单户贷款余额不得超过资本金的5%,小额贷款公司不得向其股东发放贷款。这一系列限制也会制约小额贷款公司的盈利空间。

4. 缺乏完善的法律法规和成熟的监管体系

缺乏完善的法律法规和成熟的监管体系制约了小额贷款公司的进一步发展。我国目前对发展非政府组织小额信贷还处于摸索试点阶段,还没有一整套法律框架来界定非政府组织小额信贷的法律地位,也没有系统的监管框架对非政府组织小额信贷实施有效的监管。现行的《商业银行法》不能覆盖小额贷款公司,小额贷款公司适用的法律法规很不健全。首先是定位不明。目前的小额贷款公司是依据《公司法》成立的企业,并不涵盖在《商业银行法》的范围之内,但是从事的业务却是金融类服务,这种定位的模糊为其日后的发展增加了很大的不确定因素。其次,担保物和反担保物的设置、处置、质押、抵押等,都没有具体规定,基本上就是一种信用型的放贷。而在目前我国信用体系尚未建立健全的情况下,信用型贷款的风险是相当大的。再次,从监管方面来看,根据央行、银监会既定的改革思路,双方于2012年5月联合发布《关于小额贷款公司试点的指导意见》称,只贷不存的小额贷款公司无需接受银监会的审慎监管,可由省政府指定省金融办或相关机构负责试点,负责对小额贷款公司的监督管理,并承担试点失败可能出现的风险处置损失。目前,温州市规定由温州市政府金融办、工商局、公安局、人民银行温州市中心支行和温州银监分局对小额贷款公司进行共同监管,他们将分工监管小额贷款公司是否出现非法集资、吸收或变相吸收公众存款等违法违规行为。这种多部门的多头监管有可能造成监管的真空,其效果有待时间的检验。最后,小额贷款公司也没有办法进行金融维权。现在国有金融机构享受司法机关的无偿服务,但是,将来司法机关能不能对民营的小额贷款公司一视同仁,就很难说了。如果是有偿服务,势必增加小额贷款公司的经营成本,使其承受更大的压力。

5. 小额贷款公司日常经营和股东利益的协调

目前,小额贷款公司的运作没有成熟的经验和模式可以借鉴,可以说是“摸着石头过河”,对于公司日常经营活动和股东利益协调等方面都没有成熟的规定,很可能会出现问题。例如,如果贷款公司被发起人或者某些股东所操控,则有可能出现偏向发起人或者股东的贷款集中或关系贷款。在前期试点的过程中,就发生过股东之间由于类似的原因而造成股东之间纠纷,影响了小额贷款公司的发展。①

## 三、小额贷款公司的可持续发展与商业化转型

### (一)小额贷款公司的可持续发展问题

从宏观、中观、微观三个层面对商业性小额信贷的发展进行研

① 郭田勇,陆洋. 当前发展小额贷款公司的困境与对策[J]. 农村工作通讯,2008(19).

究，发现目前还存在以下几个制约商业性小额信贷可持续发展的“瓶颈”问题。

1. 小额贷款公司可持续发展的环境问题

我国目前小额贷款公司还处于摸索阶段，没有一整套法律框架来界定其法律地位，国家相关职能部门尚未就小额贷款公司出台相关的管理办法，并且目前对小额贷款公司的监管思路，还局限在对城市金融机构的监管框架。由于小额贷款公司是拿自己的钱投资，这与银行拿存款人的钱发放贷款完全不同，其本身有非常严格的约束，因此对于这类机构的监管应该采取一种非审慎性的监管态度。另外，对于试点成立的商业性小额信贷机构，主要是由当地政府组成的领导小组负责，但这个小组又是有关部门组成的联合体，其监管职责不明确。

2. 小额贷款公司的运作机制设计问题

为避免吸储带来的系统性金融风险，央行规定，商业性小额贷款公司资金来源为自有资金、捐赠资金或单一来源的批发资金形式。从维护宏观金融环境稳定的角度看，这种思路是值得肯定的。但是，从商业角度看，“只贷不存”的小额贷款公司，资金来源渠道不畅是必然现象，在扩大业务范围和规模时会遇到资金来源问题，一旦出现资金链的短期中断，对于公司的打击就将是致命的。2007 年 3 月，山西平遥日升隆公司副总经理郭桐良称：“日升隆迫切面临的是后续资金问题。由于将值春耕放贷集中期，以目前月放贷进度两三个月后，现有资金就要用完了。”可见，解决融资难问题成为小额贷款公司可持续发展的关键。

3. 小额贷款公司可持续经营能力问题

小额贷款公司在应用小额信贷专业技术方面缺乏经验，信贷产品和市场开拓方面简单复制商业银行模式。如山西省某小额贷款公司，其发放贷款所用的凭证是从农村信用社借来的六联单，借款合同格式照搬农村信用社，各项内控制度还是空白。除四川广元全力小额贷款公司信用贷款占比较高外，其他几家小额贷款公司仍然主要采取担保、抵押等贷款形式，与“无担保、无抵押”的小额信贷运作特点不符。贷款对象上，也没按照国际小额信贷服务于贫困人群的模式加以应用。经营模式上，小额贷款公司没有按照加大联保贷款、农户信用评级贷款等小额信贷专业技术的运用和对农户客户群体的拓展。可见，小额贷款公司可持续经营能力的问题日益突出，而解决这一问题的关键就是人力资源开发。①

## （二）小额贷款公司的商业化转型

1. 转制小额贷款零售商

小额贷款公司的一条出路是发展成专业的贷款零售商，发展成为小型金融贷款公司。小型金融贷款公司具有很强的专业技术，专门进行放贷，从货币市场获得资金。建议央行向合规经营的优秀小额贷款公司开放银行间拆借市场、再贷款、短期与中期票据、多家小额贷款公司捆绑发债、储蓄机构资金批发、政策性机构资金批发、一对一委托贷款等业务。

2. 小额贷款公司的发展机制

为进一步促进小额贷款公司的发展，需要政府、金融监管部

① 贾峤，扬恒，兰庆高. 我国商业性小额信贷可持续发展的思考[J]. 沈阳农业大学学报，2010(2).

门、银行金融机构、小额信贷公司等多方携手合作。

一是要尽快完善能覆盖小额贷款公司的配套法律法规，让小额贷款公司的发展有法可依、有章可循，给小额贷款公司一个法律框架，并约束其各项行为，指导其向健康轨道发展。

二是针对其发展过程中的实际困难提供必要的政策支持，营造宽松的发展环境和空间。尤其重要的是，政策应该大力推进社会信用体系建设，强化对失信者的惩戒措施，努力创造一个人人诚实守信的宏观环境。此外，应当适当考虑起步阶段小额贷款公司面临的困境，适当放宽小额贷款公司利率上限。针对“只贷不存”制约发展的问题，应当是时机成熟时放宽，或通过其他方式拓宽融资渠道。

三是要加强对经营情况的监督和管理，规范其业务行为，防范风险。尽快完善相关的法律法规，明确各监管部门的职责和权限，加强相互之间的协调。在试点初期，要特别防范小额贷款公司非法或变相吸收公众存款及非法集资的行为，要有资金流向的动态监测，强化对贷款利率的监督检查，防范高利贷违法行为。

四是要加大力度打击那些具有高利贷性质的地下钱庄，引导民间资本向合法渠道流动，尽可能逐步实现对地下金融的“收编”。这一方面是因为和地下金融相比，小额贷款公司受到更严格的监管和限制，竞争力不足，必须通过打击地下金融机构的方法为小额信贷公司拓展生存空间。另一方面，很多小额贷款公司的资金就出身于地下金融机构，如果不加大打击违法行为力度，很可能出现以合法之名从事非法金融活动的情况。

五是积极推动小额贷款公司进一步完善公司治理，建立市场化的运营机制,建立信息披露制度,提高风险管理能力和日常管理水平。例如,建立发起人承诺制度与信息披露制度;建立健全公司治理结构,明确股东、董事、监事和经理之间的权责关系,制定稳健有效的决策程序和内审制度,提高公司治理的有效性;建立健全贷款管理制度和风险管理制度等。在这方面,有关方面要向小额贷款公司提供必要的帮助。①

3. 小额贷款公司的发展前景——村镇银行

村镇银行,这应该是不少涉足贷款业务的投资人的初衷和目标。根据目前的政策,小额贷款公司只能经营贷款业务,不能经营存款业务。这对于业务不断成长中的贷款公司来说,无疑是其发展壮大道路上的一个瓶颈:每年只能死卡着资本金和利润来制定贷款规模。正如小额信贷之父孟加拉乡村银行的穆罕默德·尤努斯说的那样,只贷不存,等于"锯掉了小额信贷的一条腿"。小额贷款公司自身要不断发展,不断发展就要不断追加资金。根据我国目前的企业筹资渠道,直接融资(发行股票和证券)门槛很高,手续也相当繁琐,费用也相当高。那么传统的间接融资的主要方式就是向银行借款了。但像对待其他中小企业一样,银行给他们贷款时也很吝啬。

不止于此,由于这些公司大多很年轻,企业信用尚未建立,从而直接阻碍了小额贷款公司获得追加资金的渠道。在这种情形下,指望政府给予他们一个"金融公司的准生证",可以像银行那样吸储放贷,获取存贷利率差、获取公司发展所需的大量资金,就自

① 郭田勇,陆洋.当前发展小额贷款公司的困境与对策[J].农村工作通讯,2008(19).

然而然地成为大多数小额贷款公司的期盼和努力目标了。

随着金融创新和拓宽“三农”项目融资渠道的政策开通，小额贷款公司才缓慢地诞生了。在襁褓中就倍受关注的它能走多远，如何保证其健康地成长，将是一个需要一直关注的课题。有人说“村镇银行”将是小额贷款公司未来发展的唯一归宿，也是许多投资者现在甘于“清汤寡水”地经营着的唯一动力。笔者以为不然，至少在目前的政策下，“村镇银行”不会是小额贷款公司的唯一归宿。

根据银监会的《村镇银行管理暂行规定》，村镇银行最大股东或唯一股东必须是银行业金融机构。最大银行业金融机构股东持股比例不得低于村镇银行股本总额的 20%，单个自然人股东及关联方持股比例不得超过村镇银行股本总额的 10%，单一非银行金融机构或单一非金融机构企业法人及其关联方持股比例不得超过村镇银行股本总额的 10%。在这样的股权结构下，如果小额贷款公司转成村镇银行或贷款公司，“就必须将小额贷款公司的控股权和经营权交给别人”。从感情上讲，这是小额贷款公司的投资人所不能接受的。另外，一旦小额贷款公司并入银行，小额贷款公司目前灵活的经营机制将推倒重来，要按照银行的标准流程运作，但这种制度土壤并不适合目前小额贷款公司的生存。“能够有自我的独立成长，走出一条中国的小额信贷之路”是试点之初的愿景，也是许多其他投资人的愿望吧。①

---

① 丁红萍. 小额贷款公司的新机遇[D]. 南京：南京理工大学硕士学位论文，2009.

## 第二节　小额贷款公司的制度经验

### 一、小额信贷公司的域外经验

#### (一)世界各国几种比较成功的小额信贷模式

目前,世界上各个国家都有小额信贷的实践。由于经济发展水平、经济制度等方面的差异,各国小额信贷的运作方式以及发展路径存在一定的差别。下面主要介绍几种比较成功的小额信贷模式。

1. 孟加拉乡村银行(Grameen Bank)

1976 年,默罕默德·尤纳斯博士在孟加拉的 Jobra 村开展小额信贷实验项目。1983 年,当局允许该项目注册为正规银行,乡村银行由此成立。在此后的 30 年间,乡村银行逐渐发展成为组织遍及全国的金融机构,服务于全国 64 个地区的 68000 个村,还款率达到 97% 以上。乡村银行的组织系统由两部分组成:一部分是自身的组织机构,分为四级,即总行—分行—支行—营业所;另一部分是借款人机构,分为三级,即会员中心—会员小组—会员。

2. 印度尼西亚人民银行(BRI)

印度尼西亚人民银行是印尼第四大国有商业银行。BRI 从 1996 年开始在全国建立 3600 个村行(UNIT)发放小额贷款。为满足不同储蓄群体的偏好和需求,BRI 设计了农村储蓄、城市储蓄、定期储蓄等产品。农村储蓄是专门为满足穷人的储蓄需要而设计的。1984 年,农村储蓄首先在西爪哇的一个县试验,1985 年后在 12 个县试验,1986 年后向全国推广。印度尼西亚的农村储蓄发展非常迅速，从 1987 年以后一直是乡村信贷部存款的主要部分，占到 60% ~65%。在有效地向农村大量低收入人口提供信贷服务的同时，BRI 在商业上也获得了巨大的成功。BRI 于 2003 年 11 月在纽约证券交易所上市，2004 年底，其股票价格相当于发行价格的三倍，商业经营也取得了很好的效果。截至 2004 年底，在 BRI 发展的 4500 个分支机构中，有 96% 的小额信贷业务实现了盈利。BRI 的盈利从一个侧面说明其扶贫效果的显著。

3. 玻利维亚阳光银行(Bancosol)

玻利维亚阳光银行的前身是成立于 1987 年的非政府组织 PRODEM。1992 年，该组织改制为银行。到 1998 年末，玻利维亚阳光银行的低收入客户已经到达 81503 人，占玻利维亚整个银行系统客户总数的 40%。阳光银行主要在城镇开展业务，并首先关注银行业务而非社会服务；小组成员有 3 ~7 名，可以同时获得贷款；也直接面向个人提供信贷；团体贷款所占份额虽大但已呈下降趋势。在银行机构的 CAMEL 评级中，玻利维亚阳光银行被认定为是玻利维亚运营最好的银行。专家认为，Bancosol 的成功在于，它具有全部银行业务的许可证，因此它可以充分进行投资组合的运作、发掘，跟随市场，及时提供市场所需的金融产品和金融服务。

### (二)小额信贷公司的成功典范——印尼银行

印尼人民银行(BRJ)是印度尼西亚被允许经营外汇业务的五大国有银行之一，它主要为农村和农业提供金融服务。印尼人民银行是目前世界上最为成功的乡村银行，它的小额信贷部不仅有效地向印尼农村的大量低收入人口提供了可持续性的信贷服务，同时在商业上也获得了巨大的成功。在 1997 年亚洲金融危机中，东南亚国家的银行纷纷倒闭，印尼人民银行也面临着危机，但其农村小额信贷部却始终保持着盈利，因此被认为是农村小额信贷体系挽救了印尼人民银行。其在小额信贷商业运作方面的成功经验，可以为我国农村金融机构的小额信贷运行提供借鉴。印尼人民银行的改革之所以成功，主要是因为在治理结构、激励机制和管理方式上进行了一系列富有成效的改革。

1. 建立了良好的组织结构和体制

1998 年，为应对金融风险，印尼人民银行分成三个部门，一是法人业务部，负责 30 万美元以上的大额贷款；二是零售业务部，有 323 个分支机构提供储蓄服务、额度为 2500 美元至 30 万美元之间的商业贷款以及贴息贷款项目；三是小额贷款业务部，下设地区办公室、分行和村银行。截至 2004 年 9 月，印尼人民银行共有 13 个地区办公室，13 个地方审计办公室，324 个分支，163 个次级分支和 4046 个村级银行，网点遍及印度尼西亚全国。

在 2003 年实行股份制改革之前，印尼人民银行的主管部门是印尼的财政部和中央银行，银行董事会直接向财政部负责，同时受中央银行的监督。其村级银行是基本经营单位，实行独立核算。尽管要受上级部门规章制度的制约，但村银行能自主决定贷款数量、期限和抵押，同时要尽力增加储蓄和保证贷款的收回。每个基层银行负责管理 10 个左右的村银行。基层银行经理有权解释上级的各种规章制度、决定每个村银行能自主决定的最高贷款限额。基层银行的监督和管理费用由村银行负担，这给村级银行和贷款客户提供了有效的激励机制。印尼的村级银行类似于我国的乡镇信用社，是独立核算的基本经营单位，每个村银行都成为一个利润中心。为了鼓励职员，村银行推行利润分享计划，即每年经营的毛利润的10%在下年初分配给职员，约为月薪的25倍。职员的大部分工资是由村银行所创造的利润决定的，业绩突出还可获得半年的现金激励。职员的工资和奖金与当地标准比很高，这激励着他们努力地经营好村银行。对于贷款客户，如果其在6个月内都按期偿还贷款，银行将每月返回本金的0.5%作为奖励。例如，一笔期限12个月、分月偿还的贷款，6个月累积的奖励金相当于每月还款数的30%。获得奖励还说明客户有良好的信誉，预期能获得更多的贷款。贷款利率不论期限长短均为32%，但如果客户不按期偿还，利率将提高到42%。

2. 鼓励储蓄和适当拉大存贷利差，扩大盈余空间

1983年开始，印尼政府允许商业银行自己确定利息率。印尼人民银行的存款利率是根据存款数额决定的，数额越大，利率越高。比如，1万盾(约合5美元)以下为9%，0.1万~100万(5~500美元)为10%，100万~500万(500~2500美元)为11.5%，500万以上为13%，而且，银行按照存款流动性的不同还设置了不同的储蓄产品，被誉为“灵活的标准化”。利息根据账户上的最小余额每月计算一次，这对储户具有很大的吸引力。储蓄账户还可用于贷款评分和贷款抵押。此外，储户根据账户上每月最小余额还可以得到彩票，半年摇一次奖。

村银行的资金可以通过人民银行系统流动，但这种资金转移对借入方的利息率较高而对借出方利率较低。一方面，村银行靠自己吸收储蓄增加可借贷资金的成本约为13%，而从基层银行拆借资金的利率为17%。这种利率安排会大大增加村银行吸收储蓄

的积极性。另一方面,村银行发放贷款可获得32%的利息,而将资金存入基层银行只能得到17%的利息,这又极大地刺激了村银行尽可能多地发放和管理好贷款。

3. 自由的贷款定价机制

贷款利率必须覆盖成本、利润、损失和通货膨胀率。对银行来说,获得利润才能使其实现财务的可持续性,得以长期提供贷款服务,这比短期的低利率贷款更重要。贷款利率较高,使得较富裕的非目标群体没有动机排挤目标群体,低收入者和小企业才有机会获得贷款。高利率在一定程度上代替了抵押和担保,简化了贷款手续,降低了贷款的交易成本。从20世纪80年代到2000年,印尼人民银行的贷款利率通常为33%左右;到2003年,平均贷款利率已经降到20%以内。

较低的单笔贷款限额确保贷款瞄准中低收入者和小企业主。印尼人民银行改革初期发放的单笔贷款最高额度为1000美元,以后逐步调整到5400美元。贷款限额较低,有效地降低了政治权力干预的可能性,瞄准了中低收入阶层。具体贷款数量取决于贷款者的需求、经营活动的现金流以及预计的还款意愿和能力。贷款对象主要是有固定工资和能提供抵押品的人,这是印尼人民银行能够进一步在农村地区扩大贷款覆盖率的主要因素。580美元以下的贷款一般不需要抵押,但有些村银行要求抵押,可用的抵押品范围很广,可以是土地、固定资产、储蓄、工资单和动产,如自行车和电视等。村银行非常接近客户,大大降低了信息不对称。

4. 努力降低贷款交易成本和管理成本

首先是提高员工的生产率和效率。借款人从第一次贷款申请到获得审批通常只需要一个星期,老客户的审批时间更短。为了充分体现成本最小化原则,保持最少的日常账簿,在业务量相对较少的地方采用流动服务方式,每周一至两次造访边远地区客户。与其他小额信贷机构如孟加拉的格莱珉银行不同,印尼人民银行不发放小组贷款,只针对个人。管理成本的大幅降低一方面是由于计算机和网络的普及,另一方面,印尼人民银行规定了每个岗位职员的服务定额,每名信贷员负责400名贷款客户(不包括固定收入贷款),每名出纳员每天办理200笔现金交易,每个会计每天记录150笔交易。其次是重视人员培训。印尼人民银行有5个地区培训中心,85名专职教师。所有的职员都需要定期接受短期培训,以使他们能了解银行的最新进展和变化,增强其对银行的责任心。

5. 简明的信息上报和监督体制

为及时了解银行的运行状况,每个村银行每天上报试算表,每周上报现金流入流出表,每月上报进展表、资产负债表和损益表,每季度上报职员表,半年上报业绩指标表,年终上报年度资产负债表和损益表。从报表上,基层银行(相当于联社)可以判断每个村银行当月的经营情况。基层银行的职员每星期要去一次村银行,以便交换信息、了解情况和检查报告的真实性。为了防止腐败,银行职员定期轮换。基层银行设有监督员,人民银行设有独立的财务审计部门。①

### (三)国际社会小额信贷公司发展的启示

小额信贷在500多年的历史发展进程中,特别是从20世纪80

① 汪三贵,李莹星.印尼小额信贷的商业运作[J].银行家,2006(3).

年代以来，在亚洲、南美和非洲等许多国家和地区得到了广泛推广，在解决微小企业和贫困农户融资问题上取得了成功，小额信贷成功的国际经验值得我们借鉴和推广。

1. 支持小额信贷的发展是各国的基本做法

政府的金融政策和国家的金融改革对小额信贷的发展十分重要，实践表明，制定出有创新的前瞻性政策，特别是相应的鼓励措施是小额信贷发展的基础。世界各国特别是发展中国家，在普遍存在金融抑制的情况下，对小额信贷大多采取了鼓励发展的政策，并且实施了相关的支持手段。

格莱珉银行从成立到现在，一直同政府保持着良好的关系。政府为该银行提供的便利条件是：提供资金支持，以4% ~5%的利息向格莱珉银行提供贷款，累计超过50亿达卡；法律支持，允许银行以非政府组织的形式从事金融活动；政策支持，对银行提供免税的优惠政策。

马来西亚政府的支持表现在宏观政策和财务帮助两个方面。AIM在1986年发起时是一个非政府、非赢利的研究性项目，到1997年，该机构已经在马来西亚13个州中的9个，建立了35个营业所，有461个雇员，覆盖的贫困农户为48000户（占全国贫困人口一半以上），其贷款总额达到7500万美元，贷款余额2560万美元，小组基金720万美元，其规模和影响仅次于孟加拉国的乡村银行。马来西亚政府对该机构的支持表现在：AIM在建立时就明确，自己是作为政府设计的扶贫信贷活动的一种补充形式，一种可能的替代方案，而不是要取代政府的作用；AIM董事会成员包括政府有关部门的官员，同时聘请一些高级政府官员为顾问；机构的日常运行保持相对独立,但是同政府的政策保持一致;在进行技术推广时,AIM 也向从联邦直到乡村的各类、各级部门寻求帮助(如兽医、农艺、渔业和市场等);在马来西亚第 7 个发展计划中,政府向 AIM 项目提供了 2 亿吉林特(马来西亚货币名称)的无息贷款,在 AIM 全部本金中,政府提供的贷款约占 59%;AIM 从 1986 年建立到 1995 年,马来西亚政府为该机构无偿提供了 2700 多亿吉林特的财政拨款,以作为机构运行费。

2. 选择适合自己国情的小额信贷发展模式

目前,世界各国的小额信贷模式千差万别,以各种方式存在,主要包括非政府组织模式、正规金融机构模式、金融机构和非政府组织紧密联系模式、社区合作银行模式、村银行模式和国家级小额信贷批发基金模式等。各国在选择自己的小额信贷模式时,均充分考虑到本国的具体政治模式、经济体制、金融发展状况等国情,然后选择适合自己的小额信贷发展模式。

孟加拉国是亚洲人口密度最大,也最穷的国家之一,人均年国民收入只有 225 ~ 250 美元。由于国家金融的实力有限,无力支持广大的农村地区,这样民间自发的非政府组织模式就成为孟加拉国小额信贷的主导模式。格莱珉乡村银行模式是一种非政府组织从事小额信贷的例子。格莱珉乡村银行创建于 1974 年,20 世纪 80 年代在政府的支持下转化为一个独立的银行,但其实质上仍为非政府组织。到 2003 年末,格莱珉已经拥有 1195 个营业所、1.2 万名员工,并覆盖了 312 万贫困农户,存款余额 2.27 亿美元,贷款余额 2.74 亿美元,基本贷款年利率 20%,贷款回收率 99.06%,净利润 110 万美元。值得一提的是,格莱珉为摆脱依赖补贴的负面形象，自1998年起不再接受政府和国际机构援助资金的注入，还针对客户需求和同行竞争压力，开始发放额度较大的中小型企业贷款。在许多发展中国家，民间金融发展不足，这样政府就成为小额信贷的发展主体，他们大多选择了正规金融机构的小额信贷模式。

印尼人民银行小额信贷部（BRI－UD）和泰国BAAC是正规金融机构从事小额信贷的模式。印尼人民银行小额信贷部下设地区人民银行、基层银行和独立营业中心。独立营业中心是基本的经营单位，实行独立核算，可以自主决定贷款规模、期限和抵押，执行贷款发放与回收。机构内部建立激励机制，这种政策使BRI吸收了印尼农村约3300万农户手中的小额游资，储蓄成为其主要的贷款本金来源。另外，严格分离银行的社会服务职能和盈利职能。银行不承担对农户的培训、教育等义务。BRI－UD高利率和鼓励储蓄的政策，使金融机构实现了财务上的可持续性。

也有不少国家把正规金融和非正规金融发展结合起来，形成了金融机构和非政府组织紧密联系的小额信贷模式，如印度国有开发银行——印度农业和农村发展银行（NABARD）。NABARD是将非正规农户互助组（SHG）与正规金融业务结合起来从事小额信贷的模式。该模式开始于1991年，NABARD通过其员工和合作伙伴（亦称互助促进机构，指基层商业银行、信用社、农户合作组织、准政府机构）对由15～20名妇女组成的农户互助组进行社会动员和建组培训工作，农户互助组内部先进行储蓄和贷款活动（俗称轮转基金，类似国内的“会”），NABARD验收后直接或通过基层商业银行间接向农户互助组发放贷款。NABARD对提供社会中介和金融中介服务的合作伙伴提供能力建设和员工培训支持，并对基层商业银行提供的小额贷款提供再贷款支持。在2002—2003财政年度,NABARD共向26万新成立的农户互助组提供约1.6亿美元的新增贷款。截至2003年3月,NABARD已累计对国内1160万贫困家庭提供贷款,覆盖全国近20%的贫困家庭。

3. 商业化、可持续性是小额贷款公司的“新模式”

小额信贷界的主流观点广泛认为,小额贷款公司成功的两个标准是:一是目标客户的规模和覆盖深度(贫困程度),二是机构财务的可持续性。这种观点也被视为小额信贷的“新模式”,这种“新模式”本身也在不断发展。建立商业性可持续发展的小额信贷机构,就是说将严重依赖补贴运作的小额信贷转化为在商业基础上运作和管理的小额信贷机构,并将其作为规范化金融体系的一个组成部分。由于小额信贷的管理成本高于大额贷款的管理成本,因此,能覆盖小额信贷运营成本的利率通常要高于正规金融机构主导性的商业贷款利率。建立小额信贷机构的方式可分为三种(当然,不同的观点有不同的分类方式):一是降低规模方式(降级方式),即在现有的商业银行进行小额信贷业务运作;二是扩大规模方式(升级方式),即将半正式的小额信贷机构(主要是非政府组织)改造成为获准经营和受到监管的正规金融机构;三是绿色田野方式(新机构方式),即从一开始就新成立一家专门从事小额信贷的正规金融机构。

4. 强调小额信贷监管,控制小额信贷风险

国际上的共识是应允许小额信贷吸收存款或者从商业银行获得资金(Gallardo Outtara,2003;Ashley Hubkaand Rida Zaidi,2005),这就需要有一个适当的管制环境。当决定对何种类型的小额信贷

机构进行监管时，需综合考虑金融监管的目标、公众自愿储蓄的存在及规模、监管的成本和收益及监管能力等因素。基于这些考虑，国际上就小额信贷机构应该纳入小额信贷监管的范围达成了共识（Lizil Valenzuela，Robin Young，1999）。国际上小额信贷机构监管的主体大致可以分为五类：政府当局的直接监管、代理监管、自我监管、基于市场的监管和投资者监督。这五种监管主体的差异基于三种要素：它们是政府的还是非政府的；是否有通过干预经营实施服从的权力；是否利用公共披露来激励机构保持好的名声。

在国际小额信贷监管的实践中，这些监管主体彼此相互补充，相互加强。现在有各种各样的机构在提供小额信贷服务，国际上达成的共识是应该视小额信贷为一种业务而不是一种机构，小额信贷监管的努力应该集中在理解小额信贷客户、产品、服务的风险状况和发展原则，与程序去度量持有小额信贷资产的金融机构的风险，而不是规定只有特定的机构才能提供小额信贷服务，并发展适应于某一类型的机构的管制。

基于此，目前国际上关于小额信贷的监管有三种思路。一是利用现有的法律进行监管，专门为小额信贷机构发放许可证和分层级管理方法。层级管理方法最初由罕尼·梵·格鲁宁 Hennie van Greuning，1998）提出，他根据小额信贷业务的特点对其进行分类，每一个类别都对应一定的管制要求，监管程度从无到完全监管，从而为小额信贷机构的发展和转变提供了一个框架。二是通过对现有的法律修订进行监管。这通常适用于有成熟银行立法的国家，通过修改现行的银行法，使其充分考虑到小额信贷交易的特征。三是小额信贷机构特许。支持者认为，商业银行不对微型企业负有责任，因此，必须发展新的机构形式以迎合这类客户。也有人认为，在一些国家，尤其是欠发达或转型国家，法律框架实际上不存在，因此只提供了很少的机构选择，对于银行的最小资本要求也非常高，不适于小额信贷的发展。反对者认为，在大多数国家已经有许多机构形式，它们通过调整可以服务于微型企业，而且可以通过调整银行立法来考虑小额信贷活动。对此目前尚没有一致意见，但大都认为这一问题没有标准的答案存在，在进行改革之前，必须评估每个国家的具体情况。①

## 二、中国小额信贷公司的实践与制度要求

良好的制度、利益共享的规则与原则，可以有效地引导人们最佳地运用其知识，从而有效地引导有益于社会的目标的实现。而一个良好的制度、利益共享的规则与原则的确立，效力的发生及良好社会效应的产生，都得靠内含于制度的权利、义务、责任三者的合理分配和有机统一。小额贷款公司目前处于设立阶段，存在的问题尚未完全暴露，但应当有足够的预见与洞察力。在相关路径的选择上，应注意处理好以下问题。

1. 小额贷款公司设立中的“放开”与“适度”问题

小额贷款公司目前处于规范化操作的初期，允许各地设立的数量非常有限。在《实施意见》中提出的具体方案是：原则上在每

---

① 韩红. 国际小额信贷实践及对我国的启示[J]. 西北农林科技大学学报，2005(3).

个县(市、区)设立一家小额贷款公司;列入省级综合配套改革试点的杭州市、温州市、嘉兴市、台州市可增加五家试点名额,义乌市可增加一家试点名额;在一个市内,若有县(市、区)没有提出试点申请的,其试点名额可在同一市域范围内调剂。如果从建立小额贷款公司服务中小企业的社会化体系角度考虑,应该"乡乡镇镇"都要有小额贷款公司,以使其通过合法竞争,降低利率。从这个意义上认识,应主张放开小额贷款公司。但问题是,小额贷款公司的业务范围为传统的银行放贷业务,目前,商业银行尤其是农业银行已经在各乡镇设立了经营网点,加上为数不少的信用合作社,再大量发展小额贷款公司无疑会对金融市场产生冲击。要解决中小企业的融资问题,究竟是通过扩大数量开设小额贷款公司,还是改革与创新现有商业银行的金融产品以强化对小企业的融资力度,或二者均得以发展,涉及完全不同的制度选择。如何在此之间做出制度方案的筛选与制度完善,事关金融市场的健康发展大计。我们认为,应以小额贷款公司与商业银行两者均得以适度、有效地发展为选择方案。

2. 小额贷款公司"只贷不存"与企业经营活力问题

由于小额贷款公司只能放贷,不能吸储,与国有商业银行、邮政储蓄银行、农村信用社相比,小额贷款公司的融资能力大大弱化。虽然在民营资本大量闲置,资金难以寻找高额利润区间的时候,推行有倾斜性的小规模民营小额贷款公司不失为一个时机,但这并不能掩饰"存""贷"都受到限制的小额贷款公司的经营劣势。"只贷不存"的经营模式,限制了小额贷款公司的盈利能力。《实施意见》对小额贷款公司的主要限制性条款归结为"两条线",分别是资金来源为自有资金这条“底线”，以及严禁吸收公众存款和非法集资这条“高压线”。

“只贷不存”的经营模式人为降低了资金周转率，会导致利润下降。为解决“只贷不存”影响企业经营活力问题，今后可以考虑其股东结构多元化，以采取多种形式扩大股本金来源，增强“只贷不存”机构的“贷”力。同时，还可借鉴与研究国外小额信贷机构的经验，在吸收成员存款，兼营委托贷款和信托业务、支付业务等方面进一步拓展思路。

3. 小额贷款公司政策扶持与银行制改建问题

在浙江省的《实施意见》中，强调了对小额贷款公司的政策扶持，明确将小额贷款公司纳入全省小企业贷款和“三农”贷款风险补偿范围。《实施意见》引导小额贷款公司规范发展，对依法合规经营、没有不良信用记录的小额贷款公司，在股东自愿的基础上，按照《村镇银行组建审批指引》和《村镇银行管理暂行规定》规范向银监部门推荐改制为村镇银行。从浙江省的一些试点情况分析，按现有的政策，村镇银行制改建的最大问题是小额贷款公司的股东并非一定会自愿。因为，小额贷款公司的原有股东，他们不会轻易拱手将自己经营良好且具有一定控制权的公司通过增资扩股或股权转让的方式转让给金融机构，让其坐享其成并实际控股。如何从政策激励与股东自愿二者的有机结合中，探讨小额贷款公司改建村镇银行的可行性途径，这是一个制度设计中不可忽视的问题。①

① 郑曙光. 小额贷款公司存设的法律价值与制度选择[J]. 河南大学学报(社会科学版),2009(3).

## 三、小额贷款公司和农村信用社小额信贷制度比较

### (一)具有共性的小额信贷机制分析

小额贷款公司和农村信用社的小额信贷都将自己的服务对象定位在农村,以服务“三农”为主要目的。针对农村提供的小额信贷,一方面促进了农民增收,有效地维护了农民群众的根本利益。另一方面,通过增加贷款投入,推进了农村产业结构的调整,有力地支持了农村先进生产力的发展。而且,面对我国建设社会主义新农村的新形势,小额贷款公司和农村信用社的小额信贷对于解决新农村建设中的资金不足,完善农村金融体系与金融市场,也将起到一定的推动作用。

小额贷款公司和农村信用社对小额信贷的额度和期限都有严格的限制,小额信贷的额度一般比较低,期限也比较短。低额度的贷款往往只能满足农户和微小企业对资金的一时之需,而不能满足其再生产过程中不断进行追加投入所需的资金,或者为了应付突发事件所需的资金。同时,由于农业生产主要集中于种植业和养殖业,受季节性影响较大,生产周期也较长,特别是一些有利于调整农业产业结构的农业生产,从农产品生产到销售往往超过一年,期限较短的小额信贷不能与其相适应,从而影响到贷款户到期以后的还款能力。

### （二）不同的小额信贷机制分析

小额贷款公司和农村信用社小额信贷机制的不同之处有资金来源、利率政策、贷款方式和监管机构四个方面。这些机制各有其优劣，如能相互取长补短，完善各自的不足，将会促进小额贷款公司和农村信用社小额信贷的发展。

1. 小额贷款公司小额信贷机制的问题与优势

小额贷款公司在资金来源、贷款方式和监管机构上都存在着问题。“只贷不存”的机制限制了小额贷款公司的资金来源，其只能以股东自有资金或接受捐赠的资金作为小额信贷的资本金。这限制了小额贷款公司小额信贷的规模，使其服务“三农”的功能不能正常发挥。在贷款方式上，小额贷款公司仍然主要采取担保、抵押等贷款形式，这对处于低收人阶层的农户来说，无疑是抬高了小额信贷的门槛，将大多数农户挡在了小额信贷的大门之外，这与小额贷款公司的市场定位相矛盾。在监管机构方面，到目前为止，小额贷款公司主要由当地政府组成试点管理办公室进行监管，由于管理办公室不具备行政主体的资格，导致了监管形式化以及监督不力等一些问题。

小额贷款公司的利率政策是对其比较有利的一项政策，可以在不超过央行规定的同期同档基准利率的 4 倍内，由法定双方自主协商确定，所以其在面临较高风险的信用贷款时，可以用较高的利率来覆盖风险。而农村信用社由于最高贷款利率被限定为基准利率的 2.3 倍，所以很难用利率工具来覆盖小额信贷的风险。

针对小额贷款公司小额信贷机制中的问题，可以借鉴农村信用社小额信贷机制中比较完善的地方来进行改进。在资金的来源方面，由于短期内小额贷款公司必须遵循"只贷不存"的原则，所以政府要像对待农村信用社小额信贷那样，加大对小额贷款公司税收优惠、政策服务等方面的支持力度。同时，政府和有关部门可考虑为小额贷款公司搭建"融资平台"，使金融机构和社会资金通过这个"融资平台"进入到小额贷款公司。在贷款方式上，小额信贷公司可以学习农村信用社小额信贷的评级方式，扩大信用贷款所占的比例，降低小额信贷的门槛，从而让更多的农户获益。在监管方式上，应该将小额贷款公司纳入银监会的监管范围，借鉴国际上对不吸收存款的小额信贷机构实施非审慎性监管的成功经验，在坚持小额贷款公司市场运作的前提下，制定统一的、操作性强的监管办法，并做好现场监管与非现场监管的有机结合，实施有效的监管。

2. 农村信用社小额信贷机制的问题与优势

同小额贷款公司相比，农村信用社小额信贷机制的最大问题在于利率。我国从 1983 年开始对农村信用社贷款实行浮动利率试点，比在央行规定的法定利率的基础上可上下浮动 20%。此后，农村信用社贷款利率浮动幅度不断扩大。自从 2004 年 10 月起，央行规定，对全国商业银行只规定存款上限和贷款下限，城乡信用社的贷款上限暂不取消，可在基准利率的 0.9～2.2 倍之间浮动。农村信用社农户小额信用贷款按央行公布的贷款基准利率和浮动幅度适当优惠，目前其最高贷款利率被限定为基准利率的 2.3 倍。

农村信用社小额信贷面对的客户是广大分布零散的农户，办理贷款额度小、服务范围广，占用了农村信用社较多的人力、物力，导致其经营成本增加。而且农业的自然风险、市场风险也会给农村信用社造成信贷风险，从而增加其风险管理成本。虽然央行允许农村信用社的贷款利率可以在基准利率上浮动，但浮动的幅度过小，不足已覆盖小额信贷的风险。所以，农村信用社小额信贷的利率政策亟待改革。目前，我国正在进行的农村信用社利率改革试点，就是为利率改革做前期准备，通过试点为下一步利率改革和最终实现利率市场化提供有益经验。

## 第三节　小额贷款公司的制度构成与发展思路

目前，有关我国小额信贷的理论研究时常见诸于大众传媒之上，一些政府部门组织出国考察后也提出一些报告，但不论在基本理论上还是实践指导上，都缺乏一般性的考虑，尤其是忽略了小额信贷作为一种新产品、新市场的定位和发展理念，忽略了对金融机构的社会责任以及小额信贷机构发展所需要的外部环境等问题的研究。从小额信贷在中国的历史发展过程考察，小额信贷的持续性发展面临着越来越多的问题。目前大量的小额信贷机构存在高额的不良贷款；各地建立的小额信贷机构性质含混，不是政府也不是企业；管理费用混乱、成本极高；不良资产比例明显偏高；管理机构和工作人员的水平较低，缺少培训机制，特别是缺少及时发现问题的信息监测系统等。在这样的背景下，小额信贷在中国的发展必须有一个崭新的理念和准确的定位，并对目前的管理方式、发展环境进行适当的调整和改革，才有可能实现可持续发展。

小额贷款公司作为一种新型的、从事放贷业务的企业组织，在我国尚欠缺对其性质、地位及监管等方面的明确规定;小额贷款公司与其他从事金融业务的商事组织相比,具有制度样态上的相同性与差异性,应将其界定为非银行金融组织;小额贷款公司面向"三农"和中小企业,有其制度需求与运行的现实空间;完善小额贷款公司的存设与运行制度的重点在于界定其身份、规范其行为、控制其风险。

## 一、小额贷款公司的运营模式

从世界范围来看,自小额贷款开展以来,基于各自经济、社会发展状况的不均衡,不同国家采用了不同的运行模式。其中具有代表性同时运作较成功的是孟加拉农村和小城镇银行模式(以下简称 GB 模式)、印度尼西亚人民银行农村和小城镇信贷部模式(以下简称 BRI - UD 模式)。以发达的经济体系和完备的金融制度为背景的美国也发展出了具有特色的小额贷款体系。这些模式呈现出复杂和多样化的特征。对其进行比较,特别是对同属于发展中国家的 GB 模式与 BRI - UD 模式的比较,对我国小额贷款体系制度的构建,特别是探索正在试点中的小额贷款公司运行模式的完善具有重要的意义。

### (一)孟加拉农村和小城镇银行模式

孟加拉农村和小城镇银行是尤努斯教授于 1983 年创建的,一度被誉为是当今规模最大、效益最好的反贫困措施之一而广受推崇。孟加拉国专门为孟加拉农村和小城镇银行设立了《农村和小城镇银行法》,该法对农村和小城镇银行的性质、治理机构、资金来源、服务对象以及借贷者和员工纪律等做出了全面的规定。《农村和小城镇银行法》因为开创了小额贷款专门立法的先河而具有普遍的借鉴意义。

就法律性质而言，由于《农村和小城镇银行法》的立法目的在于通过特殊信贷制度安排，减少和消除农村和小城镇贫困。因此，孟加拉农村和小城镇银行是扶贫性质的政策性金融机构，不以盈利为目标同时兼顾财务的可持续性。其立法确定的目标包括：向贫困者无担保贷款、消除高利贷、为贫困者创造发展机会、通过相互支持以及持续性的社会经济发展赋予贫困者权利、打破穷困的恶性循环等。目前，孟加拉农村和小城镇银行已经发展到推广的第二代，其目的在于在为目标客户量身定做金融服务。

在治理结构方面，孟加拉农村和小城镇银行私人所有，属于商业资本范畴，并在此基础上形成其治理结构。良好的治理结构为孟加拉农村和小城镇银行适应市场需求、金融创新和可持续发展打下了基础。孟加拉农村和小城镇银行系统由两部分组成：一部分是银行组织机构，分为总行、分行、支行、营业所四级；一部分是借款人组织，分为会员中心、会员小组、会员三级。农村和小城镇银行这样的组织系统可以最大限度地为信用贷款的按期收回提供保证，成为其贷款模式的创新点。

在公司运营方面，《农村和小城镇银行法》规定只贷不存。孟加拉农村和小城镇银行的资金来源有三种：政府低息贷款，年息在4% ~6%之间；国际机构借款，年息在2% ~4%之间；来自国外慈善机构和各种基金会的捐款。农村和小城镇银行不设金库，贷款资金首先存入国家银行，放贷时取出，客户归还本息后再存入国家银行。孟加拉农村和小城镇银行的收益来自于政府低息贷款、国际机构贷款和放贷利息间的利差以及接收国外捐款。

在服务对象方面，法律明确规定，农村和小城镇银行以日收入2美元以下的低收入群体为对象，并明确要求农村和小城镇银行为农村和小城镇贫困妇女提供金融服务。这些都表明，孟加拉农村和小城镇银行的功能主要是扶贫，是通过普惠制金融体系来实现社会目标。当然，《农村和小城镇银行法》也给了农村和小城镇银行一定的灵活性，比如允许其向小企业投放贷款，只要其业务量的40%不超过小额贷款的范围。同时，《农村和小城镇银行法》也允许农村和小城镇银行为发展壮大后的客户继续提供服务，其中包含了较大数额的贷款。

在组织纪律方面，农村和小城镇银行施行严格的管理，对借款者的义务、责任和服务质量等方面有着明确的要求。员工纪律方面，包括任职地域回避，即不得在家乡所在地任职、不得在业务活动中接受馈赠等、不得拥有任职农村和小城镇银行股票等。

总之，《农村和小城镇银行法》是针对小额贷款的一部专门立法，在规范孟加拉农村和小城镇银行经营、坚持机构可持续发展的同时，努力扩大小额贷款达到率，追求扶贫效果的最优。孟加拉农村和小城镇银行不以赢利为目的，福利性与财务持续性目的兼顾，其并非通常意义上的商业化贷款模式，属于社会服务型金融机构。

### （二）印度尼西亚中央银行农村和小城镇信贷部模式

印尼中央银行（BRI）运作的主要依据是印尼《人民银行法》。印尼《人民银行法》是一部针对印度尼西亚中央银行（BRI）的专门立法，对中央银行的组织机构、运作机制、监管模式等做出了全面规定。同时，印尼政府还制定了《小额贷款法》，并以此作为中央银行实施监管的法律依据。①

印度尼西亚中央银行农村和小城镇信贷部(BRI - UD)(以下简称农村和小城镇信贷部)自1980年开始按照商业规则实施小额贷款。其农村和小城镇金融政策和小额贷款服务是国际社会公认的制度典范,在向低收入者提供金融贷款的同时,也获得了商业上的成功。

从服务对象上看,农村和小城镇信贷部以占60%以上的农村和小城镇中小农户为主,基本排除10%的高收入农户和30%的最穷农户。由此不难看出,印尼农村和小城镇信贷部所提供的小额贷款对象是市场细分的结果,而不像孟加拉那样主要以扶贫为宗旨。

在组织结构方面,印度尼西亚中央银行农村和小城镇信贷部最具特色的制度是关于BRI的组织结构规范,其结构核心是基层自治机制——村银行。标准村银行通常由四名员工组成:村银行经理负责业务管理;会计员负责必要的田野调查以便确认与贷款申请者的有关信息,同时负责违约借款人的追踪事项;出纳员主要掌管柜台服务;文书从事记录、财务报表并保管文件。与孟加拉农村和小城镇银行不同,印尼村印度尼西亚中央银行实行商业化运作,其突出的特点是实行利率市场化。印尼市场化贷款年利率通常保持在20% ~40%之间。高利率在保证成本的同时还获得高利润。在印尼,尽管贷款利率高,但是贷款需求还是非常旺盛,这表明在资金稀缺的乡村,获得资金本身比低利率更重要。同时通过设置高利率,可以消除富裕的非目标群体排挤目标群体的动机,从

① 崔德强,谢欣. 印尼人民银行小额贷款模式剖析[J]. 中国农村信用合作社,2008(7).

而保障低收入者有充分的机会获得贷款支持。

与GB模式的低利率相比,BRI更好地实现了财务的可持续性。印尼村银行可以吸收存款的这部分资金约占到资金总额的13%。村银行从地区支行拆借资金的利率是17%,这样的利率增加了村银行自身吸储的积极性,也满足了农村和小城镇居民对储蓄的收益性、流动性和方便性的要求。农村和小城镇信贷部提供小额度贷款全部要抵押担保,这是与孟加拉农村和小城镇银行最主要的区别。同时,农村和小城镇信贷部以合理利率吸收存款使得其资金来源更加广泛,从而能够实现较高的商业利润。

在金融监管方面,为规避小额贷款中的金融风险,印度尼西亚中央银行推出了系列监管政策,如制定小额贷款法禁止其接受经常账户、禁止参与贸易交易和外汇交易;订立存款保险计划;设置专门的监督机构、明确监管指标等。此外,还通过激励奖罚体系提高了村银行的可信度和员工的个人责任感。通过有效的外部和内部监管措施,BRI村银行实现了规范运作和风险控制,这对其健康持续发展无疑意义重大。

印度尼西亚中央银行的BRI-UD模式是国家大型银行提供小额贷款的典范。这说明在市场细分基础上,由商业银行提供农村和小城镇小额贷款服务是完全可行的。这同时也说明,自主经营权是小额贷款成功的组织保证。当然,这一模式的局限性同样突出,那就是扶贫效果不突出,服务难以到达农村和小城镇社会的最贫困阶层。

### (三)美国小额贷款体系

美国农场主及小型企业同样存在融资难题。为解决农场主及小型企业融资难的问题，自 20 世纪二三十年代以来，在联邦政府的资助下，美国逐渐形成了建立在合作金融基础上的政策性农村和小城镇信贷体系。①

美国小额贷款主要是作为一种盈利性的金融工具，与其他金融工具一样为普通商业银行和非银行金融机构采用。政府制定有完整的小额贷款法律，如《联邦统一小额贷款法》、《联邦诚实信贷法》、《联邦信贷机会平等法》等。为了促进弱势部门和中低收入者的发展，美国也通过立法促进金融服务向弱势群体延伸。如《联邦农业信贷法》就在构建农业贷款体系中发挥作用，《联邦社区再投资法案》更是强迫各银行和非银行金融机构必须向其营业范围内的低收入群体发放贷款。

在美国，任何依法设立的商业银行和其他从事信贷活动的金融公司都可以开展小额贷款业务。因而美国小额贷款主体都有合法的资格，基本上是属于公司制的市场组织。除此之外，按照《农业贷款法》的要求，面向农村和小城镇的农业贷款体系由联邦土地银行协会、联邦土地银行、联邦生产信用会、中期信用银行、合作银行金融机构组成。联邦政府为弥补商业银行以及合作金融机构的不足，成立了农村和小城镇电气化管理局、小型企业管理局、商品贷款公司等政策性金融机构，金融服务的范围涵盖了农产品销售、灾民救济等方面，对于农村和小城镇社区发展、新创业农民以及农村和小城镇小型企业的发展和其他机构不愿或者不能提供金融服务的领域也提供服务。

---

① 黄建新. 反贫困与农村金融制度安排[M]. 北京：中国财政经济出版社，2008：28.

合作金融是美国小额贷款体系的主体。农村和小城镇合作金融由农业信用管理局负责管理。联邦土地银行的贷款通过联邦土地银行协会直接面对借款人。借款人要获得贷款,首先向联邦土地银行协会认购其股票,这一比例大约相当于贷款额的5%,然后成为协会会员。全部偿还贷款后,借款人可以自愿退回股金。联邦土地银行的贷款对象有农场主、农业生产者以及其他与农业生产相关的借款人,其资金以提供长期不动产抵押贷款的形式发放。

除合作金融组织外,美国小额贷款体系还包括许多政策性金融机构,比如商品信贷公司、农民家计局、农村和小城镇小型企业管理局、农村和小城镇电气化管理局等。商品信贷公司的贷款主要用于支持补贴,其主要对农产品给予价格支持,同时也对农业生产提供经济补贴;农民家计局以那些难以获得贷款的新创业或财力较弱的农民为主,形式以中长期贷款为主,其贷款利率明显低于正常市场利率,福利性质比较明显;小型企业管理局专为小型企业提供贷款服务,其主要对象是那些无法从其他信贷机构获得贷款的农村和小城镇小型企业。

由此可见,美国小额贷款体系具有复杂性和多样化的特征,通过不同形式的制度安排,共同构成美国高度发达金融制度的重要部分。美国系统化的小额贷款法律体系规范着小额贷款的健康运行。其中,既包括商业性质的金融机构开展的小额贷款服务,又包括专门针对低收入群体的政策性贷款服务。这些对于我国目前正在构建的普惠制金融体系具有重要的借鉴意义。

### (四)小额贷款公司运行模式的比较

孟加拉GB模式和印尼BRI－UD模式是发展中国家中通过小

额贷款实现扶贫目标的典范，在扶贫效果、机构可持续性方面都取得了良好的效果，也都得到了所属国家在政策上的大力支持。然而，这两种模式之间的区别也是很明显的，这种区别表现在以下方面。

1. 目标定位不同

孟加拉 GB 模式的根本宗旨在于最大限度地减少贫困现象，达到扶贫效果。在此基础上，才考虑自身的盈利和机构的可持续性目标。因而孟加拉 GB 并不是真正的银行，本质上更加接近非盈利的社会服务机构。与此不同的是，BRI－UD 作为上市银行，追求盈利是其经营的出发点和目标。因此，印尼 BRI－UD 可以说是通过扶贫实现盈利的制度。

2. 组织结构不同

GB 分为四个层次：设在达卡的 GB 总行、各地分行、支行、营业所。其中，支行是基层组织，财务上自负盈亏，营业所直接向贷款小组开展业务。BRI－UD 的组织结构分为农村和小城镇信贷部、分支行、村银行。其中，村银行是具有高度自治权、自负盈亏的基层组织，各分支行负责对村银行实施监管。

3. 服务对象不同

GB 以农村和小城镇最贫困人口作为服务对象，而且立法也只允许这部分人口为其目标客户。因此，尽管法律允许其执行商业利率贷款，但是由于高昂的管理成本，其盈利能力还是非常有限。BRI－UD 则可以自主选择贷款对象，立法对此没有限制。在实际运作中，BRI－UD 通常会排除 30% 的最穷群体。由于高出商业利率的贷款利率设置，富裕农民一般会选择通过其他金融机构获得贷款。因此,BRI－UD 的目标对象通常集中在 60% 的农村和小城镇相对贫困人群上。

4. 业务运作模式不同

GB 不能吸收公众存款,属于只贷不存的金融机构,其资金取得主要通过拆借或接受捐赠方式,财务杠杆比率相对较低;相比较而言,BRI－UD 可以吸收公众存款,是银行性质的金融机构,财务杠杆比率较高。由于面向缺乏担保品的最贫困群体提供服务,GB 主要以信用贷款为主,贷款期限一般少于一年;BRI－UD 则以担保贷款为主要的贷款形式。在借款者管理方面,GB 采取小组联保的形式向小组发放贷款;而 BRI－UD 主要面向个人提供服务。

总而言之,GB 属于扶贫性的政策性金融机构,BRI－UD 属于商业性金融机构。不同性质决定了它们扶贫效果和盈利能力方面的差异。我国小额贷款公司模式从在政策上看与 GB 更为接近,由此看来,我国小额贷款公司盈利能力和持续发展能力会大大逊于商业性金融机构,其投资吸引力也会降低,这正是相应的制度设计中应当考虑的问题之一。BRI－UD 银行员工通常来自当地,风土人情、文化背景和语言的熟悉度不仅可以使其充分利用农村和小城镇本土资源解决道德风险问题,信贷员也不需要太多的精力进行贷款调查和审查工作,从而降低交易费用。印尼银行低成本地利用农村和小城镇组织资源、社会资源和金融资源正是其运营成功的基础。①

① 吴伟. 论我国小额贷款公司的法律制度构建[D]. 武汉:华中科技大学硕士论文,2010.

## 二、小额贷款公司经营风险及其原因分析

### （一）小额贷款公司的经营风险

虽然小额贷款公司开局良好，但是许多问题从诞生之日起就困扰着它，成为制约其发展的主要因素。

1. 风险控制意识薄弱

我国小额贷款公司面临的风险主要来自于借款者的信用，即主观违约风险。小额贷款公司能否有效地控制违约风险，首先取决于对借款人信用的了解程度。对借款人信用了解越详细，就越能有效降低贷款后的道德风险。这就要求小额贷款公司有足够的风险评估技术和人才。

2. 资金短缺制约了小额贷款公司的发展

人民银行、银监会于2008年5月4日颁发了《关于小额贷款公司试点的指导意见》，明确规定小额贷款公司是由自然人、企业法人与其他社会组织投资设立的不吸收公众存款、经营小额贷款业务的有限责任公司或股份有限公司。小额贷款公司“只贷不存”使其难以持续运营。据统计，目前我国的300多家小额贷款公司有90%以上不能持续运营，要靠外部不断注入资金。这种只贷不存的格局决定了小额贷款公司的信贷规模不可能快速扩张，也限制了其扶贫的实力。如果不能吸收农村的闲置资金，农村的资金会通过其他金融途径不断流向城市，在最缺乏资金支持的农村，资金将越来越少。虽然吸收存款会带来系统性风险，但是如果小额贷款公司不能持续经营，那它发挥的作用就会很小。

3. 征信系统无法惠及，贷款风险管理成本高

目前，人民银行的征信系统无法延伸到小额贷款公司，公司现有

的运行模式是基于公司员工尤其是高管人员均为本地人，对客户的“资信”状况比较了解，因此对客户的“无抵押、担保”贷款似乎风险可控，但此种运营模式将把公司服务的“客户群”限制在一个比较狭窄的范围内，制约公司的业务发展。在信用体系缺失的情况下，为覆盖风险，公司通常采用提高贷款利率的方法。但是随着利率的不断提高，风险上涨程度会更快，最后可能导致利率杠杆失效。

4. 不具有合法身份，缺乏有效监管

小额贷款公司的监管存在无序化的现象。目前试点省市多按“谁试点、谁负责”的原则，由省金融办把试点的权限再次下放到县政府，负责小额贷款公司日常监督管理的则为当地金融监管机构。例如山西的小额贷款试点是由人民银行主导，而小额贷款公司究竟是否属于金融机构、其性质如何、应由人民银行还是由银监会进行监管？这些关键问题仍悬而未决。

5. 小额贷款公司存在的操作风险

这里的风险是指小额贷款公司由于不足的内部控制系统或控制失败以及不可控制的事件造成意外损失的风险。操作风险与人为失误、系统故障或内部控制制度不严格等原因有关。目前我国的小额贷款公司从人员构成上来看，普遍存在着人员少、专业技能弱的问题，小额贷款公司的大部分人员均未从事过金融业务，业务知识欠缺，极易产生操作风险。且许多公司目前尚未设立专门的风险管理岗位和配备相应的人员，风险处置业务操作也只停留在文字上的规章制度。①

① 姚志强. 当前小额贷款公司运行面临的难点及建议[J]. 经济师，2009(9).

## (二)引发小额贷款公司风险的制度因素

### 1. 信用评定制度不健全

小额信贷理论认为,农信社贷款的对象应是具有一定还款能力和还款愿望的中低收入阶层。我国目前对于还款能力和还款愿望的评价是以农户信用等级的高低为标准的。假定农户信用等级的评定是科学、客观的,那么借款不还的概率就会大大降低。因此,农户信用等级评定的准确性与真实性就成为决定还贷率高低的重要环节。然而在实际操作中,农信社普遍缺乏对农户的真正了解,一些地方政府、村委会在协助农信社工作的过程中,认为信用户的评定是一件有责无利的份外之事;还有些地方为了获得"信用村(镇)"的荣誉称号,在信用评定工作中不严格把关,这也给小额信贷埋下了极大的风险隐患。

### 2. 贷款利率机制失灵

许多人认为,小额信贷既然是一种扶贫贷款,就应该实行优惠利率,以减轻农户的利息负担。事实上,我国目前绝大多数信用社实行的是较为优惠的利率政策,即使有少数农信社的利率有所上浮,但幅度并不大。实行优惠利率的想法虽然合乎常理,但低利率往往会使小额信贷自动瞄准中低收入阶层的机制失灵。具体而言,若信用社实行低利率,则社会活动能力强的农户会通过各种非正常渠道获取本不应属于他们的那部分贷款,结果是为数不多的款项一部分流入富裕"大户"手中,一部分流入赤贫者手中,真正符合贷款条件的农户却不一定能获得贷款。这极大地违反了小额信贷的理论前提,造成目标客户的偏离,还款保障大打折扣。国内外的许多研究表明,真正需要资金的农户最关心的并不是利率的高低,而是能否获得贷款,即使小额信贷利率稍高于商业利率,农户仍然是可以承受的,而富裕阶层则会对此失去兴趣,赤贫者也不会认为小额信贷是救济款。因此,适当的高利率是维护农户和信用社利益的必要手段。

3. 小额信贷管理制度保障机制不健全

我国目前实施的小额信贷制度是从国外直接移植过来的,并且在很大程度上是效仿孟加拉国的GB模式。在GB模式中,定期还款制度和小组中心会议制度是其始终坚持的两大基本原则,而正是这两大基本原则的实施,才使得借款户的还贷率高达98%以上。这是因为,分期还款制度对借款者来说,可以促使其勤俭持家、广辟财源,逐次还款的压力不至于过大,农户在不知不觉中就可以将全部款项还清,具有类似零存整取的功效。小组中心会议制度也是使贷款发挥扶贫作用和实现高还贷率的基础,通过小组这个集体,农户之间可以做到互助、互督、互保,通过中心会议制度,可以起到成员间互相交流、提高的作用,使还贷率更加有保障。但是我国的农户小额信贷在还款方式上基本上采取的是到期一次性还清制度,并且由于地理条件的限制,大部分农村居民居住分散,召开小组中心会议的机会成本过高,小组中心会议制度实质上只是一纸空文,况且人民银行也没有明文规定小额信贷必须采取小组联保制,这样一来,农户还贷率低也就不足为奇了。①

通过单独立法的方式对小额贷款公司的性质、法律定位和职责进一步加以明确,促进小额贷款公司的健康发展。立法应当遵

① 熊学萍,易法海. 农户小额信贷风险:表现、成因与应对策略[J]. 华中农业大学学报,2010(2).

循可持续发展理念以及审慎监管理念，按照立足“三农”、服务中小企业的宗旨，扩大小额贷款公司的融资渠道、完善贷款担保措施，减少对小额贷款公司经营过程的不当限制。完善小额贷款公司的法人治理结构、强化小额贷款公司内外监管制度设计，为其健康持续发展提供基础。

## 三、小额贷款公司的功能定位与运作机制

### （一）小额信贷公司的功能定位

小额贷款公司将有利于缓解农民和中小企业的流动资金短缺。现代金融的社会责任就在于对金融抑制或歧视的破除，然而，中国商业银行改革的巨大成功却是建立在对弱势群体的“忽略”基础上。商业银行的股份化是在全国人民的财富支持下实现的，而商业银行实施的“一级法人治理和授权授信”制度，使得其信贷资产和分支机构向大城市、大行业和大企业高度集中。其做法尽管使商业银行的核心竞争力增强，直接后果却造成了农村和中小企业的信贷投入成为其薄弱环节并受到抑制或歧视。这显然与股份化改革的初衷不尽吻合，并使国家金融当局陷入两难。

一方面，农业和中小企业在国民经济中的贡献比重越来越大，作为国家金融体系主体的商业银行信贷必须对其发挥主导作用，但事实上并非如此；另一方面，取消或调整“一级法人治理和授权授信”制度，势必造成商业银行核心竞争力的削弱或退化，进而冲销商业银行改革的效应。因此，小额贷款公司的设立事实上是金融当局在两难当中的选择，是由作用设计决定其运作制度进而决定其政策构架的产物。在这一背景下，《指导意见》对小额贷款公

司的运用作出如下规定:一是小额贷款公司在坚持为农民、农业和农村经济发展服务的原则下自主选择贷款对象;二是小额贷款公司发放贷款,应坚持“小额、分散”的原则,着力扩大客户数量和服务覆盖面;三是小额贷款公司按照市场化原则进行经营,贷款利率上限放开,但不得超过司法部门规定的上限,下限为人民银行公布的贷款基准利率的0.9倍,具体浮动幅度按照市场原则自主确定。

小额贷款公司将有利于促进民间融资浮出水面并规范其行为。民间融资在发挥重要作用的同时,也存在着一些较为严重的问题。对于形成严重社会问题的民间融资政府可以进行打击,但是对民间融资本身这一拥有法律保障的个人行为,政府却不能禁止。所以,设立小额贷款公司可以使一部分民间融资走上合法化轨道。因此,《指导意见》对小额贷款公司的资金运用做出如下规定:一是小额贷款公司的股东需符合法定人数规定,有限责任公司应由50个以下股东出资设立,股份有限公司应有2~200名发起人,其中须有半数以上的发起人在中国境内有住所;二是小额贷款公司的注册资本来源应真实合法,全部为实收货币资本,由出资人或发起人一次足额缴纳;三是出资设立小额贷款公司的自然人、企业法人和其他社会组织,拟任小额贷款公司董事、监事和高级管理人员的自然人,应无犯罪记录和不良信用记录;四是在法律、法规规定的范围内,小额贷款公司从银行业金融机构获得融入资金的余额,不得超过资本净额的50%。融入资金的利率、期限由小额贷款公司与相应银行业金融机构自主协商确定,利率以同期《上海银行间同业拆放利率》为基准加点确定。

小额贷款公司将有利于形成地方性金融监管并完善金融体系。

从现实上讲，地方政府虽然没有金融监管的权力，但却履行着金融监管的职责，因为在现实生活中如果没有地方政府参与的金融监管将难以产生预期的效应。而事实上，地方政府在没有职责约束下的干预所产生的后果将使金融监管产生更多无序。因此，赋予地方政府在职责约束下的金融监管职能是完善金融体制发展的必然。从这一意义上看，设立小额贷款公司或许正是对形成地方性金融监管并完善金融体系的一种探索。而在《指导意见》中也做出了相应的规定：一是申请设立小额贷款公司，应向省级政府主管部门提出正式申请，经批准后，到当地工商行政管理部门申请办理注册登记手续并领取营业执照；二是凡省级政府能明确一个主管部门（金融办或相关机构）负责对小额贷款公司的监督管理，并愿意承担小额贷款公司风险处置责任的，方可在本省（区、市）的县域范围内开展组建小额贷款公司试点；三是小额贷款公司从事非法集资活动的，按照国务院有关规定，由省级人民政府负责处置；四是小额贷款如出现其他违反国家法律法规的行为，由当地主管部门依据有关法律法规实施处罚，构成犯罪的依法追究刑事责任。①

### （二）小额贷款公司的运行机制

1. 小额贷款公司正常运行的核心机制

（1）团体贷款机制。借款合同签订以前，在团体贷款制度下，那些相互之间比较了解且风险水平相近的借款人将会自动组成联保小组，并把风险较高的潜在借款者排除在小组之外。通过这样

① 胡战勇，谢华模，谢文君. 小额贷款公司的运作制度缺陷与政策修正[J]. 武汉金融，2009（4）.

的机制,放贷机构实际上把个体贷款模式下本应该由自己承担的风险识别责任的绝大部分,转嫁给了相互之间更加了解的潜在客户群体。这种联保小组机制的信用发现功能,有利于克服信息不对称造成的逆向选择问题,从而降低贷款机构的交易成本。

(2)动态激励机制。在小额信贷领域,动态激励机制可以分为两类。一类是简单的重复博弈,即如果借款人在借款后续的还款过程中表现良好,那么他就可望反复得到相同的信贷服务;而如果出现拖欠或者未能还款的情况,他再次获得贷款的可能性就随之降低甚至不能得到任何借款。第二类是在第一类的基础上,还款表现良好的借款人将可望在后续合作中获得更高额度的贷款,即贷款额度的累进制度。

(3)分期还款机制。小额信贷要求借款人在借款和进行投资后不久,就开始在每周(或每两周、每月)进行一次还款,每次的还款额根据贷款本金和全部利息之和除以总的还款次数来确定。分期还款制度是一种基于"现金流入"理念的贷款管理技术。贷款机构在注重自身现金流入管理的同时,对借款人的现金流入提出了较高的要求。实质上是要求借款人具有某种形式的自有资产,并以该资产产生的收入或现金流入作为贷款的担保。

(4)担保替代机制。尽管大多数小额信贷机构都不明确要求客户提供担保(抵押品),但是在国际小额信贷的实践中,各种替代性担保(抵押)却广泛存在。这类替代性的担保(抵押)品可以是某种形式的"小组共同基金"或者"强制储蓄",也可以是一般商业银行不愿意接受或者是在正规金融市场不受法律保护的某种动产,甚至可以是预期收入和现金流入等。

2."只贷不存"机制的基本特征

"只贷不存"小额贷款公司不允许吸收公众存款,只能运用自有资金和来自一个机构的批发性融资开展贷款业务。就其业务性质而言,有些类似于典当商行的业务,只不过典当商行是以自由资金从事质押贷款业务。从某种程度上讲,典当商行是"只贷不存"小额贷款机构的典型案例。

(1)资金来源渠道的确定性和有限性。根据中国人民银行的设计,小额贷款公司的发起人为3~5个自然人和法人(含境外自然人、法人机构),作为小额贷款小组投标合伙人,其资金来源主要是发起人的自有资金。但是公司在运营正常以后,经过发起人同意,可以吸收非发起人的自然人或法人投资入股。而且,为防止小额贷款机构吸收公众存款,还规定只能向一个债权人负债,或把来自一个委托人的转贷资金以及自然人或法人的委托资金作为后续资金。这样,小额贷款机构的资金来源渠道就具有较明显的确定性和有限性。

(2)贷款利率安排上的灵活性。小额贷款机构(公司)的贷款利率最高为人民银行规定的基准利率的4倍。除利息外,小额贷款机构(公司)也可以对其提供的其他金融服务收取相关费用,比如贷款申请费、存折费、销售终端机交易费;对其他与金融服务相关的非金融服务,如资产租赁引起的各种服务和商业培训等,小额贷款机构也可以收取一定的费用。这种利率制度安排,既能够使小额贷款公司的业务区别于民间高利贷,又使其业务类似但又不完全等同于正规金融机构的资产业务。由此,可以把小额贷款公司看成是正规的准金融机构。小额贷款机构执行的贷款利率,一般高于农村信用社对农户和中小企业的贷款利率,但低于民间借贷利率,也明显低于典当行收取的利率。

(3)业务拓展地域范围的灵活性。出于贷款管理的需要,金融监管部门对现有金融机构网点的业务拓展地域限制极为严格。例如,乡镇农村信用社不能跨乡镇发放贷款、国有商业银行县级分支机构不得跨县发放贷款等。在处理和对待小额贷款机构的经营地域范围时,各地政府采取了更为灵活的方式处理,出现了两种决策方式。第一,在有效控制风险的前提下,小额贷款机构业务拓展地域范围可以突破现有金融机构的地域限制。内蒙古鄂尔多斯和贵州江口的小额贷款公司在一定条件下,可以跨县经营。第二,将小额贷款公司的业务限定在县域范围以内。山西平遥规定,小额贷款机构“不得跨县经营,贷款业务在平遥县境内开展”。

十多年来,经过国内300多个由国际组织支持的小额贷款公司的成功与失败的分析表明,失败的原因多源于活动范围太小,限制太多。全世界的经验都证明,成功的商业化运作的小额贷款一定要有较大的规模。所以在试点中,可以先从一个县做起,给投资者一个长期发展的空间,一个较好的预期。①

## 四、推进我国小额贷款公司发展的基本思路

首先,采取有效的激励和奖惩机制。激励机制应该包括贷款利率及贷款额度和还款期限方面的优惠等。对于提前或到期按时还款的借款人采取贷款上的优惠措施,会促进他们继续贷款;对于不能按时还款的人采取相应的惩罚措施,比如提高贷款利率或限制以后贷款的额度等。这样既可以促进小额贷款公司扩大经营,又减少了风险。对于农户借款人,也可以采用比商业银行更灵活的担保形式、抵押物和质押物,包括农户的房屋、土地、承包经营

① 何广文.“只贷不存”机构运作机制的特征与创新[J].银行家,2006(8).

权、农业收益权等各类农村财产，都能被其认可。而对于中小企业和民营企业的借款人，也应采用灵活的抵押物和担保物，对于提供第三方担保的，担保人要承担连带责任。

其次，小额贷款公司应允许吸收存款。正如穆罕默德·尤努斯教授在中国的演讲中所言，“只贷不存”相当于斩断了小额信贷的一条腿，缺乏资金来源的小额贷款公司长期内难以为继。所以从长远发展来说，监管当局应制定适当的具有“正向激励”机制的发展路径，除了允许股东增资扩股外，还应逐步允许那些经营业绩好、诚信记录好的小额贷款公司扩大其融资来源，通过相互拆借资金、吸收转贷款、批发贷款，进而吸收一定比率的存款等方式扩大其资金来源。同时，小额贷款公司也应与具有一定资金实力的民营企业合作，拓展融资渠道。

其三，政府加大扶持力度，实行政策倾斜。建议对农村小额贷款公司发放贷款免征利息税、减免营业税和所得税税率。目前，地方政府可通过地方税“先征后返”，从有关经费中安排专项资金进行财政补贴或对公司发放贷款的农户进行利息补贴，对其进行必要的扶持。

其四，小额贷款公司要明确监管主体。《关于小额贷款公司试点的指导意见》中对监督管理部门并没有明确规定，而笔者认为人民银行是最现实可行的选择。特别是目前，人民银行县域支行的工作潜能尚未充分“发挥”，他们对于这项任务很有积极性，应当能够接受委托。基层人民银行应当承担其责，加强窗口指导，指导农村小额贷款公司规范发展。人民银行县支行应充分发挥地理上贴近农村小额贷款公司的优势，尝试建立个性化的调查统计监测分析制度，及时掌握农村小额贷款公司运营情况，确保其在规定的业务范围和贷款利率范围内规范运作；吸收安排农村小额贷款公司列席行长联席会议、政府组织的银企对接活动，促使其在更高的层面上理解国家宏观调控政策及货币政策意图，提升合规经营意识，正确把握贷款投向。

其五，小额贷款公司应尽快接入人民银行征信系统，解决征信系统数据接口问题，降低贷款调查成本。小额贷款公司在发放贷款过程中与借款人存在信息不对称问题，如果接入人民银行的企业征信系统和个人征信系统，在发放贷款前对借款人进行信用报告查询，就可以很容易掌握借款人的信用状况，从而减少信用风险的发生。主管部门应加快全省小额贷款公司统一业务系统的研发工作，完善相关制度，尽早实行小额贷款公司业务数据库与人民银行征信系统的信息切换，为其所覆盖的广大农村地区的农户信用体系建设提供可能。

最后，加大员工的各种培训力度。我国小额贷款公司在目前人才短缺的情况下，应进一步加大现有人才的培训力度，使员工既有一定的理论知识又有实际的操作经验。同时，加强对员工的职业操守培养，使员工成为诚实、可信、敬业的员工。公司还应该加大员工相关法律、法规的培训，使员工在现有的规章制度下合法合规经营业务，并随时了解国家相关政策的变化，及时调整业务。①

① 姚志强. 当前小额贷款公司运行面临的难点及建议[J]. 经济师，2009(9).

# 第五章　农村金融的主要形式——村镇银行

## 第一节　村镇银行的概念及其制度价值

### 一、村镇银行的概念及其性质

根据《村镇银行管理暂行规定》，村镇银行是指经中国银行业监督管理委员会依据有关法律法规批准，由境外金融机构、境内非金融机构企业法人、境内自然人出资，在农村地区设立的主要为当地农民、农业和农村经济发展提供金融服务的银行业金融机构。

从概念及内涵来看，村镇银行具有如下性质：(1)村镇银行是独立的企业法人，享有由股东投资形成的全部法人财产权，依法享有民事权利，并以全部法人财产独立承担民事责任；(2)村镇银行以安全性、流动性、效益性为经营原则，自主经营，自担风险，自负盈亏，自我约束；(3)村镇银行依法开展业务，不受任何单位和个人的干涉；(4)村镇银行是按照商业可持续发展原则设立的，是农村银行业金融服务体系的一个组成部分，业务品种较为丰富；(5)村镇银行是不同于小额信贷组织的新型农村金融机构。小额信贷组织是主要依靠自有资金开展贷款业务的经济组织，不得对公众吸收存款，也不得向金融机构通过融资形式获取资金，以转贷形式发放贷款。小额贷款组织不属于中国银监会的监管范围。

## 二、我国村镇银行成立的背景及其意义

### (一)我国村镇银行成立的背景

1. 农村金融创新需要村镇银行

目前,我国农村地区的金融机构有农业银行、农业发展银行、农信社、农村商业银行以及邮政储蓄银行等。从表面上看功能合理,种类齐全,但实际上,为进行股份制改革,农业银行撤并了大量县级以下机构,即使存在一些网点,也收缩了放贷权限,为农村发展提供的资金支持特别是小额贷款很少。农业发展银行专门发放粮棉油流通贷款,业务范围过于狭窄,没有体现出政策性银行对农村经济发展所应有的推动作用。在邮政储蓄银行成立前,邮政储蓄大部分的存款来自农村基层,但不发放贷款,邮政储蓄成为农村资金外流的主要渠道。邮政储蓄银行的成立可以说能解决部分问题,但其作用的大小以及效果的好坏还需以时日加以验证。而农村信用社资金来源渠道狭窄,不良贷款比率较高,行业规模不大,为“三农”提供金融服务的能力有限。并且随着农村信用社改革的不断深化,其资金投入“城市化倾向”日益突出。

在广大农村地区,民间借贷活动极为活跃,由于缺少有效的监管和风险补偿机制,累积的金融风险不容忽视。据统计,县及县以下农村地区平均每万人拥有银行业机构数只有 1.26 个,而城市超过两个,农村地区仍有 3302 个乡镇没有银行业机构网点。在当前的农村金融体系中,农户和农村中小企业难以获得发展所必须的资金。因此,在引导商业性、政策性金融机构重返农村的同时,大力发展和培育适合“三农”特点的村镇银行,发挥其经营灵活、运营

效率高等优势，以有效增强农村地区金融服务的能力，切实提高农村金融服务水平。国际经验也表明，解决农村金融难题的途径之一就是，广泛设立为农村中小企业和农民提供金融服务的诸如村镇银行之类的微型商业金融机构。①

2. 符合农村金融需求的特点及结构要求

农村金融需求主要呈现出以下特点。一是在总量上农村地区对金融的需求量很大。虽然农户对单笔资金的需求可能很小，但中国有8亿农村人口，广大农户和农村企业的发展必然使得相应的金融需求大幅增加。二是在结构上金融需求多样化。农村农户不仅有存贷款方面的服务需求，有部分农户还需要结算、汇兑、金融咨询、信托、保险、代理买卖等个性化的金融服务需求。三是单笔金融需求规模小但频率很高。由于需求主体较多，使得需求的笔数增多，总量也很大。四是需求不稳定，周期性强。农业产业作为一个弱势产业，受自然灾害和市场价格波动的影响很大，农业产业的周期性因素也会造成对金融需求的不稳定。五是风险较大。由于农民和农业企业的生产经营在很大程度上受自然条件的限制，再加上需求主体与金融机构之间的信息不对称，使得金融需求的风险较大。

现有的农村金融体系与上述农村金融的需求特点很不相适应，这主要表现在两个方面：一是金融供给在数量上严重不足，这在上一节中已经叙述过；二是在结构、种类上，农村地区金融机构所能提供的服务种类单一，很难满足多样化的金融需求。

---

① 丁勇，杨加鸥. 关于设立村镇银行的若干思考[J]. 浙江经济，2007(17).

3. 村镇银行具有广阔的发展前景

村镇银行最主要的特点就是植根于农村,为建设社会主义新农村做贡献,具有其他金融机构无可比拟的优势。首先,农业是一个弱质性产业,这就决定了农业贷款具有相对较高的风险,而村镇银行的信贷活动通常是建立在对农户和农村企业信息充分掌握的基础上的,信息不对称程度相对大银行而言较小,风险识别能力也较强,能够在贷款中获得更大的安全盈利空间。其次,村镇银行的经营范围较为固定,一般只局限于本地区,而现在也不允许村镇银行跨地区放款。管理层次也少,借贷手续相对简单,有效地控制了信息成本和交易成本,迎合了农村的资金需求特点。村镇银行将在一个地区吸收的存款继续投入到该地区,从而能够推动当地经济的发展,避免资金的外流,因此更能获得当地政府和农民的支持。再次,村镇银行可以根据农村企业和农户的不同需求设计专门性的服务,发挥比较优势,提供多层次的产品,推动金融服务的差异化发展。最后,村镇银行通常规模都比较小,设立所需资本不高,即使经营不善,其他资本也可以以不高的成本接管,还可以根据市场中的竞争及时调整策略,完善其自身的各项功能。

发展村镇银行,要充分利用其规模较小、经营灵活的优势,进一步推动金融工具、金融方式、金融技术、金融产品等方面的创新,提高银行业的经营活力,促进银行业的良性竞争,推进农村金融机构的改革,尤其是推动国有商业银行改变其长期形成的经营方式,进一步加快商业化步伐。村镇银行的建立在一定程度上有利于提高我国农村金融的活力和效率,因此,村镇银行在农村有广阔的发展前景。

4. 村镇银行的设立符合国家政策和立法的规定

为解决农村地区银行业金融机构网点覆盖率低、金融供给不足、竞争不充分等问题，中国银行业监督管理委员会按照商业可持续原则，适度调整和放宽农村地区银行业金融机构准入政策，降低准入门槛，强化监管约束，加大政策支持，促进农村地区形成投资多元、种类多样、覆盖全面、治理灵活、服务高效的银行业金融服务体系，以更好地改进和加强农村金融服务，支持社会主义新农村建设，于2006年12月20日下发了《中国银行业监督管理委员会关于调整放宽农村地区银行业金融机构准入政策更好支持社会主义新农村建设的若干意见》，鼓励和引导金融机构和境内外各类资本加大对农村地区的金融投资，增设网点。随后又于2007年1月29日发布了《村镇银行管理暂行规定》等六项新型农村银行业金融机构的行政许可及监管细则，村镇银行应运而生。①

## （二）村镇银行设立的积极意义

村镇银行是我国上溯至农业集体化以来在农村中第一次出现的合法的由个人和民营企业资金入股的银行业组织，它的成立发展对加快我国农村金融改革，促进社会主义新农村建设意义重大。

1. 标志着我国农村金融改革进入到了一个新阶段

我国农村地区银行业金融机构网点覆盖率低、金融供给不足、竞争力不充分等问题，已经成为制约我国农村经济发展的重要瓶颈。具有低门槛、多元化资金来源、灵活多样的股权与治理结构的

① 徐滇庆. 解放思想，探索开放村镇银行新思路［J］. 武汉金融，2008(5).

村镇银行进入农村金融市场，不但为农村金融市场引入了增量因素，而且村镇银行从成立之始，就对其设立条件、治理结构、经营管理、内控机制及监管等方面都做出了严格的规定，对股东在财务状况、经营管理能力等方面的要求更形成了机构经营者的优胜劣汰，这必将推动农村金融的不断发展。

2. 村镇银行的设立为农村金融注入了新鲜血液

村镇银行的设立增加了对农村金融供给的新渠道，有助于填补我国广大农村地区金融服务的空白，缓解农村金融的“贫血症”。一直以来，我国农村地区对贷款特别是小额贷款的需求量很大，但不能得到满足，村镇银行的设立从一定程度上对此能有所改善。

3. 有利于竞争性农村金融市场的构建

长期以来，我国农村金融改革的重点始终围绕着农村信用社这一存量机构展开，可是从结果看效果都不甚理想。改革后的农信社的经营状况并未得到根本改变，效率低下、形式单一等问题依然存在。其主要原因在于，农信社在农村金融中几乎处于垄断地位，本身缺乏改进的动力。而村镇银行的建立，无疑将会与农信社形成一定程度的竞争，在促进其改革与发展的过程中，逐渐促成竞争性的市场环境。农村金融市场的有效化发展，最终会使广大农民得到好处。①

## 三、村镇银行的设立要求

村镇银行的名称由行政区划、字号、行业、组织形式依次组成，

---

① 沈露露. 村镇银行发展监管是关键[J]. 金融博览，2007(4).

其中行政区划指县级行政区划的名称或地名。

设立村镇银行的条件包括:(1)有符合规定的章程;(2)发起人或出资人应符合规定的条件,且发起人或出资人中应至少有1家银行业金融机构;(3)在县(市)设立的村镇银行,其注册资本不得低于300万元人民币;在乡(镇)设立的村镇银行,其注册资本不得低于100万人民币;(4)注册资本为实收货币资本,且由发起人或出资人一次性缴足;(5)有符合任职资格条件的董事和高级管理人员;(6)有具备相应专业知识和从业经验的工作人员;(7)有必须的组织和管理制度;(8)有符合要求的营业场所、安全防范措施和与业务有关的其他设施;(9)中国银行业监督管理委员会规定的其他审慎性条件。

要设立村镇银行,首先应依照《中华人民共和国公司法》自主选择组织形式。设立村镇银行应当经过筹建和开业两个阶段,各个阶段都需要提交相关材料。其中,筹建:①筹建申请书;②可行性研究报告;③筹建工作方案;④筹建人员名单及简历;⑤发起人或出资人的基本情况,及除自然人以外的其他发起人或出资人最近两年审计的会计报告;⑥发起人或出资人为境内外金融机构的,应提交其注册地监管机构出具的书面意见;⑦中国银行业监督管理委员会规定的其他材料。开业:①开业申请书;②筹建工作报告;③章程草案;④拟任职董事、高级管理人员的任职资格申请书;⑤法定验资机构出具的验资证明;⑥营业场所所有权或使用权的证明材料;⑦公安、消防部门对营业场所出具的安全、消防设施合格证明;⑧中国银行业监督管理委员会规定的其他材料。

申请村镇银行的董事和高级管理人员任职资格,拟任人除应符合银行业监督管理机构规定的基本条件外，还应符合下列条件：村镇银行董事应具备与其履行职责相适应的知识、经验及能力；村镇银行董事长和高级管理人员应具备从事银行业 5 年以上，或者从事相关经济工作 8 年以上（其中从事银行业工作 2 年以上）的工作经验，具备大专以上（含大专）学历；村镇银行分支机构的负责人应通过所在地银监局组织的从业资格考试，并在任职前报银监分局或所在城市银监局备案。

村镇银行可根据农村金融服务和业务发展需要，在县域范围内设立分支机构。设立分支机构不受拨付营运资金额度及比例的限制。村镇银行分支机构的筹建方案，应事前报监管办事处备案。未设监管办事处的，向银监分局或所在城市的银监局备案。村镇银行在分支机构筹建方案备案后即可开展筹建工作。①

## 第二节　村镇银行的组织架构

### 一、村镇银行的股权设置和股东资格

#### （一）村镇银行的股权设置要求

村镇银行的股权设置除按照《中华人民共和国公司法》有关规定执行外，还应符合下列基本要求。（1）村镇银行的最大股东或唯一股东必须是银行业金融机构。（2）最大银行业金融机构股东持股比例不得低于村镇银行股本总额的 20%，单个自然人股东及关联方持股比例不得超过村镇银行股本总额的 10%，单一非银行金

① 高丽平. 我国村镇银行发展初探[J]. 四川行政学院学报，2007(3).

融机构或单一非金融机构企业法人及其关联方持股比例不得超过村镇银行股本总额的10%。(3)任何单位或个人持有村镇银行股本总额5%以上的,应当事前报经银监分局或所在城市银监局审批。(4)村镇银行股东不得虚假出资或者抽逃出资;村镇银行不得接受本行股份作为质押权标的;村镇银行的股份可依法转让、继承和赠与,但发起人或出资人持有的股份自村镇银行成立之日起3年内不得转让或质押;村镇银行董事、行长和副行长持有的股份,在任职期间内不得转让或质押。①

### (二)村镇银行的股东资格

第一,境内金融机构投资入股村镇银行应当具备的条件:(1)商业银行未并表和并表后的资本充足率均不低于8%,且主要审慎监管指标符合监管要求,其他金融机构的组要合规和审慎监管指标符合监管要求;(2)财务状况良好,近两个会计年度连续盈利;(3)入股资金来源真实合法;(4)公司治理良好,内部控制健全有效;(5)银监会规定的其他审慎性条件。此外,境内金融机构出资设立或入股村镇银行,须事先报经银行业监督管理机构及有关部门批准。

第二,境外金融机构投资入股村镇银行应当具备的条件:(1)最近一年年末总资产原则上不少于10亿美元;(2)财务稳健,资信良好,最近两个会计年度连续盈利;(3)银行业金融机构资本充足率应达到其注册地银行业资本充足率平均水平且不低于8%,非银

① 许可,段愿.村镇银行设立对农村金融市场的影响及建议[J].当代经济(下半月),2007(7).

行金融机构资本总额不低于加权风险资产总额的10%；(4)入股资金来源真实合法；(5)公司治理良好，内部控制健全有效；(6)注册地国家(地区)金融机构监督管理制度完善；(7)该项投资符合注册地国家(地区)法律法规的规定以及监管要求；(8)注册地国家经济状况良好；(9)中国银行业监督管理委员会规定的其他审慎性条件。

第三，境内非金融机构企业法人投资入股村镇银行应当具备的条件：(1)在工商行政管理部门登记注册，具有法人资格；(2)有良好的社会声誉、诚信记录和纳税记录；(3)财务状况良好，入股前上一年度盈利；(4)年终分配后，净资产达到全部资产的10%以上(合并会计报表口径)；(5)入股资金来源合法，不得以借贷资金入股，不得以他人委托资金入股；(6)有较强的经营管理能力和资金实力；(7)中国银行业监督管理委员会规定的其他审慎性条件。

第四，境内自然人投资入股村镇银行应当具备的条件：(1)有完全民事行为能力；(2)有良好的社会声誉和诚信记录；(3)入股资金来源合法，不得以借贷资金入股，不得以他人委托资金入股；(4)中国银行业监督管理委员会规定的其他审慎性条件。

## 二、村镇银行的公司治理结构及其运行

### (一)村镇银行的公司治理结构

村镇银行的组织机构及其职责应按照《中华人民共和国公司法》的相关规定执行，并在其章程中明确。村镇银行应根据其决策管理的复杂程度、业务规模和服务特点设置简洁、灵活的组织机构。

村镇银行可只设立董事会,行使决策和监督职能;也可不设董事会,由执行董事行使董事会相关职责。村镇银行应建立有效的监督制衡机制。不设董事会的,应由利益相关者组成监督部门(岗位)或利益相关者派驻专职人员行使监督检查职责。

村镇银行设行长1名,根据需要设副行长1至3名。规模较小的村镇银行,可由董事长或执行董事兼任行长。村镇银行董事会或监督管理部门(岗位)应对行长实施年度专项审计,审计结果应向董事会、股东会或股东大会报告,并报银监分局或所在城市银监局备案。行长、副行长离任时,须进行离任审计。村镇银行可设立独立董事,独立董事与村镇银行及主要股东之间不应存在影响其独立判断的关系。独立董事履行职责时,尤其要关注存款人和中小股东的利益,履行职务责任和勤勉义务。董事违反法律法规或村镇银行章程,致使村镇银行遭受严重损失的,应当承担赔偿责任。行长、副行长违反法律法规或超出董事会或执行董事授权范围做出决策,致使村镇银行遭受严重损失的,应承担相应赔偿责任。

村镇银行董事会和经营管理层可根据需要设置不同的专业委员会,提高决策管理水平。规模较小的村镇银行,可不设专业委员会,并视决策复杂程度和风险高低程度,由相关的专业人员共同研究决策或直接由股东会或股东大会作出决策。村镇银行要建立适合自身业务特点和规模的薪酬分配制度、激励约束机制,培育与之相适应的企业文化。

### (二)村镇银行的经营管理与监管

1.村镇银行的经营管理

(1)业务范围。经银监会分局或所在城市银监局批准,村镇银行可经营的业务种类包括:①吸收公众存款;②发放短期、中期和长期贷款;③办理国内结算;④办理票据承兑和贴现;⑤从事同业拆借;⑥从事银行卡业务;⑦代理发行、代理兑付、承销政府债券;⑧代理收付款及代理保险业务。

(2)贷款发放。村镇银行应建立适合自身业务发展的授信工作机制,合理确定不同借款人的授信额度。在授信额度以内,村镇银行可以采取一次授信、分次使用、循环放贷的方式发放贷款。村镇银行发放贷款应坚持小额、分散的原则,提高贷款覆盖面,防止贷款过度集中。村镇银行对同一借款人的贷款余额不得超过资本净额的5%;对单一集团企业客户的授信余额不得超过资本净额的10%。村镇银行应建立审慎、规范的资产分类制度和资本补充、约束机制,准确划分资产质量,充分计提呆账准备,及时冲销坏账,真实反映经营成果,确保资本充足率在何时都不低于8%,资产损失准备充足率不低于10%。

(3)内部控制与审计机制。村镇银行应建立健全内部控制制度和内部审计机制,提高风险识别和防范能力。对内部控制执行情况进行检查、评价,并对内部控制的薄弱环节进行纠正和完善,确保依法合规经营。村镇银行执行国家统一的金融企业财务会计制度以及银行业监督管理机构的有关规定,建立健全财务、会计制度。村镇银行应真实记录并全面反映其业务活动和财务状况,编制财务会计报告,并提交权力机构审议。

2. 村镇银行的监督检查

(1)村镇银行开展业务,依法接受银行监督管理机构监督管理。银行业监督管理机构根据村镇银行业务发展和当地客户的金融服务需求,结合非现场监管及现场检查结果,依法审批村镇银行的业务范围和新增业务种类。银行业监督管理机构依据国家有关法律、行政法规,制定村镇银行的审慎经营规则,并对村镇银行风险管理、内部控制、资本充足率、资产质量、资产损失准备充足率、风险集中、关联交易等方面实施持续、动态的监督。银行业监督管理机构按照《商业银行监管内部评级指引》的有关规定,制定对村镇银行的评级办法,并根据监管评级结果,实施差别监管。监督管理机构应根据村镇银行的资本充足状况和资产质量状况,适时采取监管措施。

(2)银行业监督管理机构应建立对村镇银行支农服务质量的考核体系和考核办法,定期对村镇银行发放的支农贷款情况进行考核评价,并可将考核评价结果作为对村镇银行综合评价、行政许可及高级管理人员履职评价的重要内容。

(3)村镇银行违反规定的,银行业监督管理机构有权采取风险提示、约见其董事或高级管理人员谈话、监管质询、责令停办业务等措施,督促其及时进行整改,防范风险。①

3. 村镇银行的变更与终止

村镇银行有下列变更事项之一的,需经银监会分局或所在城市银监局批准:(1)变更名称;(2)变更注册资本;(3)变更住所;(4)调整业务范围;(5)变更持有资本总额或者股份总额5%以上

① 石丹林,欧阳姝. 村镇银行:农村金融体制改革的新突破[J]. 武汉金融,2007(4).

的股东;(6)修改章程;(7)变更组织形式;(8)中国银行业监督管理委员会规定的其他变更事项。村镇银行的接管、解散、撤销和破产,执行《中华人民共和国商业银行法》及有关法律、行政法规的规定。村镇银行因解散、被撤销和被宣告破产而终止的,应向发证机关缴回金融许可证,及时到工商行政管理部门办理注销登记,并予以公告。

## 第三节　村镇银行发展存在的问题及其改革方向

### 一、村镇银行的发展现状及其面临的问题

#### (一)村镇银行的发展现状

2006年12月20日,中国银监会发布《关于调整放宽农村地区银行业金融机构准入政策,更好支持社会主义新农村建设的若干意见》,鼓励社会各类资本新设主要为当地农户提供金融服务的村镇银行、贷款公司和社区信用合作组织。首批选择在四川、内蒙古、甘肃、青海、吉林和湖北六省(区)进行试点,这标志着中国农村金融将迎来一个新的转折点,有人甚至欢呼:“中国农村金融改革的春天到来了。”

为做好调整放宽农村地区银行业金融机构准入政策的试点工作,2007年1月22日,中国银行业监督管理委员会制定了《村镇银行管理暂行规定》。该《暂行规定》就村镇银行的性质、法律地位、组织形式、设立方式、股东资格、组织机构、业务经营、审慎监管、市

场退出等分别做出了较为详细的规定，体现了“低门槛，严监管”的原则，即在出资人或发起人条件、注册资本、业务准入、高级管理人员任职资格条件、公司治理等方面进行适当调整和放宽，而在村镇银行的审慎经营、银行业监督管理机构对村镇银行审慎监管的要求方面做出了严格规范。

2007 年 3 月 1 日或许是一个可以载入中国金融史的日子。这一天，一批创新型的农村金融机构从纸面走入了现实——四川仪陇惠民村镇银行、吉林东丰诚信村镇银行、吉林磐石融丰村镇银行正式挂牌开业，村镇银行的试点就此拉开大幕。截至 2007 年底，首批试点 6 省累计已开业村镇银行 19 家（见表 5 - 1），其中，吉林省 5 家，内蒙古 1 家，湖北 6 家，四川 3 家，甘肃 3 家，青海 1 家。从这些村镇银行可以看出，注册资本普遍较少，注册资本最多的是四川成都邛崃国民村镇银行有 5000 万元，少的只有几百万元。

2007 年底，第一批新型金融机构试点范围扩大之后，全国各地村镇银行如雨后春笋般发展起来。截至 2008 年 3 月初，全国大约已有 100 余家村镇银行正式营业，广泛分布于全国各省。同第一批试点相比，第二批广泛分布于全国各地，像北京和上海这样的发达地区，也拉开了试点的大幕。在东南沿海经济较为发达的地区也有不少试点，而且相对于第一批试点来说，村镇银行的规模有了大幅度的提高，不少村镇银行的注册资本都已过亿。①

① 李莉莉. 村镇银行促农村金融发展[J]. 银行家，2007(5).

表5-1　2007年底首批试点6省已开业村镇银行

| 银行 | 成立时间 | 出资人 | 注册资本 | 主要业务 |
|---|---|---|---|---|
| 四川仪陇惠民村镇银行 | 2007.3. | 南充市商业银行、当地四川明宇集团、四川海山国际贸易有限公司等5家企业。 | 200万元 | 储蓄和贷款(小额农户贷款、微小企业贷款、专业农户贷款)。 |
| 吉林磐石融丰村镇银行 | 2007.3. | 吉林市商业银行、88个自然人。 | 2000万元 | 存款业务“三农”贷款。商铺贷款、中小企业贷款、下岗再就业贷款和个人综合消费贷款业务以及各类中间业务。 |
| 吉林东丰诚信村镇银行 | 2007.3.1 | 辽源市城市信用社、3家非金融机构企业法人和6个自然人。 | 2000万元 | 联保贷款模式,是以村委会为纽带,建立贷款服务中心,同时聘请村于部作为中心贷款管理员。 |
| 甘肃庆阳瑞信村镇银行 | 2007.3.15 | 西峰区农村信用联社、5家非金融企业法人和36户自然人。 | 1080万元 | 吸收公众存款,发放短期、中期和长期贷款,从事银行卡业务,办理国内结算等。 |

续表 5－1

| 银行 | 成立时间 | 出资人 | 注册资本 | 主要业务 |
|---|---|---|---|---|
| 甘肃径川汇通村镇银行 | 2007.3.16 | 国开行、径川农信社、平凉城市信用社、7户自然人。 | 1800万元 | 储蓄和贷款（小额农户贷款、微小企业贷款、专业农户贷款）。 |
| 吉林敦化江南村镇银行 | 2007.3.28 | 延边农村合作银行、19个自然人。 | 1000万元 | 延续了信用社的信贷管理模式，即抵押或者联保，并实行了五级分类。 |
| 内蒙古包头市包商惠农村镇银行 | 2007.4.8 | 包头市商业银行等 | 300万元 | 吸收公众存款、发放短期、期、长期贷款、办理国内结算、办理票据承兑与贴现、同业拆借、银行卡、代理发行、代理兑付、承销政府债券，代理收付款项及保险业务和经银行业监督管理机构批准的其他业务。 |
| 湖北仙桃北农商村镇银行 | 2007.4.29 | 北京农商行 | 1000万元 | 存、贷、汇款；国内结算、银行卡业务、兑付、承销政府债券及代理保险业务等。 |

续表 5-1

| 银行 | 成立时间 | 出资人 | 注册资本 | 主要业务 |
|---|---|---|---|---|
| 四川北川富民村镇银行 | 2007.7.19 | 绵阳市商业银行、国家开发银行、绵阳家福来电器公司等四家企业和43个自然人。 | 531万元 | 吸收公众存款；发放短、中、长期贷款；办理国内结算和票据承兑与贴现；从事同业拆借；代理发行、代理兑付、买卖政府债券；代理收付款项及代理保险业务；以及经银监会批准的其它业务。 |
| 甘肃陇南武都金桥村镇银行 | 2007.7.20 | 兰州市商业银行、武都区信用联社两家银行、当地3家非金融机构、10个自然人。 | 800万元 | 春耕生产扶持贷款、外出务工人员贷款、农村贫困家庭助学贷款、农村种植、养殖业专项贷款、农村土畜产品产供销贷款、中药材种植、加工、销售专项贷款、田水利设施配套贷款、农业生产机具专项贷款、农村个体经营户流动资金贷款、农村复转军人创业贷款。开办城镇下岗职工、复转军人创业贷款和城镇个体工商户流动资金贷。 |

续表 5－1

| 银行 | 成立时间 | 出资人 | 注册资本 | 主要业务 |
|---|---|---|---|---|
| 湖北恩施咸丰常农商村镇银行 | 2007.8.18 | 常熟农村商业银行、湖北发夏食品有限公司、恩施州咸丰新力二公司、来凤县好利来商贸有限公司等9家企业。 | 1000万元 | 吸收公众存款；发放短期、中期和长期贷款；办理国内结算；办理票据承兑与贴现；从事同业拆借；从事银卡业务；代理发行、代理兑付、承销政府债券；代理收付款项及代理保险业务；经银行业监督管理机构批准的其他业。 |
| 青海大通开元村镇银行 | 2007.9.27 | 国开行、西宁市商业银行、西宁城市投资管理有限公司、大通县国有资产运营管理中心、青海桥电实业总公司。 | 2000万元 | 储蓄和贷款（小额农户贷款、微小企业贷款、专业农户贷款）。 |
| 湖北随州曾都汇丰村镇银行 | 2007.10 | 汇丰银行 | 1000万元 | 为进行小型经营的农民、农产品供应方以及出日方提供普通银行服务以及贸易金融等。 |

| 银行 | 成立时间 | 出资人 | 注册资本 | 主要业务 |
|---|---|---|---|---|
| 湖北咸宁市嘉鱼吴江村镇银行 | 2007.11.8 | 吴江农村商业银行、嘉鱼的川野集团、盛宇集团、吴江新惠经编有限公司四家企业及10个自然人。 | 1000万元 | 吸收公众存款；发放短期、中期和长期贷款；办理国内结算；办理票据承兑与贴现；从事同业拆借等。 |
| 湖北省大冶市大冶国开村镇银行 | 2007.12.18 | 由国家开发银行作为主要发起人，控股51%，湖北省供销社社有资产经营管理公司、湖北劲牌印务有限公司、湖北升峰换热器有限公司等9家企业法人共持股49%。 | 3000万元 | 吸收存款，发放涉农贷款等。 |
| 吉林省白城市镇赉县镇虎赉国开村镇银行 | 2007.12.18 | 由国开行作为主发起人，并引进江苏雨润集团、黑龙江飞鹤乳业等国内知名企业共同设立。 | | |
| 吉林省松原市前郭县阳光村镇银行 | 2007.12.26 | 由平罗县农村信用合作联社发起筹建，平罗联社出资400万元，占该村镇银行20%股份，其余80%为社会自然人月股份。 | 2000万元 | 吸收存款，发放涉农贷。 |

续表 5-1

| 银行 | 成立时间 | 出资人 | 注册资本 | 主要业务 |
| --- | --- | --- | --- | --- |
| 湖北省襄樊市宜城国开村镇银行 | 2007.12.28 | 由国家开发银行作为主发起人，联合湖北省农业生产资料有限公司、湖北国盛天时汽车销售服务有限公司、宜城市人达建筑安装工程有限责任公司、襄樊大山现代农业有限公司等吐家企业法人共同出资组建。其中国家开发银行出资1000万元，吐个企业法人各出资150万元。 | 1600万元 | 主要为宜城市农业、农村和农民发展提供金融服务，逐步扩大信贷资金投放。 |

## (二)我国村镇银行所面临的问题

作为新生事物，村镇银行在经过一段时间的发展后暴露出不少问题。没有问题就不可能找出不足，就不会有更好的发展，关键是能够发现所存在的问题，并且针对具体问题做出改进，这样才能形成一个良性循环。村镇银行在发展过程中表现的问题很多，笔者经过归纳总结为以下几方面。

1. 村镇银行自身经营管理中存在的问题

(1)资金来源渠道仍未很好解决。以吉林诚信村镇银行为例，该行于2007年3月1日获准开业后，截至2007年8月末，贷款余额为1416万元，存款余额617万元，存贷比高达228.54%，而且存款多数来源于县企业。吉林省磐石市融丰村镇银行行长介绍其面临的资金来源问题时指出:“因为是新开业的银行,公信力不比国字头银行,所以吸储能力很低。”这也反映了村镇银行的社会认知度还是太低,很多人还没有对村镇银行的成立及其意义有清楚的了解。加之大量农村储蓄存款的外流和本来就并不富裕的农民,也使得村镇银行存款来源少,制约了其进一步扩展市场、扩大业务范围。村镇银行网点少,现代化手段缺乏,缺乏对农村居民的吸引力,部分居民将钱存到村镇银行,其初衷也主要是为了获得村镇银行的优惠贷款。

(2)极易偏离办行宗旨。根据《村镇银行管理暂行规定》,村镇银行是指经中国银行业监督管理委员会依据有关法律法规批准,由境内外金融机构、境内非金融机构企业法人、境内自然人出资,在农村地区设立的主要为当地农民、农业和农村经济发展提供金融服务的银行业金融机构。服务“三农”是村镇银行的根本宗旨。一些村镇银行的发起人或出资人在设立时,为了能够顺利通过审批都会承诺恪守服务“三农”的根本宗旨,在村镇银行成立之初,严格执行有关政策和法规,以服务“三农”为已任开展金融服务工作。但由于村镇银行是“自主经营,自担风险,自负盈亏,自我约束”的独立的企业法人,部分发起人或出资人必然会把实现利润最大化作为自身最大的追求目标。而农民作为弱势群体,农业、农村经济作为风险较高、效益较低的弱势经济,受自然条件和市场条件的影响巨大,在农业保险严重缺乏的情况下,村镇银行在利益的驱使下很难实现“从一而终”的经营理念,它们会逐渐偏离服务“三农”和支持新农村建设的办行宗旨寻求新的市场定位。在此情况下,发生在农村地区的国有商业银行的信贷资金“农转非”现象将不可避免地在村镇银行重现。

(3)隐含风险大,抵御风险能力较差。村镇银行的服务对象主要是当地的农户或者企业。农业作为一个弱势产业,存在着较高的风险,效益又较低,受自然风险和市场风险的影响巨大,而目前在农业保险体系不健全的情况下,一旦发生自然灾害,借款人就有可能不会按期偿还贷款。即使有抵押,但由于抵押品多是农民的住房、农田和农机等,抵押品一般很难变现。改革开放以来,为支持农村经济的发展,国家出台了一系列惠农政策,农民得到了很多实惠,因而也使一部分农民对国家政策产生了很强的依赖心理,凡是国家在涉农方面的政策举动都被认为是对农民的“救助”行为。以村镇银行来说,有些人认为,在村镇银行获得了贷款就等于在财政部门拿到了补贴,可不用考虑归还;加之村镇银行发放小额贷款时多以信用贷款为主,很容易形成贷款的道德风险。

(4)产品缺少特色。村镇银行的服务对象主要是当地农户的农民,从目前的经营范围来看,虽然业务品种较全,但缺少有农村特色、真正符合农村实际的产品,比如无抵押生产贷款、生活贷款、农民子女教育贷款等。

(5)单笔贷款金额偏大、风险度较集中。《村镇银行管理暂行规定》第四十一条规定,“村镇银行发放贷款应坚持小额、分散的原则,提高贷款覆盖面,防止贷款过度集中。村镇银行对同一借款人的贷款余额不得超过资本净额5%……”。以吉林磐石融丰村镇银行为例,截至到2008年9月,已发放贷款782笔,贷款余额为2389万元。其中单笔贷款最大金额为200万元,贷款利率为6.27%,发放对象为非农民；单笔贷款最小金额为1000元，贷款利率为9.159%，发放对象为农民。这显示了信贷资金过度集中，风险较大，而对农民发放的贷款金额较小，利率较高。200万元即使对一个国有商业银行来说也是一笔数额不小的贷款，更何况对村镇银行这样旨在为“三农”服务，主要以小额贷款为主的小银行了。

2. 社会认知方面存在的问题

村镇银行成立的时间较短，加上网点又少，使得大部分农村居民对其缺乏了解，与国有商业银行、邮政储蓄银行、农村信用社相比，农村居民对村镇银行的认可程度大打折扣。村镇银行入股的股东可以是自然人，致使部分群众认为村镇银行是入股的私营企业老板个人的银行，有的群众甚至将其与20世纪的农村合作基金会联系起来，怕再一次受骗上当，不敢到村镇银行办理业务。村镇银行作为一个新鲜事物，还不可能一下子累积起自己在社会和客户中的信誉，因此，在短时间中，村镇银行在吸引存款和业务拓展中必然会遇到这样或那样的困难，老百姓对村镇银行还有一个观望、观察、尝试的过程，这也是可以理解的。

3. 人才瓶颈问题

人才问题也是村镇银行目前面临的瓶颈因素之一，一支优秀的人才队伍是一个银行能够获得成功的一个重要前提。由于村镇银行主要设立在较为偏远的农村地区，在吸引人才方面，很难与大的国有银行和股份制银行相媲美，更难以与外资银行相竞争。村镇银行应在人才招聘方面更具灵活性，但应该严格避免“近亲繁殖”。从已开业的一些村镇银行来看，其员工大部分是从农村信用社转来的，来自大银行的有经验的专业人才很少，一些大中专毕业生对村镇银行也缺乏“入行”的兴趣，因此村镇银行业务急需的专业人才显得很缺乏，这严重制约了其发展的后劲。

4. 监管层面存在的问题

首先，村镇银行的监管难度较大。对于村镇银行的监管，面临的难点主要来自两个方面：一是村镇银行多设于农村地区，监管半径越过县乡两级，监管难度较大、费用较高；二是经营管理模式多样化，增加了监管难度。由于各村镇银行业务复杂程度和经营规模的不同，经营管理模式各异，监管机构不能实施对村镇银行的统一监管，而是要根据各村镇银行经营的特点制定不同的监管措施，实行一行一策监管，有效监管面临巨大挑战。

其次，法律法规不健全，政策扶持力度不足。银监会《关于调整放宽农村地区银行业金融机构准入政策更好支持社会主义新农村建设的若干意见》出台以后，又陆续发布了《村镇银行管理暂行规定》、《村镇银行组建审批工作指引》等六项新型农村银行业金融组织的行政许可和监管细则，但对农村新型金融组织的财政支持、税收优惠、金融监管、融资等具体规则却还没有出台。①

## 二、村镇银行发展亟待解决的制度性障碍

### （一）村镇银行发起人资格受限

《村镇银行管理暂行规定》第二十五条规定：“村镇银行最大股东或唯一股东必须是银行业金融机构。最大银行金融机构持股比

① 王鸿智. 建立村镇银行应正确处理好几个关系[J]. 华南金融，2007(10).

例不得低于村镇银行股本总额的20%。"该规定仅允许境内外银行业金融机构作为主发起人,其他法人机构均被排除在外。将民间资本排除在外,不利于村镇银行发挥农村"内生性"银行作用。首先,村镇银行发起人这个制度设计,容易产生"一股独大"现象。村镇银行独立法人自主决策无法体现出来,容易变成主发起行分支机构的衍生,届时村镇银行的经营也必将受大股东掌控。其次,存在法人治理结构内部矛盾。法人治理结构中的大股东与小股东利益不一致,容易导致内部矛盾,一些决策难以达成一致。对于小股东而言,其目的是保证资本的增值。而对于占主导地位的大股东来说,由于其经营实体的多元化分布,村镇银行的经营策略往往要服从其整体战略。因此,大股东多元化目标有可能与中小股东经营目标发生冲突。

另外,在设立村镇银行上,大银行表现出惰性。大银行贯彻总行的一套标准制度,在处理大额资金时具有较高的效率,但是对于农村小额贷款业务就水土不服了。农村小额贷款业务的特点是劳动资金不足,不能发挥其资金的规模优势,因此只能依靠大量的业务员贴近农村,获取软信息。大银行在设立村镇银行或分支机构上,一般会优先选择设立分支机构。因为村镇银行要求一套完整的法人治理机构和独立的相关配套制度,这使得大银行自身的规模优势不能发挥,且组建成本比成立同等规模的县级支行要高出两倍左右。同时,村镇银行是独立法人,不容易掌控,在业务拓展方面,村镇银行又受到地域限制,这使得大银行设立村镇银行的动力更多的来源于行政上的压力,而非直接的商业动机。

按照中国银监会发布的《新型农村金融机构发展计划表》,计划在2009—2011年三年间，设立1294家新型农村金融机构。2010年5月，国务院出台的“新三十六条”，使得村镇银行主发起人这一限制标准有所松动。2010年5月22日，中国银监会副主席蒋定之在出席“中国县域金融论坛”上表示，将允许资产管理公司设立村镇银行，同时，还将适当放宽法人银行对村镇银行的最低持股比例限制。

### （二）信誉积累薄弱，资金来源受限

大多数农民对村镇银行的看法还停留在20世纪末农村合作基金会的阴影中，他们认为，村镇银行仅仅是私人圈钱的银行，一旦圈到钱就可能消失。由此可见，村镇银行的信誉尚未建立起来，农民对其态度仍处于一个观望、观察、尝试的阶段。村镇银行品牌的建立需要长期的积累，这也注定了村镇银行在建立初期要面临更多的生存挑战。

虽然近些年农村居民收入提高，闲置资金有所增加，但是其收入水平远远落后于城市居民。农民的收入渠道不如城市居民宽，农村市场的消费产品更多的还是一些初级消费产品。农民分布没有城市居民那么集中，不易集中化管理。由于村镇银行品牌没有大银行好，这直接导致了村镇银行储蓄存款来源不足。资金作为银行开展业务的首要来源，如果不能得到满足，势必会影响业务的展开。由于存款增长速度较慢，许多村镇银行的存贷比接近甚至超过75%的监管上限。村镇银行客户经理普遍反映，农户贷款的贷前调查户数与获得贷款户数比例大概是4∶1，微小企业贷款的贷款调查户数与获得贷款户数比例大概为2∶1，市场开拓难度较大，从而进一步影响村镇银行为当地经济发展提供融资支持。

村镇银行开办网点的成本高昂，这直接导致了其农村网点少。即使村镇银行在其他方面与大银行具有同样的优势，但客户由于网点覆盖问题，也会优先选择网点多、服务方便的银行，这点毋庸置疑。因为营业网点是银行业竞争最前沿、最直接的一个原因。网点数量多，提供服务及时、方便、快捷，再加上服务的多样性，这是吸引客户的重要原因。新设立一个营业网点，对于原本资金紧张的村镇银行而言，成本相当高，这容易使村镇银行在经营上出现恶性循环。网点少，存款少；存款少，贷款就少，效益就低；效益低，开办网点的能力就越低，相关配套设施也难跟进。

村镇银行是独立法人，不能直接利用主发起行的结算渠道，自身又没有独立的支付结算系统，而申请结算渠道的批复需要相当长的过程，这严重影响了村镇银行业务的开展。出于成本和效率的考虑，许多村镇银行的结算渠道挂靠在其他大银行下。例如，浙江长兴联合村镇银行的大额支付系统挂靠在兴业银行的大额支付系统中，汇票结算挂靠在工商银行的结算渠道中，通存通兑业务挂靠在省农村信用社系统中。

### （三）相关税费优惠等政策没有及时落实

村镇银行是商业性银行不是扶贫机构，而《村镇银行管理暂行规定》明确要求村镇银行服务“三农”。农村经济的特点是，龙头企业少，基本上以传统农业为主，农业产业的弱化导致农村地区经济不发达，农村的投资项目盈利低。村镇银行承担了扶贫的政策性任务，但中国人民银行的支农再贷款尚未向村镇银行倾斜，这使得村镇银行的又一个资金渠道被切断；村镇银行的不良资产处置能否享受国有商业银行的剥离和农信社的央行票据置换的政策也还未明确。2010年6月13日颁布的《中央财政农村金融机构定向费用补贴资金管理暂行办法》，明确提出了中央税收政策扶持标准，但是各个地方的落实情况不一。①

## 三、我国村镇银行发展的基本思路

### （一）村镇银行设立的原则

我国村镇银行的设立应当本着“因地制宜，稳步推进”的原则进行。从已设立的村镇银行来看，都是各省各地区较为贫困的乡镇，对在哪设立村镇银行没有一个统一的标准。其重要原因是因为我国各个地区间在生活水平上还存在很大的差异。因此各地区应该根据自己的经济条件、金融特点、生产力水平优先在符合条件的乡镇设立村镇银行，然后稳步推进，逐渐扩展开来。

在经济发达地区，对资金的需求量相对较大，可以考虑设立多种所有制的村镇银行，注册资本可以适当提高，以促进较大规模的村镇银行的发展。村镇银行同其他商业银行来比，虽然相对比较灵活，但也不是越小越好。在有条件的地区，适当建立规模较大的村镇银行不但能够有效抵御各类风险，而且还为以后村镇银行分支机构的发展打下了基础。我们不希望看到每家村镇银行只有一个网点，这是不利于村镇银行的发展的。每家村镇银行从成立到营业到完善乃至成熟，不但要经过较长的时间，而且成本也是很高的。但发展壮大的村镇银行，再到别的地区开立分支行就能够避

① 徐滇庆. 解放思想，探索开放村镇银行新思路[J]. 武汉金融，2008(5).

免此类问题。因此，应该鼓励较大规模的村镇银行的创建。从已成立的村镇银行来看，在经济发达地区成立的村镇银行规模普遍较大，如浙江玉环永兴村镇银行和湖州长兴联合村镇银行的注册资本分别达到了1.6亿元和2亿元，而在经济欠发达地区一般都是几百万元的注册资本，差别不能说不大。在经济欠发达地区，应该鼓励设立小型化的村镇银行，适度降低准入门槛。

（二）明确村镇银行的市场定位

中国银监会发布的《关于调整放宽农村地区银行业金融机构准入政策，更好支持社会主义新农村建设的若干意见》中指出，村镇银行的成立旨在为解决农村地区银行业金融机构网点覆盖率低、金融供给不足、竞争不充分等问题，强化监管约束，加大政策支持，促进农村地区形成投资多元、种类多样、覆盖全面、治理灵活、服务高效的银行业金融服务体系，以更好地改进和加强农村金融服务，支持社会主义新农村建设，但是并没有明确指出村镇银行具体的市场定位。村镇银行只有准确进行市场定位，才能抓住机遇，更好地为新农村建设提供金融支持，才能更好地规避和防范各种营运和监管风险，从而可持续地发展下去。

我国的村镇银行都是设立在县及以下地区，面对的客户主要是一些农户和小型的工商户。农村地区也有很多富裕人和有钱人，我们是不是也应该像孟加拉乡村银行那样，把钱带给那些几乎是最穷的穷人？从目前村镇银行的运行状况来看，答案是否定的。

从不同的角度针对不同的标准，对于目标客户也就有不同的分类标准和不同的市场定位。章芳芳（2008）认为，在现阶段把农民大致上分为三类：第一类是已经富裕起来的农民，他们是农村地区的上层,已基本实现小康水平;第二类是正在脱贫致富的农民,他们是农村地区的中层,已经解决温饱问题,是农村经济活动中的主力军;第三类是还生活在贫困线以下的农民,他们是农村地区的下层,缺乏生产要素,仅能够勉强维持生计。这种分类方法主要是依据农民的收入水平和生活水平来进行的。邹力宏,姚澄(2008)通过对村镇银行发展的内部优劣势及外部机遇分析,把农村地区的农户分为三类:第一类是普通农户,第二类是种养殖户,第三类是个体工商户和乡镇企业。这种分类主要是以农户所从事的职业为依据的。

以上两种分类方法都具有其科学合理性,但我更倾向于第一种分类方法。作为村镇银行,它首先就是应该为农村地区最贫困、最需要钱的人提供帮助。那些生活在贫困线以下的农民,他们连温饱都解决不了,就不可能还会有钱去做一些想做的项目,也很难改变自己的生存困境,这类人是村镇银行应该最先想到的,也是应该优先贷款给他们,要为他们在贷款方面提供更多保障性和鼓励性措施,我认为这是村镇银行的首要目标。面对这类人群时,发放贷款的上限要低。由于没有很好的还款保障,他们的借款数额相对较小,但村镇银行也应该尽量满足他们的需求,从而真正服务于拿不出任何抵押的贫困农民,使他们早日摆脱贫困,走上富裕之路。作为第二类人群,他们虽然已经解决了温饱问题,但这也不是他们的追求目标,他们也期望生活水平能再上一个台阶,因此这类人群也是村镇银行要重点考虑的。经过一段时间的发展后,我们最希望看到得结果就是,第三类人群中的很大一部分上升到了第二类,而第二类中的一部分相应上升到了第一类,第一类人群是较为富裕的那部分,他们已经积累了部分资金和资产,即使没有村镇银行的帮助也可能更上一层楼,结果就是整个人群的生活层次和生活水平都有了较大提高。我想这就是村镇银行的根本义务,即帮助农民真正脱贫致富。实现不了这个,也就违背了村镇银行建立的初衷。

(三)完善村镇银行的法律规章体系

目前,关于新型农村银行业金融组织的行政许可及监管细则有六项,主要包括以下几个:《中国银行业监督管理委员会关于调整放宽农村地区银行业金融机构准入政策更好支持社会主义新农村建设的若干意见》,鼓励和引导金融机构和境内外各类资本加大对农村地区的金融投资,增设网点,设立村镇银行,村镇银行应运而生;《村镇银行管理暂行规定》,就村镇银行的性质、法律地位、组织形式、设立方式、股东资格、组织机构、业务经营、审慎监管、市场退出等分别做出较为详细的规定;银监会印发的《关于加强村镇银行监管的意见》,这是银监会与时俱进的调整农村银行业金融机构准入政策后,顺应村镇银行组建进展,结合小法人机构特点,实施"严监管"的重要体现,对于促进村镇银行可持续发展,提高银行业监管机构监管能力,推进县域经济发展和社会主义新农村建设具有重要的作用;《村镇银行组建审批工作指引》,主要对村镇银行的组建审批做出了一些规定。

因此,应该在适当时机修订《商业银行法》,将村镇银行纳入其中,或者制定专门的法律法规如《村镇银行法》等,对村镇银行进行监管,明确村镇银行的合法性地位。中国人民银行、中国银监会也要从维护金融稳定的角度,协商制定村镇银行市场准入后的存款准备、支付清算、金融统计、个人征信管理等方面的制度体系，加快建设和完善农村存款保险、农业保险、农贷风险补贴等风险保障机制，维护农村金融稳定。

（四）村镇银行的政策性扶持

首先，有关存贷款利率。对于存款利率，应该按照人民银行的基准利率执行，存款利率太低，可能根本揽不到储蓄，因为现在很多人对村镇银行还很陌生且并不认同；利率太高，就会有大量存款转移进来，反而可能会提高银行的经营成本。村镇银行贷款利率应完全放开，按照人民银行规定的基准利率上浮一定百分比，一般要低于民间借贷利率，但不能高于黑市利率。具体的贷款执行利率应由村镇银行根据当地经济发展水平、资金供求状况、借款人信用和可承受能力等方面自主决定，引导其合理定价。

其次，有关存款准备金率。在初始，应对村镇银行实行较低的存款准备金率政策，引导其健康发展，其缴存方式可比照农信社执行，但比率要低于农信社。

再次，国家可对农村地区的小额信贷给予一些税收政策上的优惠，如减免部分营业税和所得税等，在一定程度上减少村镇银行的成本。对发放农业贷款达到一定比例和规模的，在再贷款和利息方面给予一些优惠，以调动村镇银行对“三农”支持力度的积极性。

最后，政府要引导农民合理利用贷款。各地基层政府应当适时组织当地农民进行技能培训，提高农民对市场、新技术以及对贷款的运用能力，减少小额贷款的风险，促进村镇银行的健康发展。当地有关部门应该为农民提供一些发家致富的门路，引导他们向各个领域发展渗透;要避免贷款资金集中于一些共同的项目上,以便分散风险。笔者所在的家乡人,参种植业特别发达,几乎家家都以种植人参为主业,参农将贷款投入到人参种植业中,如果碰上人参价格大幅下降,那么就会对银行贷款资金的回收造成很大的风险,甚至形成损失。

### (五)加强村镇银行的外部监管

村镇银行作为一类特殊的金融机构,同样也要接受国家和监管部门的监管。作为新生事物,国家也可以在某些方面在一定程度上给予一些优惠政策。但美国的次贷危机已经向我们敲响了警钟,美国本是对金融监管非常严格的一个国家,但当初次级贷款作为一个创新的金融品种还没有建立起完善的法律法规就将其纳入正归的监管,以至于在出现问题时无章可循,造成了今天这样严重的金融危机。当然,村镇银行即使发生问题,其影响也无法与之相比,但如果监管不力,同样会造成很多麻烦、引起很多问题。村镇银行的构建和运行虽然是经济现象,但它关系到农村地区主要是部分贫困人们的民生问题,为此在监管上应该更加注意。

1. 严格监管措施

目前对村镇银行的监管,主要采取的是"低门槛、严监管"。"低门槛"即适当降低机构和业务的市场准入条件,增加农村地区银行业金融机构的覆盖面。在县(市)设立一家村镇银行,其注册资本最低300万元即可,在乡(镇)设立一家村镇银行,其注册资本最低100万元即可。"严监管"即实行严格的监管措施,强化对农村地区新设银行业法人机构资本充足率、资产损失准备充足率、不良资产率及单一集团客户授信集中度的持续、动态监管。农村地区新设银行业法人机构必须执行审慎、规范的资产分类制度，在任何时候，其资本充足率不得低于8%，资产损失准备充足率不得低于100%，内部控制、贷款集中、资产流动性等应严格满足审慎监管要求。

2. 规模控制

村镇银行要有必要的规模。必要的规模在维持银行信誉、防止挤兑、获取低成本资金等方面均大有用处。规模过小的银行遍地开花，会造成巨大的金融风险。监管部门规定的100万元的注册资本是最低要求，各地要根据不同的情况，规定本地的最低资本要求。

3. 建立合理的考核机制

要注意对村镇银行监管的特殊性。作为旨在为解决农村金融问题、服务"三农"的村镇银行而言，其产生就有一定的特殊性，监管部门也不能对其一刀切，一味地采取和对其他金融机构一样的监管措施。制度是死的，在某些方面某些时候也可以对其作出一些特殊的监管措施和规定。监管当局应当建立起对村镇银行支农服务的考核体系，定期或不定期的对村镇银行服务"三农"的贷款情况进行考察评价。监管部门还要督促村镇银行明确服务"三农"、支持新农村建设的市场定位，对严重偏离市场定位的行为，及时采取有效监管措施予以纠正。

村镇银行是我国农村金融体制的一项重大创新，它将成为促进农村金融体制改革、有效缓解农村金融的供需矛盾、促进社会主义新农村建设的强大推动力量。①

① 吴玉宇. 村镇银行运行存在的问题及对策分析[J]. 改革与战略，2008(1).

# 第六章　我国农村金融的制度创新要求与建议

## 第一节　农村金融服务体系的设计与创新

在市场经济条件下，农村金融发展的最大动因在于微观经济主体对金融服务的内在需求。农村金融发展最终必须依靠市场机制发挥作用。然而，由于我国农村金融改革起步较晚，市场这只“看不见的手”还未完全发挥其应有的作用，因此农村金融体系的成功创新还需要政府的适度引导才能实现。目前，我国正处于新农村建设时期，相应的农村金融体系创新应当紧紧围绕这一时代的新特点、新形势来进行。农村金融体系创新的总体目标应该是实现政府有效扶持和城乡统筹理念，充分调动农村金融活动主体的内在动力，真正实现农民自主参与，运用市场经济下的利益诱导机制，通过行之有效的政策扶持和引导，建立适应新农村建设中的多层次信贷需求，具有功能互补、有序竞争、可持续发展、多元化、竞争性等特征的农村金融经济服务体系。

### 一、农村金融服务体系的功能定位

农村金融是农村经济的命脉，农村金融资源供给不足、配置不合理，必然严重影响农业和农村经济的全面协调可持续发展，不利于“三农”发展。为适应新农村建设的需求，必须重新构建农村金融服务体系，对其功能进行明确定位。

### (一)主导功能——合作性金融

合作金融是按照合作制原则,自愿入股联合,实行民主管理,获得服务和利益的一种集体所有与个人所有相结合的特殊的资金融通形式。由于我国的农业一直是处于弱势的传统农业,广大而分散,经济实力弱小的农户是弱势群体,市场机制的逐利性决定了他们受到商业性金融的排斥。在政府投入不足的情况下,最好的办法就是自己联合起来,形成一种灵活方便的金融服务组织来满足资金上的需求。合作金融就是为了满足这种需求而产生的一种制度安排,农村经济的发展需要的是真正意义上的合作金融。

农村合作金融相比其他金融制度,最大的特点就是内生性。农村经济的需求主体——农户参与其中,做到了因地制宜,能够较好地与农村现状进行结合,是一种能够适应农村经济发展的制度。另外,合作金融还具有自愿性、互助共济、管理透明和权力共享的特性,这使得农村合作金融制度具有更高的效率,可以在农村金融领域发挥主导功能。

就当前农村合作性金融发展的情况来看,制约其主导功能发挥的主要因素有三点。(1)信贷风险逐渐加大。2008 年以来,由于国际金融危机的影响,企业经营的不确定性加大,经营风险也在增加。以浙江省为例,全省农村合作性金融机构不良贷款率出现反弹。2008 年末,79 家农村合作性金融机构四级分类不良贷款 67.61亿,比年初增加了 7.23 亿,不良率为 1.89%。当年,全省农村合作性金融机构核销呆账贷款 10.27 亿,加上已经核销的呆账,到 2008 年末,不良贷款率实际上升至 17.5 亿元,不良率达到了 2.15%,比年初上升了 0.23%。(2)金融创新能力不足。农村合作性金融机构的员工队伍总体素质不高，缺乏复合型、科技、业务研发人才，创新能力较弱。现有管理模式下的经营体制虽然体现了法人金融机构管理链条短、经营形式灵活等有别于其他大型银行机构的特有优势，但对单个机构法人而言，由于各类资源相对分散，无法形成规模效应和经营合力。在此条件下，只能简单模仿其他大型金融机构的产品设计，服务趋于同质化，参与市场竞争能力明显不强，服务功能和抗风险能力的弱势地位难以改变。(3)竞争优势逐步丧失。目前，参与农村金融业务竞争的市场主体日渐增多，村镇银行、贷款公司、资金互助社等一批新型金融组织快速涌现，邮政储蓄银行网点覆盖面广，其他国有和股份制银行逐步推出各具特色的农村金融服务，这些使得原本基本处于垄断地位的农村合作性金融机构受到越来越多的挑战，竞争优势正在逐步丧失。

(二)引导功能——政策性金融

政策性金融是国家支持“三农”发展的重要手段。就政策性金融的内涵而言，国内外并没有统一的解释。白钦先指出，政策性金融是以国家信用为基础，由国家作为融资主体，运用各种特殊的金融手段和融资渠道，为配合国家特定经济与社会发展战略而进行的特殊的资金融通行为。政策性金融虽然与其他资金融通形式一样具有融资性和有偿性，但其更重要的特征是政策性和优惠性。

从结构上来说，我国农业政策性金融体系主要包括从事扶贫功能的国家财政和国际组织，比如世界银行、亚洲开发银行、国际农业发展基金会等，他们主要提供专项贷款；提供综合性服务的政策性金融机构，如中国农业发展银行和国家开发银行；兼营政策性业务的商业性银行和非银行金融机构，前者包括中国农业银行和农村信用合作社，后者包括农业保险和抵押担保机构。

从功能的角度讲，政策性金融主要提供一种准公共产品。所有产品按照排他性和竞争性可以划分为公共物品和私人物品。公共物品有两个特征，即非竞争性和非排他性。如果一个商品在给定的生产水平下，向一个额外消费者提供商品的边际成本为零，则该商品就是非竞争的；如果人们不能被排除在消费一种商品之外，这种商品就是排他的。私人物品具有明显的排他性和竞争性，其交易建立在等价交换的基础上。而准公共物品介于两者之间。由于正的外部性，政策性金融具有较大的公益性、一定的非竞争性和非排他性。同时，政策性金融要具有良性循环和可持续发展，至少要收回成本，要有消费者支付费用才能使用，其服务并不是无偿的，因此，政策性金融又具有一定的竞争性和排他性。总的来看，政策性金融是一种准公共产品。

对农村金融发展而言，政策性金融的存在是十分必要的。从理论上来看，由于政策性金融提供的是一种准公共产品，具有明显的正外部性。若由市场提供公共产品，正外部的存在会使个别厂商的边际收益小于社会的边际效益，而厂商提供产品的数量是由自己的边际收益和边际成本决定的，必然小于社会所需要的数量，整个社会资源配置的效率就会下降。因此，外部性的存在意味着市场失灵。既然公共物品不能由市场交易来实现其生产和再成产，那么，就只能由公共财政承担，或者由社会团体集体支出承担。政策性金融就是由国家财政在一定范围内弥补市场失灵的一种重要手段。从现实来看，由于农业是弱势产业，支农贷款期限长、风险大，很难受到以利润最大化为目标的商业性金融机构的重视，如果完全由市场调节，则无法做到资源合理配置。故必须要有政府的政策支持、引导和推动。

因此，我们将政策性金融的功能定位于引导和扶持，要加大对农业和农民增收的扶持力度。政府的这种引导表现在：对关系到农业和农村经济结构调整的项目，如农业开发、技术进步及基础设施建设等社会效益高、经济效益低的项目，由于其资金需求量大、期限长、回收慢、风险大，商业性金融机构不愿意介入，政策性金融必须予以支持与推动。

### （三）支持功能——商业性金融

我们将农村商业性金融的功能定位为支持。农村商业性金融要坚持服务“三农”的方向，确立以县域经济主体为主要服务对象，来满足农村产业升级、龙头企业和农村大中型基础设施建设方面的资金需求。农村商业性金融应该发挥机构覆盖广和农业贷款专业性强的优势，服务区域可以集中在县城，主要服务对象可以延伸到对整个农业产业链的金融服务，包括农业产业化经营企业，农产品加工、流通相关的企业，以及公司加农户模式的农民，保持优质客户，提高服务的规模和范围。

影响商业性金融支持功能发挥的因素主要包括两个方面。(1)农村市场盈利空间狭小。相对于工业和其他产业而言，农业生产利润较低、周期较长，且受季节影响较大，造成农户或农业贷款无利可图，甚至出现亏损，一些商业银行分支机构无法延伸到偏远农村地区。一方面，农业生产周期长，受自然条件影响大，产出具有不确定性，造成农业收益低，加之农产品供求弹性小，使农业面临相当大的市场风险；另一方面，农业产业新上项目在经营初期具有资金投入多、风险大、收益低等特点，多数农业产业化龙头企业，整体实力和核心竞争力不强，科技水平不高，原始积累里程短，自有资金匮乏，经营规模偏小，抗风险能力弱。同时，农民缺乏抵押品、担保品，农村缺乏统一的市场，容易造成风险集聚，使得农村金融服务的成本和风险都相对较高。而农民手中的货币更倾向于应付平时的支付，并没有成为一种具有资本性质的货币，因而收入无法有效转化为银行储蓄，限制了金融机构调剂资金的空间。另外，除储蓄之外，其他的金融服务如银行保险、证券投资、银行卡等需求量很少，商业性金融在农村盈利空间狭小，制约着农村金融市场容量的扩张。(2)政策扶持力度有待提高。首先，民间金融的风险在逐步增加。其次，对大型商业银行等机构开展支农业务缺乏足够的政府激励。农村金融市场相对其他金融市场盈利空间较小、服务成本较高，但是当前国家在税收、利率等政策上对这方面的业务并没有明显的倾斜，使得这些机构难以在农村获利，导致其支持农村发展的意愿不高。

（四）辅助功能——非正规金融

农村的私人借贷极为普遍。根据中国农业大学课题组对浙江、安徽等7个省21个县市365户农户的调查，在1996—1998年的连续三年中，农户借贷资金来自民间的借贷超过70%，来自农村信用社的不足20%，农户往往更倾向于通过民间借贷方式获得融资。民间金融在浙江、福建、广东三省非常活跃，民间资金相当充裕，已经形成了颇具规模的地下金融市场。有研究表明，浙江温州现有的16.7万家企业中，有60%依靠民间借贷筹集资金。非正规金融在农村地区的发展，在一定程度上弥补了正规金融的供给不足，尤其是在解决中小企业信贷能力方面发挥着重要的辅助功能。

与正规金融相比，非正规金融所具有的信息资源优势、交易成本优势以及担保优势等，使得非正规金融机构更擅长于向农村的中小企业客户群提供零星的小额短期贷款以弥补大银行的不足。一般情况下，对由信息不对称产生的逆向选择和道德风险问题能否解决，一定程度上决定了中小企业融资的可获得性。非正规金融机构组织的信息优势表现在贷款人对借贷人还款能力的甄别上。非正规金融市场上的贷款人对借款人的资信、收入情况、还款能力等相对比较了解，避免或减少了信息不对称及伴随的风险问题。由于地缘和血缘的关系等原因，非正规信贷市场的借贷双方保持着相对频繁的接触，双方彼此非常了解，使之对地方中小企业经营状况的了解程度逐渐增加，这就有利于解决两者之间的信息不对称问题。

(五)催化功能——农业保险

缺乏多层次完善的农业保险体系是导致我国农村贷款难、担保难的重要原因之一。这就需要积极探索适应新农村建设需要的农业保险体系，建立政策性保险和商业性保险相结合的机制，充分发挥保险在分散和转移农业风险方面的作用。2009 年，中央一号文件中首次提出要探索建立农村信贷与农业保险相结合的银保互动机制。农业保险和农村信贷互动可以达到相互促进发展的作用，通过共享信息和资源，农业保险可以发挥在农村金融市场的催化功能，提高农村金融体系的运作效率，同时也可以降低农业保险的交易成本。

农业生产本身决定了农业的高风险，高风险造成农业信贷高不良率、少信贷机构和低信贷份额并存的局面。对农村的信贷机构来说，如果遭遇灾害，就很难收回贷款。此外，农村的信贷风险也是阻滞农业信贷发展的重要因素。化解农业风险最有效的手段之一就是提供农业生产风险保障，既提高农业生产者的禀赋，又能增强农村信贷机构对农业信贷的偏好，从而实现农业信贷资源配置的"帕累托改进"。

农业保险可以在一定程度上替代农业信贷抵押品。农业保险和抵押物一样，可以提高贷款人的预期收益，把潜在的借款人转化为实际借款人或提高现有借款人的贷款规模，从而扩大农业信贷市场。虽然保险也是农民收入的一项成本，当自然灾害使产量降至保障水平之下时，保险赔付可以提高农户的收入，起到收入稳定器的作用。这有利于稳定农民收入，提高其信贷清偿能力。

因此，农业保险不仅对农村金融创造了良好的外部环境，还可以发挥自身的金融催化功能，配合农村金融机构服务"三农"。

（六）保障功能——金融监管

为纠正市场失灵，需要政府对经济进行适当干预。金融市场同样存在失灵，从而导致金融资源的配置不能实现"帕累托最优"。金融监管作为一种公共产品，是纠正金融市场垄断性、外部性、传染性、脆弱性等所引起市场失灵的制度安排手段。世界银行的研究认为，发展中国家的农村金融市场不能有效运行，存在普遍的市场失灵。其中原因之一，就是没有一个完善的农村金融监管体系，主要包括金融市场交易缺少法律保障和对非存款机构发放贷款的管制（世界银行，1989）。我国农村金融市场先天发育不良，因此更需要建立健全农村金融监管机构，发挥对农村金融体系的保障功能，纠正农村金融市场失灵，提高农村金融市场的运作效率。

目前，我国对农村金融机构存在多头监管。如对农发行的监管，发改委、银监会、人民银行、财政部、审计署等部门分别从不同的角度对政策性金融机构进行指导和监督，缺乏相应的协调机制。如银监会依法对农业发展银行进行行业监管；人民银行从货币总量和信贷总量上进行平衡；如何完成粮油贷款等支农任务，发改委、农业部亦有发言权；而作为“真正出资人”的财政部，显然有监管责任，拥有最终裁定权。而当前这种多头监管的模式未能形成有效的监管协调机制。因此，为保障农村金融体制改革的有序推进，加强“三农”支持力度，设立专门的农村金融监管机构，对推动农村金融机构健康发展是非常必要的。尤其在进一步研究完善农村金融机构准入标准、细化小额贷款评级、完善农业表现机制、防范农村金融风险、确定政策资金扶持力度、界定金融机构的农村市场定位等方面进行全局定位，更有利于促进农村金融的发展。①

## 二、农村金融服务体系创新设计的基本原则

当前，我国正处于新农村建设的历史时期，新的时期赋予农村新的特点：工业化和城市化进程不断加快，农村人口不断向城市转移，农业生产方式正由传统农业向现代农业转变，农村经济的市场化程度不断提高，农业税收免除，支农、惠农的政策不断实施。这些新特点预示着我国农村金融体系正处于前所未有的新高度。这就要求我国农村金融体系创新必须具有一定的前瞻性，通过一系

① 吴晓灵. 重构农村金融体系，支持县域经济发展[J]. 中国金融，2003(10).

列的制度安排来确保农村金融服务体系具有较强的适应性，能够自我发展，自我调整，来满足处于不断变换中的农村金融需求。以金融功能观为理论指导，农村金融服务体系的构建必须遵循如下的一些基本原则。

## （一）功能边界区分原则

划清政策性金融与商业性金融的功能边界，为竞争性农村金融市场的建立提供制度保障十分重要。长期以来，我们把政府对农村的扶持行为、民政部门的扶贫资金问题跟农村金融混淆在一起，忽视了金融的结构性特征和本质属性。因此，只有明确划分商业性金融与政策性金融的功能边界，才能让农村金融回归其本质属性，有效防范道德风险和逆向选择，形成以市场为基础，财务可持续健康发展的竞争性农村金融市场。

功能边界区分原则包括两方面。一是政策性金融的覆盖范围应针对一些特定的农村基础设施建设等基础性公共产品领域，以及针对农村特定领域的扶助性措施。政策性金融是在市场“缺失”或市场机制形成不充分的条件下，由于不能有效地承载商业性金融，而以财政支持为背景，通过金融机制或者载体来提供公共产品的金融形式。农村基础性的公共产品投资具有周期长、风险高等特点，商业性金融和社会性金融不愿或无力介入，因此需要政策性金融。另外，在一些边远地区，为体现“金融服务的普惠性”，可以通过国家对特定金融组织在特定区域开展业务的扶助性措施，来解决无法由市场解决的“公平”问题。二是政策性金融的业务应该随着国家不同时期经济结构的变化而动态调整。当市场机制建立，商业性金融进入的深度和广度足以支持某个产业的发展时，政策性金融应该逐步退出并转向新的市场开发，这样才能带动产业的进一步发展。在某些领域，政策性金融（例如开发性金额）能够起到市场开发和市场建设的作用，而市场基础形成初期所蕴涵的特殊商业利润将又是这类行为的“利益动机”，与后续进入的商业性金融业务相比具有其阶段性。三是针对政策性金融介于财政和金融两者之间的特殊性，应建立起科学的绩效衡量指标体系以及风险防范体系。政策性金融存在的理论依据是市场“失灵”，需要通过财政补贴来支持一些项目和地区的发展。但补贴容易导致政策性金融对财政资金的过度依赖，并将亏损归咎于“政策性业务”，导致另一种道德风险的出现。因此，通过科学合理的绩效衡量指标来引导政策性金融机构的行为具有重要意义。

（二）多样化和多层次原则

中国农村经济发展具有很强的不平衡性和层次性，不同地区农村经济发展的水平、农业生产规模和组织形式都不尽相同，农村经济主体的金融需求也表现出较强的多样性。在一定的生产技术水平下，金融工具与金融组织种类越丰富，金融活动对需求信息的收集、反馈和动态调整就越迅速，对经济的渗透力和促进作用就越强。因此，多样化的农村金融结构比单一形式的金融结构更能够满足多层次的农村金融需求，从而提高资源配置效率，促进农村经济增长。

中国农村经济主体的金融服务需求和信贷能力具有鲜明的层次性特征。我们可以把农村经济主体粗略划分为以下三种层次：一是在经济相对发达地区，出现了不少规模化经营的产业化农业组织；二是在一些经济落后地区，存在尚需国家给予扶持的贫困农户；三是存在于以上两者之间的从事小规模农业生产的农户，他们的小农生产构成了我国农村经济的主体部分，并随着市场机制的扩展和深化，该层次的农户处于从小农经济向现代商品经济发展的动态演进过程之中。对于这三种不同层次的农村资金需求主体，应该以不同的金融结构来满足。

首先，在经济相对比较活跃的农村地区，规模化和产业化的经营已经能够承载商业性金融，资金的逐利性能够有效地配置经济资源，并进一步推动农村经济的发展。

其次，中小农户在生产经营、规避自然风险和市场风险上对专业合作组织有着一定的依赖性，在融资层面存在互助合作的现实需求，这种体现商业原则的合作金融或社区金融具有降低信息成本和教育成本的优势，因此，在专业化合作组织的基础上，形成体现商业原则的、真正意义的合作金融或社区金融有其制度和经济基础。

最后，作为弥补市场"失灵"或"缺失"的一种手段，政策性金融是必要的。我国经济正处于转型时期，农村尤其是中西部农村金融市场的发展和完善还需要一个较长的过程，因此政策性金融在我国经济的发展进程中将持续发挥重要作用。对农村的一些重要基础设施建设和开发项目，可以通过政策性金融的手段来支持，而对贫困农户的扶持性资金需求，难以通过一般商业性金融来满足，只有通过以国家财政为背景、以政策性金融为载体的方式加以体现。

由此可见，任何单一的金融组织都无法覆盖整个市场，应该发展多元化的、能够提供不同金融产品和服务方式的金融组织。

### （三）适度竞争原则

农村金融体系改革的目标，在本质上就是要实现农村金融结构的优化和金融的深化。要实现这一目标，关键在于确定适度竞争机制在整个农村金融市场中的基础性作用。首先，农村金融市场的竞争是多层次的，对于不同层次的农村金融需求主体，应该以不同层次的竞争性金融机构来满足。其次，竞争性农村金融市场的形成过程是一个伴随着农业产业结构升级调整、农户从小农经济逐步走向现代商品经济的动态演进过程。社会主义新农村的建设将提高农村的城镇化水平，扩大农业的产业化、规模化程度，从而改变农村目前的商品货币关系以及金融主体的资金需求特征。市场机制在农村地区的扩展和深化将进一步扩大商业性金融的服务能力和服务范围，从而推动竞争性农村金融市场的形成和发展。第三，竞争性农村金融市场必须保证在市场上的主体是真正受市场约束的。从总体上讲，不能指望任何一类金融机构在没有经营失败退出市场压力的情况下，其经营者能够勤勉尽责和尽最大努力争取与交易方的共赢。在市场原则下，对农村金融服务需求的满足、对农村金融市场的开拓，在很大程度上是竞争性市场压力的结果，而不是当事人服从某种理念的行为。最后，农村金融市场的竞争性需要从外部引入。农村金融改革的视角不能始终停留在对现有农村金融机构的改革上，而应解放思想，大胆吸取城市和企业改革的经验，在政府整体规划的框架下，以市场机制为基础整体推进；结合不同地区农村经济实际情况，引入不同产权形式的合作金融组织、贷款批发机构、贷款经纪人组织等新型的金融主体。

### (四)政府引导原则

农村金融服务体系的建设完全靠市场经济的无形之手来实现是不现实的,并有可能丧失最可贵的时机。政府强有力的引导,并不是恢复政府的行政干预。在农村信用社的改革中,国务院赋予省级政府对农村金融的引导和管理作用,以促进农村信用合作社的健康、稳定、协调发展。但是在实践中,一些地方政府继续沿用了过去已经证明并不有效地行政干预手段,出现了重复"官办信用社"的动向。如指派政府官员充当信用社高管人员;在省级联社内增设各种机构,行政职能越分越细;大幅度上收基层机构的人事权、贷款权、财务权;把大额资金调到一些有政府背景的大企业和大工程等。这种行政干预,将会使农村信用社逐渐演变成过去的国有商业银行模式,完全有可能违背农村金融改革的初衷。

政府强有力的引导,其本质用意是要推动金融机构提供有效服务,从而为农业科技成果的推广、农村经济结构的调整、农民经济权益的保障、农村金融的稳定高效发展,提供足够的政策保障和制度保障。当从前的农村金融环境来说,政府强有力的引导,首先要建立良好的诚信环境,要用强有力的手段清除破坏诚信的种种障碍,完善法律体系和监管标准;其次,对于市场机制失灵的环节,政府应该进行积极的协调和引导,如农村金融机构对农业科技贷款存在的风险厌恶心理,政府可以建立风险分担机制,解除信用社的风险压力;最后是当农村金融机构的经营行为有脱轨的苗头、可能威胁到金融体系和农民利益时,政府应采取紧急的预防措施和警戒措施。

## 三、农村金融服务体系设计的基本框架

农村金融服务体系创新应该采用“内生成长”模式，该模式包括两个层次的创新：第一个层次是基于农村金融市场特征对农村金融市场进行划分；第二层次是从农村经济体系“内生”金融需求角度出发，进行金融机构主体创新，这不仅包括已有金融机构的功能重构，也包括新型金融组织的培育。

农村金融市场可以分为一级市场和二级市场。针对农村金融需求者通常有居住分散、收入低下、生产有明显季节性、单笔存贷款规模小、生产项目的自然风险和市场风险比较大、缺乏必要的担保与抵押物品等特点，一级农村金融市场要提供相应的基础金融产品。参照国际经验，一级农村金融市场中最具活力的金融主体即合作性金融机构。此外，针对该市场具有的“信息严重不对称”特点，可创新培育一些非正规金融机构以提供担保、信贷服务等金融产品。二级农村金融市场在一级市场上提供综合性金融产品，因此其完全可以成为商业银行的客户，而商业银行不仅拓展了客户群，还通过此业务间接为农村金融市场提供资金，促进了我国农村金融市场的健康发展。此外，对于资金需求比较大规模的农业基础设施项目等金融需求，因其盈利性、流动性不满足商业银行的需求，政策性银行可继续在该市场提供金融产品，也可以针对合作性金融机构、小额信贷机构提供转贷业务，以改变其业务单一性的局面。农村金融市场与金融主体关系构建图 6 - 1 有清晰表示。

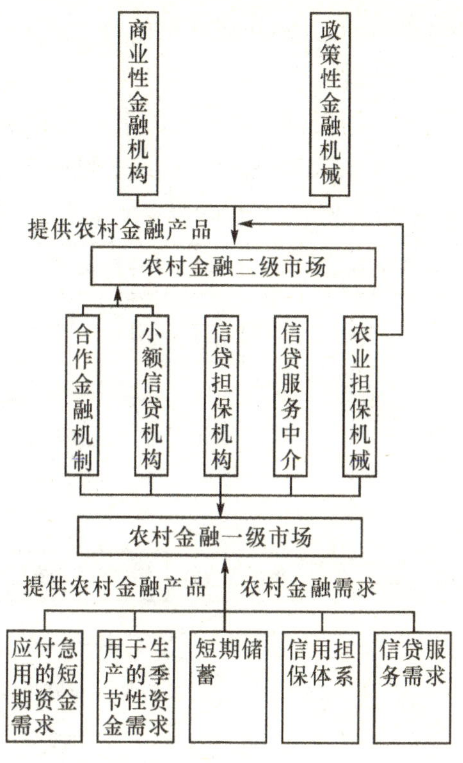


图 6-1

在对农村金融市场进行划分的基础上，应该对农村金融机构进行功能重构。高水平和高质量的农村金融服务体系的功能存在于一个合理的农村金融组织体系中，也就是农村金融组织体系的适应性、效率性、稳定性和政策性四个方面的功能效应之间存在相对均衡。因此，高水平和高质量的农村金融服务机构构成了农村金融服务目标层，其核心功能层包括配置资源功能、便利清算和支付功能以及分散风险的功能；功能重构层包括了所有支撑这些核心功能层的各种具体运营模式的变革。应当指出，核心功能层与功能重构层之间是根据农村金融组织体系的需求，通过灵活的组合模式形成的功能体系，而不是固定的线性结构关系。我们可以用图 6－2 来展示我们现代农村金融服务体系的基本架构。

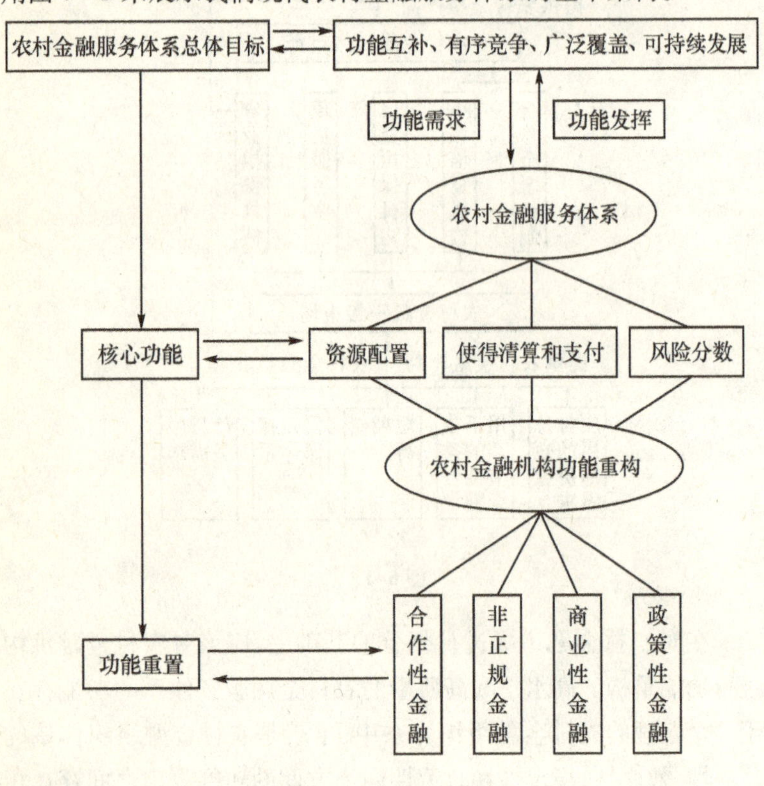


图 6-2

图6-2所展示的我国现代农村金融服务体系基本架构，是基本功能的柔性化组织模式，它可以根据外部环境和功能的需求随时重构，更有利于组织创新和功能发挥。

## 四、农村金融服务体系创新的路径选择

我们首先对农村金融服务体系的功能进行了明确定位，然后根据前面所述的设计原则和框架，从而得出了农村金融服务体系创新的具体实施路径。①

### （一）大力发展合作性金融，夯实其主导功能

农村金融体制改革后，虽然我国农村合作性金融机构都已经建立起"三会一层"的法人治理架构，但是多数农村合作性金融机构并未形成决策与监督、激励与约束的机制，存在着潜在的"治理风险"。同时，各省联社与基层银行（社）的股权配置与控制权配置问题并没有完全理顺，还不完全符合产权明晰的要求。长期困扰农村合作性金融机构发展的风险、体制、机制和队伍建设等深层次矛盾和问题还未从根本上得到解决，这就造成农村合作金融组织的金融服务职能不能得到充分发挥。我们应该以发展的眼光来认识和解决当前中国农村合作性金融所面临的问题。

1. 重构合作性金融体系

农村信用合作组织，是指具由有类似或关联生产模式的农村共同发起、拥有和管理，为了获取便利的融资服务或经济利益，按

---

① 钱水土，俞建荣. 新农村建设与农村金融生态的改善[J]. 浙江金融，2010(10).

照资本入股、民主管理、互助互利的原则建立起的互助金融组织。农村资金互助社是经银行业监督管理机构批准，由乡、镇、行政村农民和农村小企业自愿入股组成，为社员提供存款、贷款、结算等业务的社区互助性银行业金融机构。农村资金互助社是以农民专业合作组织为基础，是真正合资意义上的资金互助组织，按照“社员入股、一人一票、民主管理、自愿退股”的方式运作和管理，旨在为社员提供信贷资金。

为了夯实农村合作性金融的主导功能，首先需要深化农村合作性金融机构改革，重点围绕壮大资本实力，完善法人治理结构，转换内控机制、经营机制和创新机制进行。可以重点吸收当地优质民营企业、合格国内投资机构作为战略投资者，适时开展增资扩股；结合小法人金融机构的特点，建立“结构简捷、形式合理、运行顺畅、治理有效”的法人治理模式；根据扁平化管理的要求，推进管理组织体系和业务流程改造，把分支机构和网点建成贴近农户、贴近市场的营销服务终端。其次，要明确农村合作性金融机构的市场定位，加快建立适应农村金融服务特点的业务运作机制，全面完善信贷流程，简化贷款审批手续，提高服务的可得性和快捷度；同时紧密结合新农村产业结构、生产方式和农民生活方式的转变，推广各类适应性强、可复制、易推广的普惠制金融服务；总结推广农村各类群体的创业贷款，推进发展农民以住房抵押、住房按揭为主的消费信贷业务，扩大农户小额贷款面。

2. 深化农村信用社改革

农村信用社立足农村，是众多农村金融机构中最贴近“三农”的金融机构，因此，也相应地成为了支农的主力军。农村信用社应发挥其覆盖面广的独特优势，发展适合农村需求的小额贷款业务等，扩大市场占有份额。必须将农村信用社的改革重点放在支持“三农”上，围绕提高农业综合生产能力来增加农村金融供给，加大信贷投放力度，发挥金融机构在支持农业基础设施、技术准备等方面的作用。要围绕“明晰产权关系，强化约束机制，增强服务功能，国家适当扶持，地方政府负责”的方向和原则，准确定位，因地制宜，分类指导，重点放在支农服务水平的提高和对农户及中小企业的资金支持上，把农村信用社办成真正由农民、农村工商户和各类经济组织入股，实施民主管理、科学决策、自主经营、自担风险的社区性地方金融机构。

农村信用社的改革应在以下几个方面有所突破：一是着眼和服务于农业结构和农村经济结构战略性调整，构建服务区域农业产业发展规划与服从国家金融宏观调控、服从金融监管相协调的组织管理体制；二是按照分类指导原则，在县域农村范围建立起与“三农”发展层次相适应的多种组织模式和经营体制，进一步完善服务功能，增强整体抵御风险的能力，降低经营管理成本和监管成本；三是完善法人治理结构和风险防范制衡机制，建立有效的激励和约束机制，提高体制运行效率，切实发挥农村信用社支持“三农”发展的主力军作用。

3. 规范发展内生的非正规信用合作组织，增强其服务水平

除了中国银监会批设的拥有正规金融牌照的农村资金互助社外，农村还存在大量的非正规信用合作组织，如台州三门高枧粮食基金会与玉环九三资金互助社等。各类非正规农村信用合作组织正逐步形成、发展，成为农村金融不可或缺的组成部分。

首先，国家立法及监管部门应该针对农村非正规信用合作组织的实际发展情况和特征，尽快制定完善适应其规范发展的法律法规，明确其法律地位，给予其足够发展的法律空间，推动其进入健康有序的发展轨道。例如，修订《农民专业合作社法》，将农村非正规信用合作组织列入农民专业合作社范畴；制定《农村信用合作组织试点管理办法》，明确准入条件的监管职责，为其可持续发展提供法律保障。另外，在农村非正规信用合作组织较多的区域，可以率先制定农村非正规信用合作组织地方性法规，对设立程序、组织机构、业务范围、监管管理、终止清算等问题给予明确，使其能够依靠法律保障自由、公开、透明地开展业务。

其次，在规范农村非正规信用合作组织的基础上，我们应该鼓励其拓宽融资渠道，增强业务水平。一是多形式利用银行业金融机构信贷资金。推动银行业金融机构与农村非正规信用合作组织加强合作，并引入保险、担保新机制，给予农村非正规信用合作组织优惠利率贷款。同时，考虑采用转贷、联合贷款、委托贷款、批发贷款等多种方式，充分利用银行信贷资金，增强服务水平。二是建立转向信贷基金，利用政府财政资金、国家政策性银行批发性贷款、农村信用社批发贷款等设立专项信贷基金，批发资金给农村非正规信用合作组织委托其放款，扩大其内部资金互助规模。三是引导社会捐赠资金进入。应该加强宣传，让社会各界对农村非正规信用合作组织有个全面的认识，以推动社会各界资金的加入。①

---

① 秦池江. 中国农村的变革和农村金融体系的创新[J]. 广东金融学院学报，2007(6).

### （二）全面拓展政策性金融，加强其引导功能

无论是从农村信用社的具体经营情况看，还是从市场细分和目标人群定位后农村信用社的改革方向来看，欠发达地区大量的政策性金融需求亟待满足。如果简单将这一重大任务推给民间金融和合作金融，是既不负责任，也是不现实的。政策性金融几乎存在于所有的国家和地区，运用政策性金融手段对农业支持与保护也是国家惯例。在现实的经济金融运行中，政策性金融是为补充、完善商业性金融机制中的某些缺陷或不足而存在的，尽管无法取代商业性金融的基础性、主导性地位，但它的辅助性作用是不可替代的。应该指出的是，如果从农村尤其是欠发达地区来看，政策性金融在欠发达地区应该起的是主导而不是辅助性作用。就此来看，中国目前存在着政策性金融供给严重不足的局面。为了加强政策性金融的引导功能，我们认为应该从以下几个方面着手。

1. 提高政策性金融的资金运用效率

很长时间以来，中国农业发展银行的主要贷款投向是进行棉粮收购，这些项目的资金周期长、数额巨大、资金回笼慢，而且，国有粮食企业与农业发展银行的所有者都是国家，容易造成监管缺位，国有粮食企业获得贷款后的激励和压力均不足，使得农业发展银行产生较多的不良贷款。面对一些经济效益和社会效益相对较好的项目，农发行却进入的少甚至没有进入，这样势必造成其盈利能力低下。应该改变目前农业发展银行只负责国家棉粮收购贷款的格局，扩大其业务外延。农工政策性银行除承担农副产品的收购、调销、储备外，还要承担农、林、水利基本建设，农村经济发展所需要的交通、能源、文化、科技、物流、环保等基础建设，农村社会发

展所需要的卫生、教育、文化、科技、物流等方面的项目融资。同时,国家要安排专项资金,建立制度性的政策性支农银行的资本金补充渠道,确保其可持续发展。由于农业发展银行不以盈利为目的,因此要尽可能地降低运行成本,同时,可以适当整合现有农村金融机构的功能,一是把目前由中国农业银行经营的农业开发贷款、扶贫贴息贷款等政策性金融业务划分为中国农业发展银行经营;二是将国家开发银行农业信贷业务、国际金融机构农贷的转贷业务划为中国农业发展银行管理;三是统一国家支农资金管理,特别是国家预算拨款用于农业的资金和其他用于发展农业的专项基金,一律存入中国农业发展银行并代理拨付;四是进一步调整农业政策性金融信贷结构,进一步拓宽支农领域,逐步将支持重点由农产品流通领域转向农业生产领域。

2. 提升政策性金融的产品满足率

中国农业发展银行的资金运用大概分为两类:一类为支持粮棉油等农产品流通各环节的顺利进行,以流动资金贷款为主体的收购、调销和储备贷款;另一类是重点支持农业的产前环节,其目的是改善农业生产条件和促进贫困地区的经济发展,促进以固定资产贷款为主体的各类农业开发和技术改造贷款。随着粮食市场流通体制改革的不断深入,政策性贷款的比重在逐渐下降。同时,随着农村产业化经济的兴起,处于发育初期的龙头企业特别需要资金支持,但是政策性金融的支持却非常有限。农业政策性信贷主体应在继续支持国家粮棉油储备体系建设的基础上,承担如支持小额农户贷款、农业龙头企业贷款等贴息贷款类农业政策性金融服务,并根据新农村建设需要,支持农村基础设施建设,开展与

“三农”相关的中间业务。一是积极拓宽业务范围，将机构网点覆盖到县；二是要加强对欠发达地区的农村信贷支持，可以充分利用农村信用社结构网点多、贴近农村和农民的优势，由农信社、小额贷款公司、村镇银行代理相关业务；三是在明确相应补偿机制和内容的基础上，继续深化改革，依靠自身经营，完善运行机制，真正起到支持“三农”发展的作用。此外，可以探索将农发行的部分业务通过农村互助合作组织来代理，由农发行向互助合作组织提供资金并指定项目，由合作组织向农户转贷或进行项目管理；进一步形成较大规模的开发性金融，由农发行牵头与商业银行展开合作，小规模开发领域由农发行向村镇银行、合作金融机构和小额信贷机构等提供支持的格局展开合作，以提升农业政策性金融的产品满足率。

3. 建立中小企业政策性金融机构

中小企业作为自主经营追求利润最大化的市场经济主体，理应由商业性金融体系予以资金支持。但是另一方面，中小企业又担负着提供就业、促进产业发展等重要作用，从而又具有了一定准公共产品色彩。在一国经济发展的特定时期，这种准公共产品色彩尤为突出。因此在构建中小企业金融支持体系的时候，必须充分考虑到其作为准公共产品提供者的这一方面，在借鉴国外成功经验的基础上，建立适合我国农村经济特征的中小企业政策性金融支持体系。

各国中小企业的政策性金融支持体系不尽相同，但是中小企业融资担保机构和中小企业政策性银行是最为重要的组成部分。中小企业筹资难的关键是缺乏信用担保。在美国，除为符合条件的小企业提供贷款担保外，联邦政府的进出口银行还专门设立机构为中小企业出口提供信用和风险担保。在日本，政府除直接出资设立信用保估协会外，还全资成立了中小企业信用保险公库提供再保险业务。中小企业融资的政策性金融体系中的另一重要组成部分是中小企业政策性银行的设立。第二次世界大战后，美国、英国、法国、日本、意大利以及韩国、泰国等都设立了专门为中小企业融资的银行和金融机构。这些政策性银行一般均为官方或者公营机构，以优惠条件为中小企业融通资金，是政府支持中小企业发展的有力工具。

从政策性银行的角度来看，我国目前尚无真正的中小企业政策性银行，已成立的三家政策性银行在为中小企业融资方面的作用也相当有限，因此，应当考虑成立专门的政策性银行为中小企业融资服务。中小企业政策性银行应当有不同的层次，既可以由国家独资，有条件的地区也可以成立地区级中小企业政策性银行。由于中小企业的外部性效益在地区范围内表现的更强，地方出资的中小企业政策性银行应当会具有更大的比较优势，从而为中小企业的发展提供强有力的金融支持。

### （三）重新寻找商业性金融与市场的切入点，提升其支持功能

《关于国有独资商业银行分支机构改革方案》在 1998 年 6 月出台后，工行、中行、建行开始大规模撤并县以下营业网点。而随着商业化改革进程的加快，农业银行作为国有商业银行的市场定位也发生了重大变化，业务的重点也开始从农村转向城市，从农业转向工商业。国有商业银行重点撤并县以下分支机构，并上收县

级机构贷款权限，中国农业银行也不例外，其机构网点正逐步从农村收缩。这一事实，一方面说明了农村经济的不均衡性、农业的弱质性和“三农”的复杂性抵制了商业性金融支持农村经济的动力，但是另一方面，简单的撤并网点或收缩业务是一种战略短视，至少是一种忽视了农村金融的广阔市场和巨大潜力的权宜之策。事实上，农村的经济主体如中小企业、个体工商户、经营性农户等都是值得商业性金融机构开发的客户群体，农业产业化、县域工业化和城镇化等都是值得商业性金融服务机构拓展的业务领域。在明确信贷投放重点、创新金融服务方式的前提下，即使是农业这种弱质产业，商业性金融机构也完全可以在控制风险的基础上提高效率。法国农业信贷银行就是在支持国内外农业产业化和现代化，为农业、农村、农民提供系列化的金融服务中发展壮大而成为世界第三大商业银行的，其经验值得我们借鉴。为了吸引更多的社会资金投向农村，改善农村金融服务状况，我们必须重新寻找商业性金融与农村金融市场的切入点，提升商业性金融对农村经济的支持力度。

1. 运用财政政策和货币政策激励商业性金融对三农的投入

追求利润最大化是所有企业的经营目标，商业银行也是企业，因此也不例外。对农村的贷款成本较高，风险相对较大，因此各级财政应加大对商业银行服务新农村建设的风险补偿力度，对商业性金融机构支农信贷给予税收减免、担保、贴息、不良贷款核销等优惠，对因信贷支农需要而必须保留的亏损金融网点予以一定的财政补贴支持。

中央银行应调整支农再贷款的利率政策，发挥其调节信贷结构的作用，货币政策要与财政政策相配合，对使用支农再贷款资金发放支农贷款的金融机构实行财政贴息。对于向农村发放贷款的商业性银行，在中央银行的存款准备金率和再贷款利率可以适当降低，但要加强监督。总之，对农村金融市场所采取的货币政策，应该是在风险可控的前提下激励商业性金融加大对“三农”的支持力度。

2. 加大商业银行的信贷支农力度

中国农业银行是农村商业性银行的主体。1997 年以来，国有商业银行（包括中国农业银行等）的发展战略向大中城市转移，县及县以下机构网点大幅减少。实际上，作为商业性金融机构的农业银行，在农村地区的盈利有限，不断从农村地区撤出也是符合其商业利益的。虽然中国农业银行在农村地区的商业性金融业务在萎缩，但是仍然可以在市场化导向下，借助其网点优势和资金优势，在农村发挥主体的商业性金融支持功能。农业银行一方面要将自己定位于县域“三农”服务性金融机构，巩固和稳定县域农业银行分支机构，给予县级支行更大的自主权，下放信贷权限，加大金融产品创新力度，增强服务功能，重点培育有效益、有潜力的龙头企业，在支持农业产业化经营、乡镇企业优化重组、加大对高效农业和生态农业的投入方面起到主体作用。另一方面，国家可以规定商业银行向农业贷款的最低限额或比例，或要求商业银行将存款增长的一定比例用于购买农业政策性金融债券等。

农业银行要结合信贷、互助、抵押等做法，在各农村地区扩宽金融支农的渠道；利用农村地区熟人社会的特殊环境，建立完善的信用担保体系；利用担保人之间的信用充分性和道德约束，实现借款人之间的相互监督，并以此为基础发放小额贷款，降低贷款风险。

3. 推动邮政储蓄银行转变为市场化运作的“农村金融超市”

2007 年 3 月 20 日，中国邮政储蓄银行正式挂牌。邮政储蓄银行点多面广，深入到农村各个角落，在农村的规模和网点优势显而易见，是四大商业银行等金融机构所不具备的。另外，相对于农村信用社未实现全国联网的现实，邮政储汇有着明显的信息化优势。邮政储汇业务电子化、网络化程度较高，邮政储蓄计算机系统已实现了全国任一联网网点的通存通兑，并建立起计算机清算系统，能快速将资金结算到各地，这是农村信用合作社等其他农村金融机构无法比拟的。

邮政储蓄银行因按照商业化运作的方式，逐渐向“农村金融超市”的方向发展，为广大农村地区提供从“小额抵押贷款”到“大规模的农业基础设施、产业化龙头企业、地区优势农业项目及增值服务”等全方位的金融服务，积极支持社会主义新农村建设。例如，进一步放开小额质押贷款的条件，扩大经营规模，发展新业务品种，加强风险管理等。

4. 发挥新型农村金融机构商业性支持功能

大力推进自然人、企业法人和社团法人发展的新型农村金融组织，加快发展小额贷款公司、村镇银行、社区银行等非政府组织的各类小额信贷组织形式，构建适度竞争的农村小额信贷市场，满足农民和农业发展的资金需求。允许民间资本、外资等参股农村金融机构；适度降低农村信贷和农村金融机构的准入门槛；针对农业收入不稳定、回收期长、收益低等特点，以及农村居民储蓄少、创业资金严重不足等问题，创新发展一些农村金融组织，以满足农户小额贷款的资金需求。

### （四）规范和引导非正规金融的发展，发挥其辅助功能

放开对民间非正规金融机构（包括各种形式的基金会、互助会、民间借贷等）的限制，承认非正规金融的合法地位，允许非正规金融的发展，并逐步将非正规金融纳入金融监管的范畴中去。这不仅将直接扩大针对“三农”和农村急需的金融服务供给，而且由于更多的金融机构加入农村金融市场，将会从根本上解决农村金融市场的单一垄断局面，形成不同金融机构、组织之间的良性竞争，从而改善农村金融机构提供金融服务的质量。另外需要指出的是，与正规金融相比，非正规金融的经营较少受到政府干预，因而相对正规金融机构而言，他们更能有效发挥“支农”作用。因此，应该从以下几方面规范和引导非正规金融的发展。

1. 利用法律与政策，引导非正规金融步入正规

从短期来看，应该由政府或金融监管部门制定和调整相关法律与政策，对非正规金融机构的行为加以保护和约束。一方面，让正规金融机构作为非正规金融和贷款农户的中介，利用正规金融健全的信用环境和完善的信贷服务操作流程，使非正规金融的放贷在操作上程序化、正规化；另一方面，出台相关的法律法规和政策，明确非正规金融的权力和义务，并确定放贷的用途、期限、利率等，尤其是利率浮动范围。从长期来看，放宽市场准入制度、建立民营资本银行依然是根本。应该赋予民营银行以合法地位，使之能够承接正规银行的业务范围和品种。村镇银行、小额贷款公司等小型金融机构的试点实践证明，大力鼓励和发展民营小金融机

构是适应我国现阶段农村生产力水平的直接有效途径。2010 年 5 月国务院颁布的《关于鼓励和引导民间投资健康发展的若干意见》中，也再次强调"允许民间资本兴办金融机构……鼓励民间资本发起或参与设立村镇银行、贷款公司、农村资金互助等金融机构，放宽村镇银行或社区银行中法人银行最低出资比例的限制"，这给予了民营银行发展更多的政策支持。

2. 完善非正规金融发展的相关制度安排

应该完善政府的金融监督与管理体制。首先，对各类非正规金融机构应区别对待，进行分类监管，重点监管其中的高风险投机行为，同时增强地方政府在其他金融监管方面的职责。另外，还要避免地方政府对当地民营金融机构的直接干预与介入。其次，应完善金融市场相关制度建设，形成多元化风险防范机制。风险防范不应只靠政府部门行政式的硬性管理，还要靠法制环境的建设，同时还要依靠市场化的约束机制，例如行业自律、企业间相互监督、全社会的信用体系建设等。金融监管部门的监管、地方政府的日常管理，要配合法制环境与社会信用体系的建设，多管齐下，能更有效地防范非正规金融的风险。

3. 促进非正规金融差异化发展

针对不同形式的民间借贷，我们可以采用分类引导的方法。一是在经济欠发达地区，民间借贷往往表现为初级形式，主要的引导方式是降低农村金融的门槛，允许有条件的组织或个人组建农村信贷机构，或者以当地民间资本大户为主，组建股份制金融合作组织，向农户和农村小企业提供贷款，实现自主经营、自负盈亏、自我决策。二是在经济较发达地区，民间借贷形式相对成熟，要尝试对规模较大的私人钱庄、金融合会等民间金融组织进行规范化引导，以股份制或股份合作制形式进行注册、登记，并鼓励其往社区银行等正规金融机构发展，以满足农户和农村企业较大规模的资金需要。三是对于一些出于非法集资目的的民间金融应予以取缔，对于小额、分散、用于满足农户基本生活需要的民间自由借贷，则任其自由发展。

4. 逐步联合农村非正规金融机构和正规金融机构

在中国农村社会环境和人文环境的基础上，可以引导金融机构以大型农业专业合作社为中介，逐步和正规金融机构联合。具体模式如图 6－3 所示。

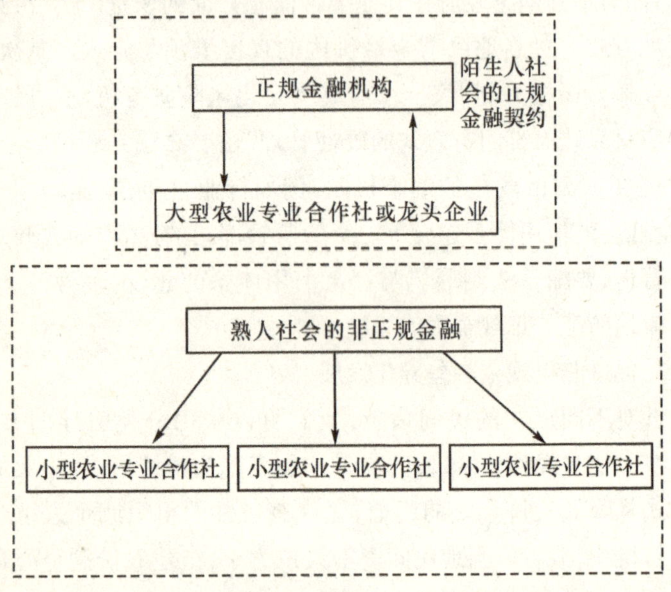


图 6-3　中国农村正规和非正规金融联合模式

由于信用信息的缺乏，正规金融机构难以介入小型农业合作社的融资领域，正规金融机构的融资对象是具备融资担保和抵押能力的大型农业专业合作社或龙头企业，他们和正规金融机构之间是陌生人社会的正规金融契约。大型农业专业合作社或龙头企业将从正规金融机构获取的资金分别放贷给同属于熟人社会的众多小型专业性合作社，他们之间是道德化信用的非正规金融行为。这样的联合模式一方面解决了大量的小型农业专业合作社由于信息不对称和抵押缺乏而难以从正规金融机构取得资金的困境；另一方面也解决了农村非正规金融机构由于资金规模不足而反对农业产业结构调整的资金支持问题，更好地消除了农业发展和农民增收的资金约束问题。

### （五）建立多层次农业保险体系，促进其催化功能

农村发展离不开农村金融的支持，而农村保险是农村金融的重要组成部分。没有农村保险快速的发展，农村信贷、农村担保、农村期货都难以发展起来，也就不可能有农村经济的快速成长。我国农业保险的改革和发展历程呈现典型的倒 U 型发展轨迹，且历史经验告诉我们，我国农业保险的发展不能单纯依靠商业化经营，还需要政策性农业保险的补充。尤其是农业保险市场处于刚刚起步的阶段，存在农村保险规模小、农民的参保意识薄弱、保险费率高、农险资金配置效率低等问题，政府引导和政策支持就显得尤为关键。

从风险特征看，农业风险自身具有高风险的特点。一方面，发生频率相对较高；另一方面，一旦发生则损失非常巨大，会导致很多农户遭灾和多家农险公司遭到重大损失。因此，提高农业保险

抵御洪涝、干旱、台风、雪灾以及重大疫情等巨灾保险的能力，确保农业保险公司对受灾农户的赔付能力，这是整个农业保险体系有效运转的重要基础。因此，发展农村保险事业，健全政策性农业保险制度，加快建立同业再保险和巨灾保险分散机制，是保证农村金融保险体制稳健高效运行的必要条件。

1. 加大对农业保险的政策扶持

一是积极探索适应新农村建设需要的农业保险体系，将政策性保险和商业保险相结合，充分发挥保险在分散和转移农业风险中的作用。对商业性保险，我国应对开展了农业保险业务的保险公司予以积极鼓励，并对政策性农业保险以必要倾斜。二是尽快建立政策性的农业保险机构和农业再保险机构，鼓励商业保险公司按照商业原则在农村地区开展保险业务。三是明确保险目标、保障范围、保障水平、组织机构与运行方式，对选择较高保障保险的农户和农业企业给予补贴，对经营农业保险的商业性公司和保险组织给予一定的税收减免优惠和资金补贴等政策支持。四是探索符合当地农业特色的保险品种、补贴方式，在此基础上建立农业保险发展的长效机制。

2. 加强涉农信贷与涉农保险的合作

应该充分发挥银行支持“三农”发展的功能作用，支持农村经济又好又快地发展。保险公司要不断提高农业保险的广度和密度，积极探索开展涉农贷款保证保险。银行业金融机构要将涉农保险投保情况作为农业企业的授信要素，并鼓励借款人对贷款抵押物进行投保。应该积极研究涉农保险保单质押的范围和品种，探索发展银行和保险公司共同参与的多种形式的农村信用组织。

3. 探索发展多层次的农业保险组织

将政策性与商业性农业保险并重，选择部分地区率先试点建立政策性农业保险体系；鼓励商业性保险公司开拓农村保险市场，根据各地实际情况可以考虑与地方政府签订相关协议，由商业保险公司代办农业保险；设立专业农业保险公司，支持从农村专业合作经济组织中自发成立的互助合作性质的农业保险组织的发展。另外，可以借鉴美国的风险转移基金、发展基金和商业基金的操作模式，发展农业风险基金，在减轻政府负担的同时，稳定农业保险体系的运转。

4. 开发多样化的农业保险产品

根据农业生产和销售的特点，利用金融市场尤其是中小版市场，开发和流通适合"三农"发展需要的保障型产品、投资型产品和衍生型产品及服务。一是鼓励保险公司开发保障适度、保费低廉的农业保险产品。二是针对农民生产生活特点，开发涉农财产和人身保险产品，选择有条件的地区开展小额保险试点。三是建立农村存款保险制度，探索合适的组织结构、投保方式和监督机制等，控制农业风险、保障农民收入。

## （六）完善金融监管体系，健全其保障功能

制度经济学认为，制度是行为主体之间的博弈规则，同时也是行为主体之间的博弈结果。一个高效的制度安排，首先应该能够容纳参与者的最大化行为，不让参与者主动提出博弈。要合理确定制度目的和参与者的计策集合，使参与者的最大化行为推动制度目的的最低成本实现。在我国农村金融监管制度构建与完善中，首先要使所有市场金融主体，包括正式和非正式金融主体都能

接受监督，维护金融业公平有效竞争。

1. 明确农村金融监管的目标

在监管目标的选取上，应注重推动组织规范发展、提高资金运行效率、形成适度竞争格局，从而不断完善农村金融体系。首先，应将推动农村金融规范发展、维护农村金融体系稳定作为监管的首要目标，通过合理引导、分类监管，提高农村金融组织的有序化、组织化、契约化程度，从而切实保证农村金融体系的稳健运行。其次，以提高资金运用效率、满足多样金融需求作为监管目标，通过农村金融组织资金运用能力，拓展金融服务范围，更好地服务农村经济。最后，以形成适度竞争格局，完善农村金融体系作为监管目标，鼓励农村正规金融机构与农村信用合作组织的适度竞争与有效合作，通过利用正规金融机构的资金优势和农村信用合作组织的信息资本优势，加强两者的优势互补和信息交流，共同提升农村金融服务水平，从而促进分工合理、产权明晰的农村金融体系的形成。

2. 建立多元监管模式

建立以农田金融组织内部控制为基础、政府相关部门的专职监管为核心、行业协会的自律监管为依托、公众的社会监督为补充的监管模式，实行多元化约束，从而防范风险。对于正规农村金融组织，由银行业监督管理委员会统一监管；对于非正规的农村金融组织，考虑加强地方政府的监管力度，成立由金融办、工商局、农委、人民银行、银监会等多部门参加的试点工作领导小组，负责审批，并由地方政府全权承担风险处置责任。同时，由地方政府明确一个主管部门，负责日常监督管理，推动农村非正规金融组织规范、有序、协调和可持续发展。

建立农村信用合作组织行业协会，负责宣传农村信用合作组织相关方针政策，反映试点情况和问题，开展业务培训，推广创新经验等，为农村信用合作组织提供全方位、多层次服务。同时，定期分析管辖范围内农村信用合作组织的运行情况、贷款利率等，多渠道向政府、社会公众传递农村信用合作组织的最新动态，充分发挥行业自助、自律、相互监督的作用。

借助各种媒体，广泛宣传农村金融组织的业务范围和禁止从事的行为，并充分利用“声誉机制”这种中国乡村最原始的信用体系，提升农户信用意识，加强相互监督。

3. 采取分类监管的方法

监管部门需要根据农村金融组织的不同类型采取分类监管方法。一方面，对正规金融体系由银监部门直接监管。另一方面，对于规模较小、封闭式运作的农村信用合作组织采取间接监管的方式，如由地方政府相关部门作为主要监管机构，同时允许省联社执行辅助监管职能，或由地方政府部门授权省联社执行监管职能。

在分类监管的基础上，要结合现场监管和非现场监管两种手段，有效防范风险。一是要做好现场检查，采取查阅、复制文件和资料、谈话及询问等多种方式，不定期对农村信用合作组织的机构设置、业务流程、贷款流向与利率等进行监督检查。二是提高非现场监管水平，定期对农村信用合作组织的相关资料如财务报表、贷款审批表、相关数据等进行跟踪分析，发挥非现场监管的远程预警能力，及时发现问题，解决问题。

4. 尽快建立和完善农村抵押担保体系

目前,我国广大农村还未建立比较完善的农村信用担保体系,甚至很多地方仍是空白,这严重制约了金融支农机制的顺畅运行。贷款主体有无抵押品是金融机构放贷时最为关注的问题,而农村金融的需求主体往往缺少必要的抵押物。这是导致目前农村金融需求主体贷款难的主要原因之一。因此,组建信用担保机构是解决农村经济主体融资难的重要有效措施。地方政府要充分发挥在构建中小企业担保体系中的主导作用,根据农村经济农户多、个体企业多、经营主体小等特点,建立和健全多层次抵押担保体系,增强担保公司的资金实力,充分发挥抵押担保机制对农村经济金融发展的促进作用。

为满足广大中小企业的融资需求,不仅要设立政府出资的担保机构,还要有以政府为主体,由地方财政、企业共同出资组建的县域企业担保机构,更重要的是要鼓励中小企业的互助担保基金和商业担保机构为中小企业担保。为保证中小企业信用担保体系的健康发展,国家应明确授权一个政府部门,使其对中小企业担保机构在担保机构的资格、担保机制、担保程序等方面进行管理和监督;通过财政投资、企业注资、社会多方面出资等形式成立担保公司,为农村经济主体贷款提供担保;要加快担保机构的发展与整合步伐,增强资本实力。同时要完善担保公司的操作程序,简化手续,降低企业提供反担保资产比例要求,使之能为中小企业获取银行贷款提供足额有效的担保;应尽快建立国家级、省级中小企业信用再担保机构,对下级中小企业信用担保机构的直接担保进行再担保;建立县域企业融资担保基金,专门从事县域企业贷款信用担保;借鉴“农户联保”制度,实行县域企业“联保”模式,几个规模较小的企业可组成联保小组，小组成员互相监督、互相制约并互相承担连带责任。

为满足“三农”的融资需求，根据农村微观经济主体的特点，一方面，可以考虑建立以下多种类型的担保制度：一是大力推行“农户联保”制度，在依据农户水平确定信贷规模的基础上，要求一组农户之间相互担保，可赋予农户联保小组一定的贷款额度；二是建立专业化生产的农户或小企业联保制度或是社会化担保机构，以促进县域经济规模化、专业化发展；三是建立中小企业担保基金，形成担保风险补偿机制和再担保机制，增强金融机构对中小企业贷款的信用，此项担保基金的建立可以由地方政府支持，也可以由民间资本介入。另一方面，要完善抵押担保的运作机制。针对农户、个体工商户和中小企业等农村金融需求主体的特点，探索土地和房地产担保之外的多种担保方法，可以根据实际情况考虑实行动产抵押、仓单质押或者权益质押等担保形式。

## （七）建立健全有效的农村金融风险管理体系

对于农村金融机构风险动态监测与防范的任何一个步骤都离不开组织管理工作，组织管理体系是风险防范机制有效运行的支柱，涉及部门协调、人事安排、权责划分等制度性安排，保障风险动态监测的及时、准确和全面。目前对金融机构的风险动态监测与防范相适应的组织管理体系有以下三种方式。一是垂直系统。这种监测方式的组织形式及风险警报的传递都是一个垂直系统，工作次序有自上而下或者自下而上两种。垂直系统的特点是运行快捷简单，但由于这种系统一般只能应对一个信号系统，因此采用这种系统就不能同时控制较多的检测对象和领域。二是横向系统。

一般是以政府部门和行业主管部门为监测中心所采取的方式，监测对象可以沿着水平方面同时展开而面向许多不同的检测对象。横向系统与被监管的金融机构密切配合，可以担保风险信息在时间传递上的及时性、在实施上的可操作性和总体上的完整性，构成高效率的组织体系。三是交叉系统。为保证相对成熟的农村金融机构能在更复杂的环境和条件下追逐更高的风险和资本利差，可以采用既有垂直系统又有横向系统的检测体系。尽管采用这种方式的监测体系在适用方面较为复杂，但是可以根据监测对象和领域采用最合适的一种方式，做到既能保证监测的及时和快捷，又能保证监测的广泛和完整性。

总之，农村金融机构必须根据自身情况构建对自己最有效的风险组织管理体系，同时发挥自身预警体系的监控作用。

1. 构建高效的农村支付结算服务体系

作为支持服务农村生产发展的农村支付结算体系，必须具有三大功能特点。一是优势互补的服务组织体系。作为农村支付结算服务组织体系的绝对主体，农村信用社尽管拥有着本土优势，但是受制于体制、技术、实力等因素，无法全面满足农村经济发展对支付结算服务的总体需求。因此，需要对当前现有的农村金融服务资源进行整合，建立一个立足“三农”、服务“三农”、多方联动、功能互补的农村支付结算服务组织体系。强调“涉农”金融机构个体的能动性、城乡之间的资金往来管道，有助于挖掘潜在资源，增强创新合力，增进金融服务效率。二是适合农村的支付工具体系。从支付工具服务于社会经济生活的角度考察，其形态越多元化，交易者获得的货币便利程度越高，资金流动与资源配置就越有效率。

“涉农”金融机构应建立适用于不同需求群体、不同地区的支付工具研发机制，建立多方联动的农村支付工具供给体系，能够结合结构性支付服务需求、个人支付服务需求以及农村地区差异，及时向市场提供不同的支付结算工具，推动支付工具多元化以及综合性金融产品和个性化金融服务。三是梯次推进的基础建设。在兼顾农村金融既有基础和条件的前提下，进一步提升农村金融信息化整体水平，全面打造科学有效的支付结算服务平台。首先必须开发设计并推广应用成熟度高、应用性较强、具有本土化特色的农村支付结算核心业务系统，扩大电子通汇范围。同时，合理推动农村支付系统设施的优化整合，依托多方联动建立通用化、综合性的服务平台，提高资源利用效率，逐步实现农村支付结算基础设施建设的集约化、通用化。

2. 创新思路，不断完善农村支付结算服务组织体系

农村金融机构特别是地方中小法人金融机构要结合服务面广、服务对象需求各异的特点，积极开发如网上银行、电话银行等新型服务平台，以有效弥补服务机构单一的功能性缺位。结合邮政储蓄机构体制改革的实际，允许其开展结算业务，同时，邮政储蓄银行要充分发挥其在农村、城市网点分布密集、信息化水平较高的优势，创新服务手段，进一步发挥其贯通城乡的桥梁和纽带作用。

3. 切实解决地方中小法人金融机构汇票签发问题

一是改进支付结算业务代理制方式，从有利于改善农村地区支付结算工作、支持新农村建设的高度，扶持农村金融机构办理银行汇票、银行承兑汇票等票据业务。同时，进一步完善支付结算代

理制度，切实解决目前农村金融机构代签三省一市汇票、收支倒挂和受理汇票不能“见票即付”的问题。二是随着农村金融体制改革和内部管理的进一步加强，应进一步修订和完善《华东三省一市汇票管理办法》，允许有条件的农村金融机构签华东三省一市汇票。三是加强城市与农村支付结算服务的协作，妥善解决省辖汇票业务在途资金清算问题，并依托技术创新，实现省辖汇票在省内各金融机构的“见票即付”。

4. 推广非现金支付工具，减少农村地区现金使用

一是完善银联信息处理系统，实现银行卡跨行转账。加大力度支持银行卡基础设施建设，推广银联标准卡，制定统一的银行卡转账收费标准，建立全国统一、高效的银行卡信息处理系统，全面实现银行卡之间的实时转账，方便持卡人的资金结算。二是针对农村地区的实际，改善银行卡受理环境，扩大银行卡受理范围，推进农村地区银行卡联网通用工作，加大银行卡在农村地区的营销力度，积极支持农村地区银行卡产业的发展。同时，鼓励增加 ATM 和 POS 机具的布放，进一步改善农村地区的用卡环境。

5. 进一步扩展支付清算网络在农村地区的辐射范围

根据业务发展与风险防范相结合的原则，因地制宜，努力扩大大额支付系统、小额支付系统的覆盖面，畅通农村地区的支付清算渠道。对条件尚不具备的分支机构，可按汇划金额不同采取先开小额支付系统，再逐步开通大额支付系统的办法。或者，通过改进票据传递方式，借助于传输影响，缩短资金汇划的在途时间。同时，要积极完善支付系统功能，加大技术投入和协调力度，尽快开通跨行通存业务；积极探索改进同城资金清算系统，清算同城票据

交换资金的清算模式，实现贷记业务票据截留资金，通过大额、小额支付系统及时清算，借记业务通过小额支付系统清算资金、票据手工传递的新型同城交换和资金清算方式；建立新型的票据交换组织模式和管理体制，确保借方票据及时、安全传递；完善现代化支付系统收费模式，解决通过现代化支付系统清算同城交换票据引起的收支倒挂现象。①

## 第二节　改革与完善农村金融服务体系的对策建议

我国现有的农村金融服务体系具有极强的外生性，是政府主导下的产物，它不能完全适应我国农村经济发展对金融服务的需求，制约着农村经济以及农村金融业自身的发展。因此，我们必须进一步深化农村金融体制改革，以满足农村经济发展的需要为前提，调动农村金融活动主体的内在动力，构建内生于经济、适合我国农村生产要素禀赋结构特点的多层次农村金融服务体系。农村金融服务体系的改革和创新不仅仅是设多少金融机构和设什么样的金融机构的问题，只是强调农村金融机构本身的调整和改革、解决和改善农村金融发展整体的政策环境是不够的，这也是在我国金融体制改革过程中某些改革结果与目标不一致，容易发生变异的主要原因。我们认为，要使改革和创新后的农村金融服务体系发挥有效的作用，还必须有相应的政策和措施的配合。

---

① 冯庆水，王伟. 农村金融体制改革和创新的逻辑框架与思考[D]. 蚌埠：中国经济理论与管理前沿论坛暨中国农村金融改革和创新国际论坛，2010.

## 一、完善农村金融法律体系和信用制度

### (一)完善农村金融立法体系

法律保障是解决目前我国农村经济金融支持不足的根本之策。一方面,按照社会公平原则,可以通过法律强制性使农村金融机构把从农村吸收的存款中的一部分用于当地;另一方面,按照风险和收益、责任和权利对等的原则,通过合理的制度安排,激励农村金融机构主动支持农村经济。当前,我们应尽快制作和出台《县域农村金融服务促进法》、《农村合作金融法》、《农业保险法》等法律法规,对农村金融体系、农村金融机构支农业务、农村金融机构的"三农"贷款业务、贷款额度、期限、投向等要有合理的范围,既支持农业生产,又支持农民生活,切实满足农户需要。同时,中央银行在办理再贷款业务时,要考虑金融机构农村贷款的比例及成效。当然,政府也要在条件允许的情况下,尽可能对农村金融机构提供政策支持。同时我们还可以借鉴美国的经验,制定和实施《社区再投资法》,以法律形式规定农村存款类金融机构将在社区内吸收的资金按一定比例投入本社区,反哺本社区,这样可以有效地控制农村资金外流,加大对农村经济发展的资金投入。

当然,在制定《社区再投资法》时要注意以下问题:一是要明确规定投资人加强风险管理的责任,有效防范投资风险;二是要明确规定社区政府及有关部门加强信用制度建设的责任,创造良好的社会信用环境,增强投资人的信心;三是要充分考虑到经济欠发达地区的实际情况,兼顾风险防范和投资激励,规定切实可行的投资条件,既加大社区投资力度,又保证资金安全。

同时，我们也要认识到，随着市场经济体制的逐渐完善，非正规金融机构逐步成为农村金融发展的重要组成部分，原来一些在特定环境下指定的法规显然不符合现状。对此，建议国家立法部门尽快制定《非正规金融法》，除了赋予非正规金融机构合法的法律地位外，还应通过法律保护合约保护双方合法权益，以保证非正规金融机构有合理的生产和发展空间。同时，从法律上重新界定非法吸收公共存款、非法集资和正常的民间融资等行为的界限，增加非正规金融机构的活动空间。

### （二）建立规范的金融退出和准入机制

监管只能在一定程度上约束银行，以避免承担过多的风险。同时，监管只能改变银行承担风险的类型，而难以改变银行承担风险的数量。既然风险不可避免，那么在设计农村金融体系、允许并鼓励中小金融机构发展时，就必须考虑到风险的承担，以便构建适应农村金融特点的退出机制。

多年来，我国金融体制改革滞后，重要原因之一就是没有一个规范健全的金融机构退出和准入机制。因此，在中小银行的培育和发展中，应当考虑尽快建立有效的金融机构退出机制。通过规范金融机构的准入和退出，以有效保护存款人的利益，增强政策导向效应，引导中小银行从根本上放弃对国家的习惯性依赖，改善和加强自身经营，提高经营管理水平。在建立规范的金融准入和退出机制的同时，应按照市场化改革的方向，在金融领域实施适度开发，允许民间资本以各种形式投资中小银行（社区银行）。民间资本投资中小银行（社区银行），一定要做到产权明晰、自主经营、自负盈亏。

从国际经验看，存款保险制度是金融机构退出的一种有效的制度安排。尽管对于存款保险制度本身还有许多争议（比如道德风险、逆向选择等问题），但是总的来说，存款保险制度对增强公众对银行，特别是中小银行的信心，保护小额存款者的利益，防止出现系统性银行挤兑和维护金融安全与稳定方面的功能还是得到了普遍的认可。针对中国目前的现实，建立存款保险制度已经成为许多人的共识。存款保险制度的建立应当立法先行，在诸如机构设置、保险范围、投保方式、投保费率、风险控制危机处理等方面做出明确规定。

针对农村经济金融发展的金融需求差异性，在按照市场细分原则整合县域金融资源后，经济发达地区更多的强调市场性和竞争性；经济欠发达地区的县域金融安排则是强化合作、弱化竞争。竞争的结果必然是优胜劣汰，而欠发达地区小规模金融机构抵御市场风险的能力更弱，这就需要对农村金融机构破产、清算、重组的政策规定进行新的探索和实验。很显然，全部由中央政府或者希望通过交由地方管理，从而完全由地方财政来承担农村金融机构未来产生的金融风险是不现实，也是不明智的。除了存款准备金和基层机构提取的呆账准备之外，构筑基层机构股东、地方政府和中央政府共担风险的机制，将是未来县域中小型金融机构风险分担的基本原则。

（三）加强信用制度建设

市场经济是以信用为基础的经济。银行金融机构是专门从事信用业务的特殊企业，一个信用环境恶劣的地区和企业是无法获得银行信贷资金支持的，良好的信用记录是银企合作的基本前提，因此,加强信用环境建设是实现农村经济和农村金融共同快速健康发展的重中之重。各级地方政府要把加强信用体系建设、改善信用环境作为整顿和规范市场经济秩序、改善投资环境的重要工作来抓。信用体系的建设有赖于金融机构与政府合作体系的构建,要利用政府和司法强制力改善地方信用环境。事实证明,信用环境建设仅依靠金融机构或监管当局是无能为力的。既然金融支持县域经济发展,那么地方政府就是客观受益者,大力打击逃废银行债务行为是其最优选择。这将是未来的一项"金融机构—政府长期隐性契约安排"。

在加强农村信用体系建设中,应该从以下几个方面着手。

首先,加强信用宣传与诚信教育,增强全民的诚信观念。各级地方政府要彻底转变观念,认识到银行金融机构也是企业,信贷资金主要来源于存款人的存款,是必须还本付息的特殊商品,而非无偿的财政资金;要认识到资金是目前制约农村经济发展的重要"瓶颈",大部分县市主要的融资渠道还是银行贷款,以良好的信用环境来吸引银行贷款也是一种特殊的"招商引资",而且可能是最大的"招商引资"项目,因此要将整治信用环境作为经济工作的头等大事来抓。

其次,按照"政府主导、央行推动、部门联动、整体推进"的要求,明确目标,严格考核,狠抓落实,深入开展"金融安全区"创建活动。政府部门要以在规范企业改制中维护银行债权,清收党政机关、职能部门和公务员贷款,化解村级债务等工作为突破口,推动创建活动的顺利开展。政府部门要将此项活动纳入地方政府综合考核范围。人民银行、银监部门、金融同业要实行区别信贷政策,对被评为“金融安全区”或优质信用区域的县市、乡镇实行贷款倾斜，以推广农户小额信用贷款、评定信用户、创建信用农户、信用企业、信用村、信用乡镇为重点，确立农户信用等级，建立完善的农户信用档案，对符合条件的农户发放信用证，使农户真正享受到便捷的金融服务。对金融高风险区则联合实行信贷制裁，停止发放一切贷款，以增加守信的收益，提高失信的成本。

再次，切实规范中小企业设立、兼并、重组的做法，确保银行债券的落实，严禁用各种违法违规手段逃废金融债务，严厉打击通过各种途径逃废银行债务的行为，各级部门对相关人员要给以党纪政纪处分，严禁逃废债者异地做官甚至提拔重用。司法部门要秉公执法，依法保护银行债权，对有不良记录的企业和个人列入银行的“黑名单”，严厉打击企业逃废债行为，对逃废债企业法人要建立严格的责任追究制度。各金融机构对其实施联合制裁，不予贷款、不予开户、不给结算，使之无立身之地。

最后，建立健全企业和个人征信体系。我国的农村中小企业有相当一部分没有规范的财务报表，财务信息既不完整又不透明。由于缺乏完备的社会征信系统，也无处搜寻农村中小企业和个体工商户的信用记录，而有关债务人的财务状况、信用记录等“硬信息”恰恰是银行所迫切需要的，所以，征信制度的建立是金融机构降低风险的重要制度保障。目前国务院专门成立了以中国人民银行牵头的“建立企业和个人征信系统专题领导小组”，正致力于从五个方面加快征信体系建设：一是加快征信法规建立；二是加快全国统一的企业和个人信用信息数据库的建设；三是积极发展专业化的社会征信机构；四是加强征信市场的监督监管；五是抓紧制定信用服务行业标准，推动信息共享。

## 二、建立合理的担保体系和产权制度

农户贷款最大的问题是缺乏相应的抵押物。据统计，目前农村总资产约达8亿元，而农村小额信用贷款大约只有4亿元，有将近一半的农村财产不能流通、不能抵押。因此要解决农村贷款难的问题，一方面要依赖于先行农村财产制度和土地制度的改革，另一方面要继续建立完善各种农村金融服务的抵押担保方式。

### （一）建立健全多层次农村金融服务抵押担保体系

要尽快建立健全多层次农村金融服务抵押担保体系，可以从以下方面着手。

第一，鼓励发展支农信贷担保组织。建立健全政府扶持、多方参与、市场运作的农村信贷担保机制，鼓励有条件的县域设立涉农担保基金或成立涉农担保公司试点，按照"政府支持、部门协作、市场运作"的模式，鼓励金融机构与农业担保机构开展多种形式的合作，合理确定贷款发放数量。

第二，根据各地实际情况合理布点，充实资本，规范经营。对政策性支农担保机构，可考虑在每个县设立1～3家，对互助性担保公司和商业性担保公司要进行积极鼓励和引导，允许其在担保业务为主的基础上，从事其他投资业务，但不能超出一定比例。

第三，探索新型担保组织形式。摸索建立多形式的农户贷款担保基金；探索建立支持以各类农村专业合作性经济组织为依托成立的农户专业担保机构；探索建立支持有关部门建立的多种形式的以县域中小企业为主要服务对象的担保机构，多渠道筹措担保基金;探索实行信用协会担保制,通过会员缴纳互助担保基金,实现协会为会员企业提供担保、协会成员之间相互担保。

第四,加快建立支农担保公司资本金的补充制度,通过“添油机制”的建立和完善,弥补担保机构的代偿损失。担保公司资本金的补充应坚持“政府引导、社会参与、多元筹集”的方针,建议各级政府将补充政策性担保公司资本金列入政府年度预算,并指定长期制度性的规划,为担保体系提供稳定的资金来源。

第五,积极探索农房抵押贷款试点。根据农民住房特点和银行抵押贷款的条件,在城乡结合部的农村地区进行试点。各地要在试点的基础上总结经验,完善办法。

第六,积极推进林权、海域权的抵押贷款工作。政府要加快对以林权、海域使用权价值抵押为核心的金融服务创新,完善贷款管理办法和操作规程。林权抵押贷款要提高林农直接贷款比例,对森林资源资产抵押以及用于森林生产、森林资源保护等林业产业的贷款给予一定的利率优惠。

第七,大力发展市场中介,降低交易成本。发展以价值评估、法律咨询等服务为主的农村社会中介组织,促进交易的公正、公平和公开。并借助政府力量,加快统一的抵质押登记机构建设,实现电子化登记,网络化信息共享。

第八,推动农村土地承包经营权和宅基地使用权的抵押贷款业务,在不改变土地集体所有性质、土地用途和不损害农村土地承包权益的前提下,可以考虑积极推动相应的抵押贷款试点,丰富“三农”贷款增信的有效方式和手段。但是,两权抵押贷款有可能推动新一波的圈地运动,这就要求在推行两权抵押时必须要慎重,关键是三方面:一是严格遵守《土地管理法》关于农地征收的程序规定,完善《城乡建设用地增减挂钩试点管理办法》;二是尊重农民意愿,让作为土地主人的农民能够依法保护自己的宅基地权益;三是建立责任追究机制。

## (二)为非正规金融机构确定合理的产权制度

非正规金融机构的优势之一就是产权明晰,这是非正规金融机构具有的“预算硬约束”的重要原因,也是非正规金融机构得以生存的基础。因此,要真正实现非正规金融活动的规范化,最根本的是要进行产权改革,建立起合理的产权制度,以实现财产权的分散化并使社会公正的财产权利得到有效保护。2004 年 3 月,我国《宪法》第十三条修改为:“公民的合法的私有财产不受侵犯。”尽管法律已经修改,但是由于历史文化的原因,非正规金融还是难以得到政府的认可,难以受到法律的明确保护,因而非正规金融机构的“股东”不可能真正行使所有权和监督权。所以,产权改革对非正规金融机构来说,既要明确非金融机构投资者的所有权,也要明确由此派生出来的控制权和监督权等。其意义在于,法律将民间信用规范化,非正规金融机构能够真正按照公司治理结构来建立及营运,投资者从法律角度来讲已成为真正意义上的股东,能够按照利润最大化和风险最小化原则来考核代理关系中经营者的业绩,根据保值增值要求,来督促经营者建立规范的内部控制、财务管理、审计稽核和风险防范抵御机制。由此可见,产权制度的合理化将会自然地解决非正规金融规范化问题。在合理的产权制度基础上,我国的一部分非正规金融机构将会通过市场竞争,逐步发展成为真正有竞争力的金融机构,从而使得非正规金融逐渐过渡到我国的信用主体成为可能。

## 三、健全财政、货币政策的支持体系

农村金融服务体系的建设是一项长期艰巨的系统工程，仅靠金融自身是无法实现解决农村金融服务不足的难题的，需要货币、财政等相关政策协调配合，实施出台可操作的具体措施。

### （一）实行向农村地区倾斜的区域货币政策

城乡统筹发展和社会主义新农村建设，必然依赖于金融的大力支持。胡锦涛总书记在十六届四中全会上指出："纵观一些工业化国家发展的历程来看，在工业化初期阶段，农业支持工业，为工业提供积累是带有普遍性的趋向；但在工业化达到相当化程度后，工业反哺农业、城市支持农村，实现工业和农业、城市和农村协调发展，也是带有普遍性的趋向。"因此，中央银行在制定货币政策时，需要充分考虑到我国社会发展阶段的特征和农村经济的实际，做到区别对待，适度清晰，以引导资金向农村地区回流。具体表现在几个方面。

一是再贷款政策。具体可通过适当增加对县域农村的再贷款额度，增加再贷款种类，延长再贷款期限等，引导和扶持县域金融机构增加信贷投入。

二是利率政策。政府可通过对支农贷款以财政贴息的方式，使金融机构对农户贷款的利率能够低于市场平均利率水平，同时在存款利率上实行有差别的浮动措施，对欠发达县域金融机构的存贷实行上限浮动。这将有利于经济政策的传导，为县域农村筹集资金。

三是实行有差别的存款准备金制度。为了促进农村金融机构增加信贷投放,应适当降低其在人民银行的存款资金。建议中央银行对农村信用社和县域中小金融机构采取有区别的存款准备金政策,适当降低存款准备金率,以缓解其信贷资金短缺的矛盾,加大信贷投放,支持县域经济快速发展。

四是再贴现支持政策。应当鼓励县域金融机构特别是农村信用社大力开展票据贴现政策。中央银行有重点的增加对县域金融票据的再贴现,简化票据审核程序,增加再贴现额度,实行有差别的优惠贴现率等,通过一切可靠的手段来引导县域经济机构调整,体现支持"三农"和中小企业发展的货币政策意图。各级人民银行要提高执行货币政策水平,建立和完善政、银、企的沟通渠道,促进经济金融的协调发展。

### (二)灵活运用财政政策支持农村金融的发展

爱德华·S·肖指出,金融体制缺乏效率的问题,不可能只由金融机构和金融政策的改善而得到解决。金融体制的改革应与其他非金融政策的改革配套进行。在改革金融制度时,如不同时采取正确的国内税收刺激政策和财政政策等,仅仅改革金融制度是没有什么意义的。因此,在农村金融体系改革与创新中,财政税收政策的配合是至关重要的,尤其是对欠发达地区,效果更加明显。一般来说,财政政策有利于合理补偿农村金融中过高的金融风险,解决"外部效应"和"市场失灵"问题;有利于改善贷款条件,增加金融机构的信贷资金供给;有利于降低银行的营业费用,扶持欠发达地区金融机构的发展。财政补给金融,金融支持经济,从而实现金融稳定和经济的长期健康发展。

目前财政补偿金融的主要政策措施有以下几点。

一是税收优惠政策。通过税收杠杆，减低或豁免农村金融机构的营业税、所得税和各种税收附加，来改善金融机构的信用创造能力。例如美、日等一些发达国家，都明确规定合作金融为不以营利为目的的公益法人、非纳税团体免除一切税负。借鉴国外的成功经验，我国也可以通过免除营业税、返还所得税和免缴利息税等手段来改善农村金融机构的盈利情况，提高其实际创造能力，增强其对“三农”的信贷意愿。

二是利率补贴政策。政府可以通过干预利率的结构，把它作为财政补贴的一种途径。存款利率补贴是指在存款率之外，财政给予银行的存款人一定比例的利率贴息。在金融机构储蓄短缺的情况下，可以增加储蓄总量；在通货膨胀的情况下，可以起到保值储蓄的作用。贷款利率补贴是指财政对银行制定对象的贷款低于正常贷款利率的差额进行利息补贴。贷款利率补贴可以发挥财政政策的调整作用，引导银行资金向县域流动，贷款向农村倾斜，校正市场自发调节的不足。

三是剥离和化解农村金融历史包袱。由于体制、历史等因素，农村金融机构形成了大量的不良资产，成为其体制改革过程中重大的历史包袱。农村金融机构可以通过深化体制改革，加强经营管理，自己消化一部分不良贷款。国家则可以通过资金支持、转移支付、减免税收等措施，剥离和化解一部分，补偿其为农村经济发展付出的代价。

四是建立支农贷款项目的财政配套机制。财政部门可以运用财政补贴杠杆对农产品市场进行调控和管理，对欠发达地区给予特定的补贴，并进行必要的财政投资。同时，有必要建立贷款担保基金，以解决农民贷款条件不足的问题，从而引导农村金融机构进入“不情愿”的信贷领域，增加支农信贷的有效供给。

## 四、强化农村金融市场的监管体系

### （一）构建与农村金融相适应的金融监管体系

强有力的金融监管与宏观调控，是经济金融健康运行的重要保证。农村金融同样需要相应的监管保障，有效的金融监管体系是对农村经济结构调整的间接支持手段，是为农村经济结构调整营造良好金融环境的保障机制，而农村金融体系的创新则使得对这种保障的需求显得更为迫切。

2003 年中国银监会的成立是深化我国金融体制改革、加强金融监管、完善金融市场体系的一项重大举措，标志着我国金融监管体制改革又迈出了新的一步。但是这种监管体系是基于监管国有银行的运作而做出的制度安排，并不能适应我国农村金融体系的现实需要。由于银监会基层监管机构刚刚组建，一些内部关系尚未理顺，职能定位模糊，人员编制严重偏少，工作头绪多，工作任务重的矛盾十分突出。而农村金融监管任务的独特性，使得农村金融监管成为农村金融服务体系创新的一个重要环节。

农村金融创新后，经济发达地区的金融结构以竞争性的商业性金融机构为主体，包括部分的政策性、合作性金融机构。农村金融创新中的重点是如何变革现有的农业银行、农村信用社，并协调好他们和内生于农村金融需求而导致的大量非正规金融活动，这种关系的协调必须是建立在市场化的基础上。经济欠发达地区的农村金融安排，同样也包括商业性金融机构、政策性和合作性金融机构，但其金融创新必须非常关注政策性和合作性金融机构。不同的金融机构必然导致不同的金融监管需求。

农村金融服务体系创新后，经济发达地区的地方性商业银行和欠发达地区的政策性银行成为重构后农村金融的主体。地方性商业银行除了要面临一般性商业银行所要面临的信用风险、市场风险和操作风险外，还有其独特的风险。地方性商业银行的出资人通常是该行的重要客户，相比国有商业银行，地方性商业银行出现关联贷款的机率更大，其贷款也最容易给地方性商业银行造成经营风险。地方性商业银行出于盈利的需求，有可能背离地方性商业银行的本义，造成农村金融资源的外流。欠发达地区的政策性银行除了有一般政策性银行经营中心必然会遇到的政策性风险外，政策性银行的非政策性经营则有可能加剧农村金融的竞争，造成社会福利的损失。

我国是一个发展中国家，各地经济金融差异很大。就银行业而言，规模结构差异也十分悬殊。因此，我们认为可考虑逐步建立银行分层次监管制度。即国家银行、跨地区的分支行制商业银行和全国性的其他金融机构，任由中国银监会审批与监管。而包括社区银行在内的地方商业银行和地方性其他金融机构，今后则可下放由各省银监会审批。其中，社区中小银行可以像农村信用社一样，交由地方政府管理，只有政府才有可能对地方金融活动承担相应的风险和管理义务。

从现实发展看，赋予地方政府对于地方金融一定的管理职能，承担防范区域性金融风险的职责已经成为不可回避的问题。要构建起地方政府、人民银行、银监局统一协调的监管体系，加强金融监管的服务理念，确保金融安全，疏通货币政策传导机制。人民银行各级分支机构要正确理解和执行总行制定的货币政策，加强窗口指导，充分利用多种货币政策工具以及建立区域性的货币市场、资本市场来调控本地金融资源，引导资金合理流动。在防范化解金融风险的同时，要积极协助地方政府构建银企合作沟通的平台，实施"银企合作、银企共生"工程，解决银企信息不对称问题，探索建立适合中小企业的资信评估体系，完善金融风险监测指标体系，建立金融风险检测系统和预警系统。①

### （二）把非正规金融机构纳入金融监管体系

农村非正规金融的合法化，意味着必须将其纳入国家金融监管体系。过去我国已经出现的一些非正规金融形式之所以问题较多，不是因为这种经济形式本身出了问题，而是政府或金融监管部门没有对其进行应有的监管。我国过去不断地把国有银行纳入正规的监管系统，而对非正规金融机构则是让其自生自灭，或者一出问题，就对其进行清理、整顿或取缔。世界上的大多数银行都是民营的，而他们能够发展壮大，原因之一就是他们被纳入了政府的监管体系之中。既然非正规金融组织事实上从事金融业务，就应该将其纳入金融监管范围。但是监管不是简单的取缔，应重视事前的审慎防范，而不是事后的处罚；重在监管的制度和实施，当好"裁判员"，而不是充当"消防队"。

① 吴晓灵.重构农村金融体系，支持县域经济发展[J].中国金融，2003(10).

为了达到有效监管的目的，必须分类监管和对待非正规金融机构。一是对于民间亲友间主要体现互助性质的借贷活动不必过多干预，只是在法律上对非正规金融活动中形成的契约进行有效保护，并鼓励其向规范化、契约化方向发展。二是企业的某些集资活动，虽然存在一定的风险，但这无疑是民营中小企业融资的次优选择。因此，对于这种非正规金融形势应加强事前监督，尽量避免风险发生，在个人与个人、个人与企业、企业与企业之间成立信用中介管理，为之提供必要的法律咨询和保护。三是对于通过非正规金融中介组织进行的间接融资活动，由于其组织化程度高，涉及金额大，一旦发生风险后果严重，因此这是监管重点。

（三）放松农村金融管制，发展多种形式的农村金融组织

在严格监管、有效防范金融风险的前提下，有步骤、有计划地开放农村金融市场，允许和鼓励社会资本金融直接为新农村建设服务的多种所有制形式的金融组织。一是建立有效的农村金融机构准入、重组和退出机制，放宽中小型金融机构的设立。二是减少对金融机构业务经营的直接管制，鼓励农村金融机构进行金融创新；分类监管和对待非正规金融机构，允许农村非正规金融机构的正常发展，在一定的制度下，逐步将农村非正规金融纳入金融监管的范畴。三是放开农村金融市场的贷款利率管制，促进农村信贷市场内的竞争。推行农村利率市场化是农村金融机构可持续发展的前提。

满足农村地区多层次、差异化的需求，需要多层次的农村金融服务体系，而广大的农村也具有多样化金融服务生长的土壤。十

七届三中全会提出，应允许新设机构进入农村金融市场，规范发展多种形式的新型农村金融机构和以服务农村地区为主的地方性中小银行，特别是要重点引导各类资金到金融机构网点覆盖率低、金融服务不足、金融竞争不充分的地区投资建立机构。在切实加强监管的基础上，大力发展小额信贷，鼓励发展适合农村特点和需要的各种微型金融服务，允许农村小型金融组织从金融机构融入资金，允许有条件的农民专业合作社开展信用合作。民间借贷是正规金融的有益补充，更要规范和引导民间借贷的健康发展。对依法运作、操作规范的民间借贷，要依法保护借贷双方的权益。当然，由于我国农村经济发展水平存在较大差异，一些农村地区还需要发展较规范的社区银行等金融机构。

## 五、其他相关配套工程与政策措施

### （一）明确农村金融服务体系各组成部分之间的边界与定位

为满足新农村建设过程中的金融需求，更好地支持新农村建设，应该建立包括政策性金融、商业性金融、非正规金融和新型农村金融在内的竞争性、多元化的农村金融体系，同时，对其各自的功能进行明确定位。政策性金融机构应主要对农村整体发展提供金融支持，具体包括基础设施和服务设施建设、发展现代农业、培育新型农民；农村商业性金融机构包括农村商业银行和中国农业银行，其功能定位主要是为农产品加工业发展、农业产业化及农村乡镇企业的发展提供资金和其他金融服务；合作性金融机构的功能主要是满足农户生产和生活的小额资金需求，因为合作性金融机构大多具有资本限制,所以单笔贷款规模不宜过大,否则就会造成贷款过度集中,不利于风险分散;对于非正规金融机构的发展应该有一个合理的制度安排,但是政府不能通过强制性制度变迁的正规金融制度安排来挤压和取代非正规金融制度安排,而应该善待他们,引导其规范发展。

(二)创新农村金融市场上的金融产品和服务

随着新农村建设的大力推进,农村出现越来越多的跨区域交易等现象,农户对金融服务的时效性和专业性提出了更高的要求。而目前农村各类金融机构往往只拥有最基本的存款类金融工具,难以满足农村市场的各种金融需求。因此,应适时在农村发展其他金融服务,创新金融产品,优化金融工具机构,具体包括:一是满足农户对金融服务的时效性和专业性要求,在农村及时推广先进的金融产品和服务,如汇款、支付、银行卡、保险、证券、信托、租赁、期货等;二是利用金融机构自身的优势,在为农户提供资金服务的同时,向其提供农产品生产、加工、经营、销售、市场、科技等方面的信息;三是为农户提供理财服务,教会他们争取运用储蓄、国债、保险等投资工具,拓宽农村投资渠道;四是创新金融产品和服务方式,把信贷、互助、抵押、保险甚至其他的做法更有机的在社区内加以结合,拓宽金融支农渠道。

要鼓励和支持金融机构创新金融产品,向农户和农村企业提供多样化的金融服务。一是建立金融机构对农村社区服务的机制;二是中国农业银行等商业银行要创新金融产品和服务方式,拓宽信贷资金支农渠道;三是中国农业发展银行等政策性银行要调整职能,合理分工,扩大对农业、农村的服务范围;四是农村信用社应在继续完善小额信贷机制的基础上，扩大农户小额贷款和农户联保贷款。

（三）改善农村支付服务环境

一是继续加强农村支付基础设施建设，积极推动支付清算系统向农村地区延伸，提高支付系统覆盖率；充分发挥小额支付系统中通存通兑系统的功能，方便农村居民办理跨行资金转账和现金存取。同时加大自助设备在农村地区的布防力度，方便农村居民办理离柜业务。二是继续推进银行卡在农村地区的应用。进一步深化县域刷卡无障碍示范街区的创建活动，全面推进银行卡在中心镇的应用，在此基础上巩固商品市场的应用成果，并拓展银行卡在其他涉农领域的应用。三是继续推动票据等非现金支付工具在农村的应用。扩大银行本票适应范围，继续推动商业承兑汇票的应用，推动涉农企业签发、使用商业承兑汇票。推动网上支付向农村地区延伸，指导涉农企业应用网上支付业务。四是促进农村地区银行结算账户的普及。银行机构在充分了解客户和账户实名制的前提下，为部分个体经济户开立银行结算账户，提供便利。①

## 第三节　农村金融创新的结论与展望

农村金融是现代农村经济的核心。现代农业的发展、社会主义新农村的建设和农民收入的增加，都离不开农村金融的支持。改革开放以来，农村金融的规模不断扩大，在推动农村经济发展中

---

①　王毅．用金融存量指标对中国金融深化改革进程的衡量［J］．中国金融，2006（10）．

起到了不可忽视的作用。但是,当前我国农村金融还存在着许多问题,为此,需要进一步加强与完善农村金融服务体系的构建,提高农村金融的服务水平,拓宽农村融资渠道。本书在社会主义新农村建设的背景下,借鉴国内外的相关研究成果,从新的研究角度出发,对农村金融服务体系的改革与创新进行了系统的探讨和分析,其研究结果具有一定的理论价值与现实意义。

## 一、本书的基本结论

本书在二元结构经济框架下,基于"金融功能观"的研究视角,采用"外部环境—功能—结构"的分析范式,重新审视了我国农村金融服务体系的变迁过程,深入研究了农村金融服务体系改革创新方案,最后提出了改革与完善农村金融服务体系的对策建议。本书研究所得的基本结论如下。

### (一)我国农村金融服务体系改革与创新迫切需要新的理论指导

传统理论认为,金融体系仅仅是为了迎合实际经济部门融资的需要,配合这些部门的自主发展,因而其作用是被动的。由此引发金融体制改革的思路为"金融机构观",这是我国农村金融体制改革的惯性思维。其局限性在于,它仅仅着眼于金融结构内部的改革,忽略了对农村金融改革的目的是什么以及农村金融服务体系到底应该承担何种功能等基本问题的回答。这样,改革的举措可能不少,但农村金融服务体系固有的问题却总是得不到有效解决,农村金融服务体系的资金配置功能也得不到有效发挥。

而事实上,有效的改革应是,根据外界经济环境的变化,发展出能够实现金融功能的规则、制度等具体金融形态，并且进行结构优化。这种优化往往要求引入一些新的要素，通过这些要素使得金融机构得到增量的改进。这种改革的思路属于金融功能观。功能观与机构观的不同之处在于，它是从分析系统的目标和外部环境出发，从中演绎出外部环境对金融的功能需求，然后探究需要何种载体来承担和实现其功能需求。

沿着"机构路径"演进的中国农村金融服务体系，历经半个世纪，几经波折，现已陷入困境。当然，用"金融功能观"的思路来指导我国农村金融服务体系的改革和创新，并不是不考虑金融机构，也并不是不要调整金融机构。说到底，金融机构在提供金融服务中仍然是重要的，关键是如何发挥现有金融机构的功能，这是基于功能观研究我国农村金融发展的一个核心内容。

### （二）农村金融服务体系的改革与创新需要与时俱进，结构优先

结构优化往往要求引入一些新的要素，通过这些要素使得金融机构得到增量的改进。我们认为，中国农村金融服务体系进一步改革的重点在于以下几个方面。

#### 1. 加快行政管制放开的步伐

在目前我国农村金融机构改革中，行政管制大量存在，一个重要的理由是防范金融风险。但行政管制绝不是意味着可以消除风险。同时，违规经营概率与所有制、改革模式并无直接联系，关键是能否有效实施内控、外部监管与查处。有时，行政部门代替金融机构进行模式选择，这意味着内控与外部监管的弱化，因此，必须尽快把决策权进一步下放，使得各个机构能够根据本区域的经济

特点、本机构的经营情况精心选择,并对自身选择负责。由于市场失灵的存在,政府理应积极介入金融市场。但是政府在处理与市场的关系上应是补充市场,而不是取代市场。政府拥有私人所缺乏的能力,但同时也可能会效率较低。正如弗雷(Fry,1988)所认为,金融市场也存在大量政府失败行为,如寻租行为、出于政治目的的干预、政府不胜任等,因此,政府干预金融市场的目的应是保障金融市场的正常运行,或者说使金融市场更有效地运作。政府对金融市场应采取非直接的控制机制,如"谨慎性"管理等,并确立监管的范围和监管的标准。

2. 放开对民间金融的过度管制

正规金融在农村金融市场上面临严重的信息问题,而民间力量所具有的"本土知识"特别有助于解决农村金融市场上的信息问题。故正确的策略是鼓励而不是遏制民间力量进入农村金融市场。现在尽管部门对民间金融多采取限制的政策,将民间金融等同于高利贷或洗钱的工具,在实际工作中往往希望将民间金融挤出金融市场,从而限制民间金融的发展。与金融主管部门希望相反的是,尽管有一些地方的民间金融组织也的确发展成了高利贷,但这并不是民间金融的全部,在更多的地方存在有序的民间金融市场,对农村经济发展提供了重要的支持。以农村小企业的发展为例,正规金融机构的管理越来越正规化,而农村小企业的发展往往是从不正规开始的,比如他们还没有建立良好的企业信誉,甚至可能刚刚开始创业。不管金融机构如何改善服务,也常常不可能为一个刚刚筹备建立的小企业提供贷款,而民间金融却很灵活,可以满足农村小企业起步阶段的资金需求。

3. 农村金融服务体系应当由承担资金动员转向资金配置

按照“金融功能观”，农村金融服务体系改革的绩效可以通过考察农村金融体系金融功能的发挥情况来评价。而按照林毅夫对金融功能的总结，农村金融体系关键的功能是资金配置功能。随着农村制度改革的能量逐渐释放完毕，近几年农村经济增长乏力，农民收入增长停滞，城乡居民收入差距趋于扩大，农村金融发展滞后从而产生的瓶颈作用开始呈现出来了。在这种情况下，农村经济的发展迫在眉睫，而农村经济的发展要求农村金融服务体系正常的复归。而要有效地发挥农村金融服务体系的功能需要解决以下二个问题。

(1)应该实现农村金融发展模式的多元化。中国经济发展客观上存在较强的区域性和层次性，故农村金融需求状况也表现出较强的地域性和层次性。在东部经济发达地区，市场经济发展程度较高，可以走需求遵从型的金融发展道路，以使金融发展适应经济发展的要求；在很多经济欠发达的中西部地区，目前还没有商业银行快速发展的经济基础，故可以选择供给引导型的金融发展模式，充分发挥政策性金融的作用。这里值得注意的是，对于西部一些贫困人口特别是极贫人口来说，他们的金融需求或许是不足的，他们可能有存款、保险的需求，但不一定有贷款需求。非要给他们贷款，与其说是帮助他们解决困难，不如说是增加他们的负担和压力。信贷机构本质上是一种商业机制，但它不是万能的，所能解决的问题是有边界的。扶贫作为一种社会性、公益性极强的事情，也许本质上就不适合或不太适合信贷机制，而应当采取别的办法如以工代赈等来解决。各国的扶贫贷款普遍用得不好，就很能说明问题。

(2)政府不仅应放松对农村非正规金融的管制,还应放松对农村其他方面的管制。迄今为止,政府对农村社会、经济生活仍然有相对多的干预与管制,包括粮食收购和一系列从上而下、并未配备足够资源的赶超指标。这些政策和管制妨碍了农民根据自身的比较优势调整资源配置、优化生产结构,从而加重了农民的税费负担,妨碍了农民收入的增长。从宏观上来看,则直接导致了农业比较利益的不断下降和恶化。因此,只要政府不放弃这些干预和管制政策,农村和农业经济的收入增长潜力就不会得到提高和释放,从而农村金融机构的"非农化"倾向就不会消失。

### (三)优先扶持新型农村金融机构并强化其可持续发展能力建设

中国人民银行2008年发布的《农村金融服务报告》认为,大型商业银行在农村地区提供金融服务不具备比较优势,其业务活动往往无法适应目前小农经济发展的需要,也无法解决因严重的信息不对称而带来的高风险和巨额成本等问题。中国并不缺少大银行,但缺少贴近基层的中小金融机构,特别缺少根植于农村的微型金融组织。相对来说,贴近农户、符合农村基本需要的"小法人"更适合服务当地。

当前,我国农村金融存在着服务网点"覆盖面"不足、金融机构缺少多元化、资金外流现象严重等问题,这影响和制约了农村经济的发展。而新型农村金融机构的诞生,可以有效缓解农村融资难的问题,改善农村金融的服务状况。2006年底,中国银监会出台了《关于调整放宽农村地区银行业金融机构准入政策更好支持社会主义新农村建设的若干意见》，标志着我国新型农村金融机构试点工作的正式开始。2009年4月，财政部出台了《关于实行新型农村金融机构定向费用补贴通知》，规定对村镇银行、贷款公司、农村资金互助社三类新型农村金融机构实行定向费用补贴。

迄今为止，新型农村金融机构已经得到了初步的发展。新型农村金融机构作为一种新的金融力量，应该受到社会各界的支持。发展并壮大村镇银行、贷款公司、农村资金互助社等新型农村金融机构，在改善农村金融服务状态、促进农村金融机构的多元化发展、解决农村金融多层次需求问题等方面均具有重要的意义。

### （四）农村金融改革应当与社会主义新农村建设需求相适应

根据原中国银监会副主席唐双宁（2006）的初步测算，到2020年，社会主义新农村建设需要增加资金15亿~20亿元人民币。他指出，在农村资金投入方面面临的突出矛盾是，农村有需求但力量不足，财政有意愿但财力不足，银行有资金但手段不足。社会主义新农村建设，需要金融机构强有力的资金支持。为此，必须从农村金融服务体系的整体着眼，放宽对农村金融的管制，加快多层次、广覆盖、可持续的农村金融服务体系的构建。

1. 推动农村金融服务体系的多元化竞争

一个竞争性的金融服务体系应是一个有生命力的系统，而不是一个僵化的机构组合，既要有新的金融机构产生，也要将有问题的金融机构清除出金融市场。一个竞争性的金融体系将降低存贷款利率差，提高中介结构的功能效率；同时，金融体系竞争程度的上升，还能消除选择性信贷计划和利率限制，促进资金配置效率；

此外,金融体系的自由进入还能使政府的管制不被缺乏价格竞争的寡头市场结构所取代。不过,国有银行之间的竞争属于同性质竞争,这种竞争对于制度创新的作用非常小。真正的竞争将发生在民营银行和国有商业银行之间。在民营银行诞生初期,由于他们的规模很小,对国有商业银行不至于产生什么冲击。但是随着时间的推移,来自于民营银行的挑战将越来越强烈,而这种逐渐增加的压力正是我们非常希望得到的渐进式改革的外部环境。因此,推动一个竞争性的农村金融服务体系的形成,关键在于允许民间资本和外资入股信用社或成立新的农村金融组织。

2. 建立正规金融和非正规金融的融合机制

由于国有大银行在农村地区的收缩撤并,现在农村金融市场剩下的只有农村信用社等少数机构,但是由于各种原因(政府干预、管制限制以及历史包袱),农村信用社为“三农”提供的金融服务能力却非常有限。因此,必须将系统论的观点引入农村金融改革思路,通盘考虑正规金融与非正规金融问题。一方面要完善正规金融体系,改进服务,特别是改进和提高农村信用社的金融服务能力;另一方面,要给予非正规金融发展空间,引导其有序成长。要建立分布更加合理、层次更加鲜明,非正规金融与正规金融之间相互补充、相辅相成的金融格局。要根据两者的优势和劣势制定政策,使我国农村的融资渠道更为顺畅,使得农村经济主体能够很好的获取资金,而不会出现由于银行贷款政策的紧松而直接影响到非正规金融借款的数额及效率的现象。

3. 完善农村金融生态环境建设

当前我国农村金融生态环境还存在着许多问题:农业保险机

制和担保机制不完善;国家对农村金融服务体系的政策性支持力度不够;农村金融服务体系面临许多的风险,但是风险防范能力薄弱;农村金融监管力度有限,难以适应"点多面广、情况复杂"的监管要求;农村信用社意识淡薄,金融中介缺乏社会公信力。为此,我们必须进一步推动农村金融生态环境的建设,可以从以下几个方面着手:一是尽快建立和完善农村抵押担保体系,解决农民及中小企业贷款难问题;二是完善农村金融服务体系的风险补偿和防范机制,从而建立健全有效的农村金融风险管理体系;三是建立规范的农村金融机构准入和退出机制,构建完善的金融政策环境;四是构建与农村金融相适应的金融监管体系,实现农村金融监管法制化;五是加强信用体系建设,弱化农村信用风险。

## 二、我国农村金融服务体系发展展望

对农村金融服务体系创新的研究是一个动态的发展过程,是随着农村金融的实践而不断的深入。本书在研究角度、内容和方法等方面进行了创新,对农村金融服务体系进行了深入的研究,力图在社会主义新农村建设和城乡统筹发展的大背景下,深化对农村金融及其运行规律的认识,以推进符合农村金融需求特点、功能完善、可持续的农村金融服务体系的建立。但是,本书依然存在一些不足,有待于今后的进一步研究。

首先,本书对于不同地区农村金融组织所具有的不同功能未作区分,有待于进一步分析。我国农村经济发展具有极强的地域性和层次性,农村金融需求主体对金融商品和服务的需求也表现出较强的多样性,不同地区的农村金融组织应该具有不同的功能。

但是，由于现实因素的制约，难以对此进行准确的定位和区别，因此本书未作区分。

其次，本书对农村新型金融机构的绩效水平未作研究，有待于进一步考察。由于村镇银行、贷款公司和农村资金互助社等新型农村金融机构尚处于初步发展阶段，并且相关的数据资料难以获得，故本书仅对农村信用社、村镇银行和小额贷款公司等非正规金融机构进行了肤浅的考察和实证分析。

农村金融的研究具有很强的实践性，仅仅依靠理论分析是不够的，还需要实证分析和案例分析的结合。因此，实地走访一些典型区域并进行问卷调查，准确掌握第一手资料是十分重要的。但是，由于受到客观条件的限制，本书的问卷调查与实地考察仅选择了部分具有代表性的县，这有待于今后继续研究和完善。

虽然我们做了一部分工作，但是由于受到种种限制，依然存在不少缺陷和问题，需要在今后的研究中进一步探索完善。我们也恳请相关专家学者批评指正，从而进一步深化对我国农村金融体系的理论研究和实践探索，全面推进我国农村经济的发展和社会主义新农村建设。

# 参考文献

## 论文类

[1]吴重言.合作诚信为本 携手共创双赢——在建湖县汇邦农村小额贷款股份有限公司开业庆典上的讲话[Z].2011-05-10.

[2]吴伟.论我国小额贷款公司的法律制度构建[D].武汉:华中科技大学硕士学位论文,2010.

[3]曹协和.农村金融理论研究进展及评述[J].南方金融,2007(12).

[4]曹煊玮,刘洪涛.基于制度主义视角的低碳创新:丹麦、德国和美国发展风电产业的启示[J].管理学家学术版,2010(1).

[5]车岳.农民工银行卡,想说爱你不容易[J].中国信用卡,2006(9).

[6]陈家刚.全球化时代的新制度主义[J].马克思主义与现实,2003(6).

[7]陈向明,陶运堂.金融机构应向农民开办重大疾病治疗贷款业务[J],河北金融,2006(7).

[8]崔德强,谢欣.印尼人民银行小额贷款模式剖析[J].中国农村信用合作社,2008(7).

[9]丁勇,杨加鸥.关于设立村镇银行的若干思考[J].浙江经济,2007(17).

[10]杜晓山.小额信贷的发展与普惠性金融体系框架[J].中

国农村经济,2006(8).

[11]冯庆水,王伟.农村金融体制改革和创新的逻辑框架与思考[D].蚌埠:中国经济理论与管理前沿论坛暨中国农村金融改革和创新国际论坛会议,2010.

[12]龚唯平.新制度经济学究竟“新”在哪里[J].学术研究,2003(11).

[13]国家发展改革委农经司年度计划处.我国农村金融改革的现状及政策建议[J].中国经贸导刊,2009(8).

[14]郭沛.中国贫困农户小额信贷研究[J].社会科学,2001(1).

[15]韩红.国际小额信贷实践及对我国的启示[J].西北农林科技大学学报,2005(3).

[16]韩俊.中国农村经济改革与发展的新阶段与新思路[J].中国农村经济,1999(5).

[17]黄毅.中国小额信贷问题研究[J].银行家,2006(1).

[18]黄朱文.“三农”发展与农户小额信用贷款创新研究——对农户小额信用贷款现状、农村经济发展特点与市场需求情况的专题调查研究[J].河南金融管理干部学院学报,2005 (1).

[19]焦瑾璞.农村金融理论发展的脉络分析[J].金融纵横,2008 (1).

[20]李海平.我国农村金融体系建设的基本原则和主要问题[J].中央财经大学学报,2009 (6).

[21]李莉莉.村镇银行促农村金融发展[J].银行家,2007(5).

[22]李志新,孙美宗,王海生.金融制度创新:完善农村金融服

务体系[J]. 华北金融,2006(S2).

[23]林毅夫. 金融改革与农村经济发展[J]. 金融与保险,2004(1).

[24]刘丹,林松,沈晖. 关于农村金融抑制问题的文献综述[J]. 金融经济,2009(10).

[25]陆磊,王颖. 中国金融发展中的农村金融转型[J]. 金融发展研究,2008(1).

[26]孟祥林,张玉梅. 农村小额贷款业务:从国外发展历程看我国的问题与出路[J]. 海南金融,2009(10).

[27]苗雨君. 构建与新农村建设相适应的农村金融体系[J]. 中国国情国力,2009(5).

[28]潘林. 反思农村金融改革三十年:困境与思路[J]. 金融与保险,2009(5).

[29]钱水土,俞建荣. 新农村建设与农村金融生态的改善[J]. 浙江金融,2010(10).

[30]秦池江. 中国农村的变革和农村金融体系的创新[J]. 广东金融学院学报,2007(6).

[31]邵丽文. 金融产品创新是银行发展的动力[J]. 黑龙江金融,2002 (2).

[32]沈露露. 村镇银行发展监管是关键[J]. 金融博览,2007(4).

[33]石丹林,欧阳姝. 村镇银行:农村金融体制改革的新突破[J]. 武汉金融,2007(4).

[34]宋林飞. 从“风险社会”走向和谐社会[J]. 江海学刊,2007

(4).

[35]苏存.微观金融困境:对农村信用社定位问题的思考[J].金融研究,2001(9).

[36]孙立平.实践社会学与市场转型过程分析[J].中国社会科学,2002(5).

[37]孙若梅.小额信贷在农村信贷市场中作用的探讨[J].中国农村经济,2006(8).

[38]涂永红.金融产品创新的思路[J].农村金融研究,2002(3).

[39]王鸿智.建立村镇银行应正确处理好几个关系[J].华南金融,2007(10).

[40]王景武.改善金融服务支持新农村建设[J].河北金融,2006 (10) .

[41]王秀清.中国农业增长(1981—1995):需求方面的分析[J].中国农村经济,1999(5).

[42]王毅.用金融存量指标对中国金融深化改革进程的衡量[J].中国金融,2006(10).

[43]温跃.村镇银行面临的问题需解决[J].金融时报,2007(4).

[44]吴红军.村镇银行的风险与机遇[N].金融时报,2007-02-01.

[45]吴文藻.论社会制度的性质与范围[J].社会科学报,1941.

[46]吴晓灵.重构农村金融体系,支持县域经济发展[J].中国

金融,2003(10).

[47]吴玉宇. 村镇银行运行存在的问题及对策分析[J]. 改革与战略,2008(1).

[48]夏庆军. 保险参与农村医疗体系建设产生新模式[J]. 金融时报,2005(1).

[49]夏志琼. 新农村需要保险业新渗透[J]. 金融经济,2006(2).

[50]谢平. 中国农村信用合作社体制改革的争论[J]. 金融研究,2001(1).

[51]谢玉梅. 农户小额信贷的国际比较及借鉴[J]. 经济纵横,2006 (10).

[52]熊惠平. 透过共生机制中的社会资本效应看小额信贷的创新[J]. 上海金融,2000 (12).

[53]许可,段愿. 村镇银行设立对农村金融市场的影响及建议[J]. 当代经济(下半月),2007(7).

[54]杨德平. 农村政策性金融本质探索 [J]. 金融研究,2002(9).

[55]姚耀军. 农村金融理论的演变及其在我国的实践[J]. 金融教学与研究,2005(5).

[56]袁国红. 对农民工银行卡特色服务的调查与思考[J]. 湖南社会科学,2006 (6).

[57]张长全,胡德仁. 论我国农村金融服务的规范与创新[J]. 农业经济问题,2003(5).

[58]张敬华,戴其根,项复民. 韩国新村运动对我国西部农村

开发的启示[J].财经科学,2001(1).

[59]张瑞怀等.建设新农村必须解决城乡信贷资源配置失衡问题[J].金融研究,2006(1).

[60]周立,周向阳.中国农村金融体系的形成与发展逻辑[J].经济学家,2009(8).

[61]周振华.新制度主义的崛起[J].社会观察,2003(2).

[62]贾婕,虞慧晖.对我国农村金融问题的现实思考[J].商业研究,2004(5).

[63]宁海清.我国目前农村金融体系发展中的障碍及对策[J].现代农业,2011(5).

[64]王双正.我国农村金融体系发展的深层次思考[J].金融改革,2006(1).

[65]何广文.中国农村经济金融转型与金融机构多元化[J].中国农村观察,2004(2).

[66]姜业庆.银行经营转型纷纷瞄准零售业务[J].金融博览,2006(4).

[67]杨晔.我国政策性银行改革和职能调整的研究[J].财政研究,2007(10).

[68]何广文.对农村政策性金融改革的理性思考[J].金融时报,2006(8).

[69]周惠萍,陈友兴.我国农业保险发展的可行性分析[J].金融与保险,2008(6).

[70]徐永祥.农村金融体系的现状与发展思考[J].中国金融,2007(6).

[71]张红宇. 中国农村金融组织体系:绩效、缺陷与制度创新金融时报中国农村观察[J]. 2004(2).

## 中文著作类

[1]边燕杰,卢汉龙,孙立平. 市场转型与社会分层:美国社会学者分析[M]. 北京:生活·读书·新知三联书店,2002.

[2]陈岱孙,厉以宁. 国际金融学说史[M]. 北京:中国金融出版社,1991.

[3]程恩江,刘西川. 中国非政府小额信贷和农村金融[M]. 杭州:浙江大学出版社,2007.

[4]董晓林,洪慧娟. 中国农村经济发展中的金融支持研究[M]. 北京:中国农业出版社,2006.

[5]杜金向. 中国农村金融体系研究[M]. 南京:南京大学出版社,2009.

[6]杜晓山,张保民,刘文璞,等. 中国小额信贷十年[M]. 北京:社会科学文献出版社,2005.

[7]段文斌. 产权、制度变迁与经济发展:新制度经济学前沿专题[M]. 天津:南开大学出版社,2003.

[8]范伟达,范冰. 社会调查研究方法[M]. 上海:复旦大学出版社,2010.

[9]费孝通. 乡上中国生育制度[M]. 北京:北京大学出版社,1998.

[10]风笑天. 社会学研究方法(第三版)[M]. 北京:中国人民大学出版社,2009.

[11]郭家万. 中国农村合作金融[M]. 北京:中国金融出版社,2006.

[12]韩俊. 破解三农难题——30 年农村改革与发展[M]. 北京:中国发展出版社,2008.

[13]韩俊. 中国农村金融调查[M]. 上海:上海远东出版社,2007.

[14]贺卫,伍山林. 制度经济学[M]. 北京:机械工业出版社,2003.

[15]何自力. 比较制度经济学[M]. 北京:高等教育出版社,2003.

[16]黄建新. 反贫困与农村金融制度安排[M]. 北京:中国财政经济出版社,2008.

[17]孔田平. 东欧经济改革之路:经济转轨与制度变迁[M]. 广州:广东人民出版社,2003.

[18]李建英. 转轨期农村金融新体系研究[M]. 北京:经济管理出版社,2007.

[19]李树生. 中国农村金融创新研究[M]. 北京:中国金融出版社,2008.

[20]李一芝,李艳芳. 农村金融财政[M]. 北京:中国金融出版社,2004.

[21]梁漱溟. 乡村建设理论[M]. 上海:上海人民出版社,2006.

[22]林毅夫,蔡防,李周. 中国的奇迹:发展战略与经济改革[M]. 上海:上海人民出版社,1999.

［23］刘玲玲，杨思群. 中国农村金融发展研究［M］. 北京：清华大学出版社，2007.

［24］刘仁伍. 新农村建设中的金融问题［M］. 北京：中国金融出版社，2006.

［25］卢现祥. 西方新制度经济学［M］. 北京：中国发展出版社，2003.

［26］汪洪涛. 制度经济学：制度及制度变迁性质解释［M］. 上海：复旦大学出版社，2004.

［27］王思斌. 社会学教程（第二版）［M］. 北京：北京大学出版社，2005.

［28］王永龙. 中国农村金融资源配置研究［M］. 北京：中国社会科学出版社，2007.

［29］辛鸣. 制度论：关于制度哲学的理论建构［M］. 北京：人民出版社，2005.

［30］谭希培，高帆. 超越现存——制度创新论［M］. 长沙：湖南大学出版社，2002.

［31］熊黛平. 农村金融与农村经济协调发展研究［M］. 北京：社会科学文献出版社，2009.

［32］徐进前. 金融创新北京［M］. 北京：中国金融出版社，2003.

［33］杨善华. 谢立中. 西方社会学理论（上卷）［M］. 北京：北京大学出版社，2005.

［34］杨善华，当代社会学理论［M］. 北京：北京大学出版社，1999.

[35]袁方. 社会研究方法教程[M]. 北京:北京大学出版社,1997.

[36]张杰主. 中国农村金融制度:结构、变迁与政策[M]. 北京:中国人民大学出版社,2003.

[37]张元红. 当代农村金融发展的理论与实践[M]. 南昌:江西人民出版社,2002.

[38]赵怡. 中国农村金融体制战略性重构研究[M]. 北京:经济科学出版社,2007.

[39]郑长德. 中国转型时期的金融发展与收入分配[M]. 北京:中国财政经济出版社,2007.

[40]周长城. 社会发展与生活质量[M]. 北京:社会科学文献出版社,2001.

[41]周长城. 经济社会学[M]. 北京:中国人民大学出版社,2003.

[42]周晓虹. 现代社会心理学名著菁华[M]. 北京:社会科学文献出版社,2007.

[43]祝健,张传良. 农村金融改革发展若干问题[M]. 北京:社会科学文献出版社,2011.

[44]中国农村金融学会. 中国农村金融改革发展[M]. 北京:中国金融出版社,2008.

[45]中国人民银行农村金融服务研究小组. 中国农村金融服务报告(2008)[M]. 北京:中国金融出版社,2008.

[46]九三学社中央社会服务部. 农村金融问题与新农村建设[M]. 北京:北京学苑出版社,2007.

[47]农业部农村经济研究中心. 中国农村研究报告(2006)[M]. 北京:中国财政经济出版社,2007.

[48]黄跃兵. 浅谈新农村建设中金融的优化配置[A]. 九三学社中央社会服务部. 农村金融问题与新农村建设[C]. 北京:学苑出版社,2007.

[49]赵泽棍. 新农村建设需要构建新的农村金融服务体系[A]. 农业部农村经济研究中心. 中国农村研究报告(2006)[C]. 北京:中国财政经济出版社,2007.

## 译著类

[1](澳)沃特斯:现代社会学理论[M]. 杨善华译. 北京:华夏出版社,2000.

[2](奥)门格尔. 经济学方法论探究[M]. 姚中秋译. 北京:新星出版社,2007.

[3](德)马克思,恩格斯. 马克思恩格斯选集(第2卷)[M]. 北京:人民出版社,1972.

[4](德)齐美尔. 货币哲学[M]. 陈戎女,耿开君译. 北京:华夏出版社,2002.

[5](德)乌尔里希·贝克. 风险社会[M]. 何博闻译. 南京:译林出版社,2004.

[6](德)韦伯. 社会学的基本概念[M]. 顾忠华译. 桂林:广西师范大学出版社,2005.

[7](法)雷蒙·阿隆. 社会学主要思潮(选读)[M]. 葛智线,胡秉诚,王沪宁译. 上海:上海译文出版社,1988.

[8]（美）道格拉斯·C ·诺斯. 制度、制度变迁与经济绩效[M]. 刘守英译. 上海:上海三联书店,1994.

[9]（美）道格拉斯·C ·诺斯. 经济史中的结构与变迁[M]. 陈郁,罗华平译. 上海:上海人民出版社,1994.

[10]（美）迪马吉奥. 组织分析的新制度主义[M]. 姚伟译. 上海:上海人民出版社,2008.

[11]（美）汉斯林. 社会学入门——一种现实分析方法[M]. 林聚仁,等译. 北京:北京大学出版社,2007.

[12]（美）黄宗智. 华北的小农经济和社会变迁[M]. 北京:中华书局,2000.

[13]（美）黄宗智. 长江三角洲小农家庭和乡村发展[M],北京:中华书局,1992.

[14]（美）卡罗尔·索尔坦. 新制度主义:制度与社会秩序[M]. 陈雪莲编译. 北京:社会科学文献出版社,2004.

[15]（美）康芒斯. 制度经济学[M]. 于树生译. 北京:商务印书馆,1981.

[16]（美）科瑟. 社会学思想名家（选读）[M]. 石人译. 北京:中国社会科学出版社,1988.

[17]（美）奈特. 制度与社会冲突[M]. 周伟林译. 上海:上海人民出版社,2009.

[18]（美）纽曼. 社会研究方法——定性和定量的取向[M]. 郝大海译. 北京:中国人民大学出版社,2007.

[19]（美）诺思. 制度、制度变迁与经济绩效[M]. 杭行译. 上海:格致出版社,2008.

[20]（美）斯考切波. 历史社会学的视野与方法[M]. 封积文，等译. 上海：上海人民出版社，2007.

[21]（美）熊彼特. 经济发展理论（中文版）[M]. 何畏，易家详，等译. 商务印书馆，1990.

[22]（美）亚历山大. 社会学二十讲[M]. 贾春增，等译. 北京：华夏出版社，2000.

[23]（英）安东尼·吉登斯，西蒙·格里菲斯. 社会学（第五版）[M]. 李康译. 北京：北京大学出版社，2009.

[24]（英）吉登斯. 失控的世界：全球化如何重塑我们的生活[M]. 周红云译. 南昌：江西人民出版社，2001.

[25]（英）马尔科姆·卢瑟福. 经济学中的制度：老制度主义和新制度主义[M]. 陈建波，等译. 北京：中国社会科学出版社，1999.

[26]戈德·史密斯. 金融结构与金融发展[M]. 周朔，肖远企，等译. 上海：上海三联书店，上海人民出版社，1994.

[27]林耀华. 金翼：中国家族制度的社会学研究[M]. 庄孔韶，林宗成译. 北京：生活·读书·新知三联书店，2008.